最新不動産の法律シリーズ

マンション標準管理規約の解説

4訂版

住宅新報出版

まえがき

　「最新マンション標準管理規約の解説」は、平成21年1月に初版を発行して以来、版を重ね、多くの方々に利用していただいています。このたび、4訂版を上梓する運びとなり、感謝の念に堪えません。

　本書には、次の特色を持たせています。

　第1に、マンション標準管理規約の改正や区分所有法の改正を反映したことです。

　マンション管理実務における様々なニーズに対応するため、平成29年3月および令和3年6月に、マンション標準管理規約が改正されました。平成29年3月の改正は、民泊への対応に関する規約が見直され、令和3年6月の改正は、ITを活用した総会・理事会や、いわゆる「置き配」を認める際の留意事項などに関する規約が見直されました。

　また、令和3年5月には、デジタル社会形成に向けた法整備の一環として区分所有法が改正され（同年9月施行）、区分所有者の集会の議事録における押印の廃止などの見直しが行われています。本書では、これらの新たな改正や改正関係のコメントについて、丁寧に解説を加えました。

　第2に、裁判例など最新の情報を登載しました。裁判例としては、本書で引用した全467件のうち、令和元年以降のものも22件追加して引用しています。

　第3に、①区分所有法との関連づけ、②実際の管理実務に役立つ解説となるための留意、③見やすい構成、という考え方を維持したうえ、ブラッシュアップを図りました。

　令和2年末には、分譲マンションは総戸数約675万戸、居住者数約1,573万人に達しています。国民の1割超がマンションに居住し、今後とも、さらにマンション居住者の割合が高まっていくことは確実です。限られた国土に多くの人々が居住するわが国にとって、マンションという住居様式は、なくて

はならないものとなっています。

　マンションにおいては、住み心地も価値も、管理によって決まります。また、マンションは、個々の区分所有者にとって貴重な資産であるだけではなく、社会全体からみても、人々の快適なくらしを支える重要な社会基盤です。適正な管理によってマンションの価値を維持・増進することは、区分所有者にとって、権利であると同時に責務でもあります。

　今般の標準管理規約の改正は、すべてのマンション関係者にとって、理解しておかなければならない内容となっています。すぐに管理規約改正にとりかかるにしても、また、当面は従前の管理規約を維持するにしても、適正なマンション管理を実現するためには、新制度の理解は必須です。

　本書をマンション標準管理規約の基本書として利用いただき、マンション標準管理規約の全体像と各条項を十分に理解したうえで、多くのマンションにおいて、適正なマンション管理が実現することを祈念いたします。

令和 4 年 1 月

山下・渡辺法律事務所

弁護士　渡辺　晋

弁護士　久保田理広

本書の利用法

●記載法令の収録基準日

本書は、2022（令和４）年１月１日現在において施行されている法令等を基準として編集しています。なお、条文中の下線部分は、おもに2021（令和３）年６月の改正部分です。

●条番号等の表記について

本書解説においては、原則として、マンション標準管理規約を参照する場合には、「○条」と条番号のみを表記しています。

また、区分所有法を参照する場合には、「法○条」と表記しています。

●注釈について

本書の解説中に登場する注釈には、以下の役割があります。

「＊１＊２……」など	注釈には本文解説の補足説明、関連する発展的な事項を記載しています。 なお、注釈には、各解説項目内（小見出し単位）での登場順に連番を付しています。

●略称の表記について

本書の解説中に登場する法令名、資料名等および裁判例関係は、以下の略称で表記しています。

【法令名、資料名等】

管理ガイドブック	マンション管理ガイドブック (令和２年９月、東京都住宅政策本部住宅企画部マンション課発表)
管理標準指針	マンション管理標準指針 (平成17年12月、国土交通省住宅局住宅総合整備課策定)
区分所有法	建物の区分所有等に関する法律 (昭和37年４月４日法律第69号、最終改正：令和３年５月19日法律第37号)
区分所有法施行規則	建物の区分所有等に関する法律施行規則 (平成15年５月23日法務省令第47号)

耐震改修促進法	建築物の耐震改修の促進に関する法律 （平成 7 年法律第123号、最終改正：平成30年 6 月27日法律第67号）
建替え円滑化法	マンションの建替え等の円滑化に関する法律 （平成14年 6 月19日法律第78号、最終改正：令和 3 年 5 月19日法律 第37号）
適正化法	マンションの管理の適正化の推進に関する法律 （平成12年12月 8 日法律第149号、最終改正：令和 3 年 5 月19日法 律第37号）
標準管理規約	マンション標準管理規約 （平成16年 1 月23日国総動第232号・国住マ第37号通知、最終改正： 令和 3 年 6 月22日）
不動産登記法	不動産登記法 （平成16年 6 月18日法律第123号、最終改正：令和 3 年 5 月19日法 律第37号）
デジタル社会形成整備法	デジタル社会の形成を図るための関係法律の整備に関する法 律 （令和 3 年 5 月19日法律第37号）

【裁判例】

大判	大審院判決
最判	最高裁判所判決
最決	最高裁判所決定
○○高判（高決）	○○高等裁判所判決（決定）
○○地判（地決）	○○地方裁判所判決（決定）
○○地裁○○支部判	○○地方裁判所○○支部判決
○○簡判	○○簡易裁判所判決

【裁判例の出典】

民集	最高裁判所民事判例集
集民	最高裁判所裁判集民事
判時	判例時報
判タ	判例タイムズ

金商	金融・商事判例
金法	金融法務事情
裁時	裁判所時報
WLJPCA	ウエストロー・ジャパン㈱オンラインサービス
LLI	判例秘書
裁判所ウェブサイト	裁判所判例検索システム
サポートネット	マンション管理サポートネット
センター通信	マンション管理センター通信
TKC	ＴＫＣローライブラリー
D1-Law	第一法規判例体系
東高時報	東京高等裁判所判決時報
マン管判例集	マンション管理判例集

●条文の読み方について

❶ 「本文」と「ただし書」「かっこ書」とは

「本文」とは当該条文における原則の規定であり、「ただし書」は当該条文における例外の規定です。また、「かっこ書」には、条文の補足説明や、「○○を除く」などの除外規定などが書かれています。以下は標準管理規約第21条第１項の例です。

（敷地及び共用部分等の管理）　　　　　　—— 本文

第21条　敷地及び共用部分等の管理については、管理組合がその責任
ただし書——
と負担においてこれを行うものとする。　ただし、バルコニー等の保
　　　　　　　　　　　　　　　　　　　　　　　—— かっこ書
存行為（区分所有法第18条第１項ただし書の「保存行為」をいう。
以下同じ。）のうち、通常の使用に伴うものについては、専用使用
権を有する者がその責任と負担においてこれを行わなければならな
い。

❷ 「はしら書」と「各号」とは

例えば、以下の標準管理規約第25条第１項を例にすると、冒頭の３行の条文に続いて、その下に漢数字で２つ箇条書きが列記されています。

この冒頭にある条文を「はしら書」といい、箇条書きにされている部分を「各号」といいます。

（管理費等）　　　　┌── はしら書

第25条　区分所有者は、敷地及び共用部分等の管理に要する経費に充てるため、次の費用（以下「管理費等」という。）を管理組合に納入しなければならない。

各号 ┌─　一　管理費
　　　└─　二　修繕積立金

---

❸ 「前段」と「後段」とは

例えば、以下の標準管理規約第45条第２項を例にすると、「区分所有者の…（中略）…意見を述べることができる。」という「前段」と、「この場合において、…（中略）…通知しなければならない。」という「後段」の、２つに分けられます。

（出席資格）　　　　　　　　　　　前段

第45条　略

2　区分所有者の承諾を得て専有部分を占有する者は、会議の目的につき利害関係を有する場合には、総会に出席して意見を述べることができる。この場合において、総会に出席して意見を述べようとする者は、あらかじめ理事長にその旨を通知しなければならない。

後段

目　　次

第3編　標準管理規約（団地型）

第4編　標準管理規約（複合用途型）

資料編

第1編

マンション標準管理規約の概要

第1章 マンション標準管理規約の意義と制定経緯

マンションの普及・拡大　　わが国における人々の住生活を充実させるための活動は、都市への人口集中という社会問題と切り離して考えることはできません。社会の発展とともに人口が都市に集中し、それに伴い、限られた土地に多数の人々が集まります。そのような状況において、多くの人々が快適で健康的な暮らしを営むことができる住環境を提供することは、高いプライオリティの社会的な需要でした。

　この需要に対応し、近代化とともに事業用に利用されてきた鉄筋コンクリート（ＲＣ）造建物が、住宅を供給する役割をも担うことになります。

　昭和30年頃から、1棟の建物（集合住宅）のうちの区分された一部を分譲する方式が利用され始めます。昭和37年には集合住宅の基本法としての区分所有法が制定されて、集合住宅の法的な位置づけが確立し、昭和40年代以降、鉄筋コンクリート（ＲＣ）造建物の集合住宅が劇的に普及・拡大していきます。

　建築着工統計数を基に推計される数値によれば、昭和44年には、新規供給戸数2.4万戸・ストック戸数5.3万戸であったマンションは、高度経済成長期が終了する昭和49年には、それぞれ12.3万戸・44.0万戸、区分所有法大改正の前年の昭和57年にはそれぞれ12.4万戸・118.5万戸にまで増加しています（国土交通省「全国のマンションストック戸数」）＊。

　このようにマンションが普及・拡大することに伴い、マンション管理の重要性も高まっていくこととなります。

＊　令和2年末時点では、新規供給戸数10.0万戸・ストック戸数675.3万戸となっている（国土交通省「全国のマンションストック戸数」）。

**中高層共同住宅標準
管理規約の制定**

　マンション管理は、規約に基づいて行われます。

　区分所有法（本書においては、以下、単に「法」ということがある）上は、区分所有者の団体（管理組合）が規約を作成することは必要的ではありませんが、実際上は、大多数の管理組合では、管理規約*1を作成し、管理規約に基づく管理運営が行われています。

　ただ、管理規約に基づく管理運営を行うことが重要といっても、管理規約作成は簡単な作業ではありません。

　昭和50年代以前は、分譲会社や管理会社がそれぞれ個別に規約案を作成していました。そのため、形式がまちまちであるうえ、内容として不十分なものが多く、現実に発生する問題に対して十分な対応ができないことも少なくありませんでした。

　そこで管理組合の役員、消費者団体、分譲会社、管理会社等からの意見を踏まえ、具体的な管理規約を定める際の指針あるいはモデル（ひな型）として、昭和57年1月に建設省（当時）に設置されていた住宅宅地審議会によって「中高層共同住宅標準管理規約」が作成され、建設大臣（現国土交通大臣）に、意見具申がなされました*2。同年5月には、これを受け、建設省（現国土交通省）から、関係業界団体等に対して、この中高層共同住宅標準管理規約を指針として活用するよう通達が出されています。

　中高層共同住宅標準管理規約には、実際に規約を作成し、これを使用して管理を行う際に、的確な規約の運用が可能となるように、「中高層共同住宅標準管理規約コメント」として、条文の注釈も記載されました*3。

＊1　一般には、「管理規約」と称されているが、区分所有法では「規約」という用語が用いられている。
＊2　宅地建物の取引の公正と流通の円滑化を図るため、宅地建物取引業制度上講ずべき措置についての第2次答申。
＊3　昭和58年5月には区分所有法の大改正があり、それに伴い、標準管理規約も見直され、かつ建設省（現国土交通省）は、同年10月に「中高層共同住宅標準管理規約及び中高層共同住宅標準管理規約コメント（改訂版）」を作成し、各関係業界団体等に通達を出している。

平成9年2月に標準管理規約の最初の改正がありま
した＊。この改正では、

❶ 長期修繕計画の作成が、標準管理規約の条項として位置づけられ、

❷ 区分所有者の公平性を確保するための見直しがなされ、

❸ 従来の標準管理規約を単棟型の標準管理規約とし、新たに、複数の建
　物で構成されている団地形式のマンションのための団地型の標準管理規
　約と、住宅と店舗等が併存する形式のマンションのための複合用途型の
　標準管理規約が作成されました。

　改正内容は、「中高層共同住宅標準管理規約及び中高層共同住宅標準管理
規約コメント（単棟型）」「同（団地型）」「同（複合用途型）」として、建設
省（現国土交通省）から各関係業界団体等に対して通達が出されています。

＊　昭和58年10月には形の上での改正がなされているが、この時点では実質的な改正があっ
　たわけではないから、平成9年2月の改正が、実質の最初の改正となる。

マンションによる生活形態が拡大し普
及するとともに、マンションでの生活上
のトラブルも多くなり、社会問題化するに至りました。そのため、平成12年
12月にマンションの管理の適正化の推進に関する法律（以下「適正化法」と
いう）が制定され、平成14年12月に区分所有法改正（以下「平成14年法改正」
という）およびマンションの建替え等の円滑化に関する法律（以下「建替え
円滑化法」という）制定があり、マンション管理に係る諸制度が整備されて
いきました。

　標準管理規約も、このような環境の変化に対応し、第2回目の改正に向け、
検討が行われます。この改正にあたっては、「マンション」という言葉が法
令用語として定着してきたことを踏まえ＊、標準管理規約の名称が、「中高
層住宅標準管理規約」から「マンション標準管理規約」（以下「標準管理規
約」という）へと変更されています。平成16年1月23日に、国土交通省は、

4

「マンション標準管理規約（単棟型）」（以下「標準管理規約（単棟型）」あるいは、単に「標準管理規約」という）、「同（団地型）」（以下「標準管理規約（団地型）」という）、「同（複合用途型）」（以下「標準管理規約（複合用途型）」という）を策定、公表しました（以下、同日付の標準管理規約（単棟型）、標準管理規約（団地型）、標準管理規約（複合用途型）の改正をあわせて、「平成16年改正」という）。

＊　「マンション」という言葉は、一般用語としては、鉄筋コンクリート造の共同住宅を指し示すが、法律用語としては、「2以上の区分所有者が存する建物で人の居住の用に供する専有部分があるもの」（適正化法2条1号、建替え円滑化法2条1項）と定義づけられている。すなわち、法律上は、❶専有部分がある区分所有建物であり、❷2以上の区分所有者が存し、❸人の居住の用に供する専有部分がある、という3つの要件を満たす場合に、マンションに該当することになる。区分所有法の条文には、「マンション」という言葉はない。

平成23年の 標準管理規約改正

平成23年7月に標準管理規約が改正されました（以下、この改正を「平成23年改正」という）。主な改正内容(規約本文と規約コメントの改正の両方を含める)は、次の8項目でした。

❶　書類の保管等に関する整理（32条3号）
❷　管理組合の役員に関する規定の整理（35条2項）
❸　総会における権利行使に関する規定の整理（コメント46条関係）
❹　理事会の権限の明確化（54条1項6号・7号）
❺　新年度予算成立までの経常的な支出に関する整理(58条3項・4項、コメント58条関係)
❻　財産の分別管理等に関する整理（コメント60条関係、コメント62条関係）
❼　共用部分の範囲に関する整理（別表第1・第2）
❽　団地型等のマンション標準管理規約の適用対象の整理等（（団地型）コメント全般関係③）

　　　　平成28年３月＊、高齢化等を背景にした管理組合の担い手不足、管理費滞納等による管理不全、暴力団排除の必要性、災害時における意思決定ルールの明確化などの課題に対応した新ルールとして、標準管理規約が再度改正されました（以下、この改正を「平成28年改正」という）。

　主な改正内容（規約本文と規約コメントの改正の両方を含める）は、次の11項目です。

❶ 外部の専門家の活用（35条〜41条、別添１など、コメント全般関係）

❷ 駐車場の使用方法（コメント15条関係）

❸ 専有部分等の修繕等（17条、21条、22条、別添２など）

❹ 暴力団等の排除規定（19条の２、36条の２など）

❺ 災害時の場合の管理組合の意思決定（21条、54条など）

❻ 緊急時の理事等の立入り（コメント23条関係）

❼ コミュニティ条項等の再整理（27条、32条）

❽ 議決権割合（コメント46条関係）

❾ 理事会の代理出席（コメント53条関係）

❿ 管理費等の滞納に対する措置（60条、別添３）

⓫ マンションの管理状況などの情報開示（64条、別添４）

＊　「マンション標準管理規約（単棟型）」が平成28年３月14日に、「マンション標準管理規約（団地型）」と「マンション標準管理規約（複合用途型）」が平成28年３月31日に改正された。

　　　　平成29年６月に住宅宿泊事業法が制定され、翌平成30年６月15日に施行されましたが、これにより分譲マンションにおいても住宅宿泊事業（いわゆる民泊）が実施され得ることになる状況に対応するため、平成29年８月29日、標準管理規約が改正されました（以下、この改正を「平成29年改正」という）。

　改正内容は、住宅宿泊事業を実施する場合と禁止する場合についての条文を標準管理規約12条（専有部分の用途）に明記するとともに、コメントにおいて、住宅宿泊事業のうち、いわゆる家主居住型のみ可能とする場合等の規定例を示すなど関連する留意事項を示すものです。

**平成30年の
標準管理規約（団地型）改正**

　平成30年３月に、複数棟で構成される団地型のマンションに関する敷地売却制度を創設する、建替え円滑化法施行規則の改正、マンションの建替え等の円滑化に関する基本指針（告示）の改正、耐震性不足のマンションに係るマンション敷地売却ガイドラインの改訂が行われました。これに合わせて、標準管理規約（団地型）と同コメントについても、敷地売却の検討に係る費用の拠出を認めることを明確化する等の改正がありました。

第2章

令和 3 年 6 月の標準管理規約改正

　長年にわたるマンションの普及・拡大が進んだことで、老朽化が進んだマンション*1の維持管理の適正化や再生の円滑化に向けた取り組みの必要性が近年強く認識されるようになっています。このような社会的な課題を踏まえ、令和 2 年に適正化法が改正され、マンション管理適正化推進計画を作成した地方公共団体が適切な管理計画を有するマンションを認定する管理計画認定制度が創設されました。同時に、建替え円滑化法においても、除却の必要性に係る認定対象の拡充、団地における敷地分割制度の創設を内容とする改正が行われています。

　また、令和 2 年初めから日本でも新型コロナウイルス感染症（COVID–19）の流行が急拡大したことで、人々が生活する場であるマンション内でも、感染症を抑止するため、人と人の対面交流を減らす具体的な取り組みが模索されるようになりました。

　このような昨今の社会的な課題を受けて、令和 3 年 6 月に*2、標準管理規約が再び大きく改正されました（以下、この改正を「令和 3 年改正」という）。

　主な改正内容は、次のとおりです。

＊1　築40年超のマンションは、今後20年で約4.5倍の367万戸となることが見込まれている。
＊2　署名・押印主義の見直しを受けた総会の議事録への区分所有者の押印を不要とする改正（49条）については、根拠となる区分所有法改正が令和 3 年 9 月 1 日であることを踏まえ、令和 3 年 9 月 1 日から有効となった。

標準管理規約全体の改正内容＊1

❶ ＩＴを利用した総会・理事会

　これまで管理組合の総会・理事会は、マンションにおいて複数の人が定期的に集まる場でしたが、非対面による会議の方法として

「ＩＴを活用した総会」等の会議の実施が可能なことを明確化し、コメント
においてもこれに合わせた留意事項等が明記されました（2 条、43条、47条、
53条、コメント38条関係、43条関係、46条関係、47条関係、52条関係、53条
関係）。

❷ **マンション内における感染症の感染拡大のおそれが高い場合等の対応**

COVID–19を始めとした感染症の感染拡大のおそれが高いと認められた場
合に、共用施設の使用停止等を使用細則で定めることが可能であることがコ
メントに明記されました（コメント18条関係）。

また、感染症の感染拡大の防止等への対応として、やむを得ない場合は総
会の延期が可能であることもコメントに明記されました（コメント42条関
係）。

❸ **置き配**

宅配業者と居住者との接触を避ける方法として、宅配便の荷物を玄関やそ
の周辺に置いて配達完了とする配達方式（いわゆる置き配）が広まっている
ことを踏まえ、マンションにおいて置き配を認める際のルールを使用細則で
定めることが考えられることがコメントに記載されました（コメント18条関
係）。

❹ **専有部分配管**

平成29年に、関連する最高裁判所による判断が示されたことを踏まえて、
共用部分と専有部分の配管を一体的に工事する場合に、修繕積立金から工事
費を拠出するときの扱いがコメントに記載されました（コメント21条関係）。

❺ **管理計画認定および要除却認定の申請**

総会の議決事項として、適正化法の令和 2 年改正に基づく管理計画の認定
の申請および建替え円滑化法に基づく要除却認定の申請が追加されました
（48条）。

❻ **書類への押印の廃止**

デジタル社会形成基本法にのっとり、総会議事録への出席者 2 名の押印（49
条 2 項）、管理組合の規約原本への区分所有者全員の押印（改正前72条 1 項）、

改正後の現に有効な規約の内容を記載した書面への理事長の押印（改正前72条3項）の義務が廃止されました（49条＊2、72条）。

＊1 引用する条文は標準管理規約（単棟型）のものである。
＊2 49条の改正は、根拠となる区分所有法42条の改正を待ち、令和3年9月1日から有効となった。

標準管理規約（団地型）
の改正内容

　　　　　建替え円滑化法の令和2年改正で、団地における除却の必要性にかかる認定対象が拡充され、敷地分割制度が創設されたことに対応し、標準管理規約（団地型）に以下の規定が新設され、コメントへの注記が行われました。

❶ 敷地分割事業と分割請求禁止規定との関係性

管理規約において土地の分割請求禁止を定めている場合でも、敷地分割決議による敷地分割は禁止されるものでないことがコメントに注記されました（コメント11条関係）。

❷ 団地修繕積立金および各棟修繕積立金

団地修繕積立金および各棟修繕積立金の使途として「敷地分割に係る合意形成に必要となる事項の調査」が記載されました（28条、29条、コメント28条及び29条関係）。

❸ 招集手続

敷地分割決議を行うための団地総会の招集手続が記載されました（45条、コメント45条関係）。

❹ 団地総会の会議および議事

敷地分割決議の決議要件が記載されました（49条、コメント49条関係）。

❺ 議決事項

団地総会の議決事項として管理計画の認定の申請、除却の必要性に係る認定の申請および敷地分割決議が記載されました（50条）。

第3章 マンション標準管理規約の 3つのタイプ

　マンション標準管理規約には、単棟型、団地型、複合用途型という3つの タイプのモデルが定められています。

❶ 標準管理規約 （単棟型）	住居専用であり、かつ、敷地上に1棟のマンションが建っている状況を想定するタイプ
❷ 標準管理規約 （団地型）	敷地上に数棟の住居専用のマンションが建っており、敷地と集会所等の附属施設がその数棟の区分所有者（団地建物所有者）全員の共有となっている状況を想定するタイプ
❸ 標準管理規約 （複合用途型）	低層階に店舗があり、上階に住宅があるという形態であり（主体は住宅。いわゆる「下駄履きマンション」）、店舗と住宅の共用部分がそれぞれ店舗一部共用部分、住宅一部共用部分となっていて、それぞれの一部共用部分についても、全体の管理組合が一元的に管理する状況を想定するタイプ

【標準管理規約（単棟型）】

11

【標準管理規約（団地型）】

【標準管理規約（複合用途型）】

店舗部分　　住宅部分

第4章 標準管理規約の位置づけ

標準管理規約（単棟型）が対象とするマンション　標準管理規約（単棟型）が対象としているのは、一般分譲の住居専用の単棟型マンションです。各住戸の床面積が均質のものと、バリエーションのあるものとのいずれも対象に含まれます。

いわゆる等価交換により特定の者が多数の住戸を区分所有する場合、一部共用部分が存する場合、管理組合を法人とする場合等は、別途考慮が必要です（コメント全般関係②）。

駐車場の扱い等、標準管理規約（単棟型）に示されている事項の取扱いに関しては、マンションの所在地の状況等の個別事情を考慮して、合理的な範囲内において、その内容に多少の変化をもたせることも差し支えありません。

公正証書による規約が別に定められているときには、公正証書による規約と一覧性をもたせることが望ましいとされています（コメント全般関係④）。

標準管理規約とは異なる定めをする場合の留意点　規約に標準管理規約とは異なる定めをすることもできますが、次の点に留意しなければなりません。

❶ 規約に定めることができる事項は、区分所有法の条文で「規約による別段の定めをすることができる」と明示されている事項および建物・敷地・附属施設の管理・使用に関する事項です（法30条1項）。

　これらの事項以外は、規約として定めたとしても、その効力は認められません。

❷ 専有部分・共用部分・建物の敷地・附属施設（建物の敷地または附属施設に関する権利を含む）につき、これらの形状、面積、位置関係、使

13

用目的および利用状況ならびに区分所有者が支払った対価その他の事情を総合的に考慮して、区分所有者間の利害の衡平が図られるように規約の条項を定めなければなりません（法30条３項）。平成14年法改正によって、このことが法律上明文化されました。

❸ 規約の設定・変更・廃止が一部の区分所有者の権利に特別の影響を及ぼすべきときは、その区分所有者の承諾が必要です（法31条１項後段）。

特別の影響を受ける区分所有者の承諾がないときは、設定・変更された規約の定めは無効であり、廃止についてはその効力がありません。

平成16年改正による標準管理
規約の位置づけの修正
昭和57年に示されて以来、標準管理規約は、極めて多くのマンションでの管理規約作成のモデル（ひな型）として利用されてきました。しかし、標準管理規約が一般化するに伴い、できるだけこれに沿った内容を定めなければならないという硬直的な傾向も生まれてきたようです＊。

しかし本来、管理規約の制定においては、マンションの管理や管理組合の実状を踏まえ、それぞれのマンションごとに、必要に応じ、どのような条項を定めるのかを、個別に検討しなければなりません。適正化法に基づく指針においても、「管理規約は、当該マンションの実態及びマンションの区分所有者等の意向を踏まえ、適切なものを作成し、必要に応じ、その改正を行うことが重要である」と述べられています。

そのような状況を考慮して、平成16年改正により、標準管理規約についての従来の位置づけの表現をあらため、「管理規約の制定、変更をする際の参考」とされることになりました（コメント全般関係①）。管理組合は、標準管理規約のコメントを参照しながら、各条項を参考にして、それぞれのマンションに適した管理規約を設定することになります。

＊ 平成16年改正以前は、標準管理規約は、具体的な管理規約を定める際の指針あるいはモデル（ひな型）と位置づけられていた。

14

第2編

標準管理規約（単棟型）

第1条（目的）

この規約は、○○マンションの管理又は使用に関する事項等について定めることにより、区分所有者の共同の利益を増進し、良好な住環境を確保することを目的とする。

区分所有法と標準管理規約　マンション管理に関する基本的事項は、区分所有法（本書においては、以下、単に「法」ということがある）に定められています。

しかし、区分所有法の定めは抽象的であり、また最小限の標準的なルールしか書いてありません。自分たちのことは自分たちで決めるべきだという私的自治の考え方のもと、マンション管理に関する事項は、区分所有者自ら最終的な意思決定をしなければなりません。いくら法制度が整えられたとしても、適正なマンション管理のためには、区分所有者が自らマンションの基本ルールをつくらなければならないわけです。

マンションを管理するにあたっての基本ルールは、規約です（法30条）。マンション管理のためには、規約を作成することが必要であり、実際に大多数の管理組合では、管理規約に基づく管理運営が行われています。

規約に区分所有者の権利義務、費用の負担、意思決定方法等をあらかじめ明確にしておくことによって、マンションの適切な維持・管理が可能となり、円満な日常の共同生活の基礎ができることになります。

また、マンションが社会的資産であることを考えれば、規約を定めて適切な管理を行うことは、単に住民の共同生活のための利益にとどまらず、社会的資産の価値の維持の観点からも、重要です。

第2条（定義）

この規約において、次に掲げる用語の意義は、それぞれ当該各号に定めるところによる。

一 区分所有権 建物の区分所有等に関する法律（昭和37年法律第69号。以下「区分所有法」という。）第2条第1項の区分所有権をいう。

二 区分所有者 区分所有法第2条第2項の区分所有者をいう。

三 占有者 区分所有法第6条第3項の占有者をいう。

四 専有部分 区分所有法第2条第3項の専有部分をいう。

五 共用部分 区分所有法第2条第4項の共用部分をいう。

六 敷地 区分所有法第2条第5項の建物の敷地をいう。

七 共用部分等 共用部分及び附属施設をいう。

八 専用使用権 敷地及び共用部分等の一部について、特定の区分所有者が排他的に使用できる権利をいう。

九 専用使用部分 専用使用権の対象となっている敷地及び共用部分等の部分をいう。

十 電磁的方法 電子情報処理組織を使用する方法その他の情報通信の技術を利用する方法であって次に定めるものをいう。

イ 送信者の使用に係る電子計算機と受信者の使用に係る電子計算機とを電気通信回線で接続した電子情報処理組織を使用する方法であって、当該電気通信回線を通じて情報が送信され、受信者の使用に係る電子計算機に備えられたファイルに当該情報が記録されるもの

ロ 磁気ディスクその他これに準ずる方法により一定の情報を確実に記録しておくことができる物をもって調製するファイルに情報を記録したもの（以下「電磁的記録」という。）を交付する方法

十一 WEB会議システム等 電気通信回線を介して、即時性及び双方向性を備えた映像及び音声の通信を行うことができる会議システム等をいう。

（令和 3 年改正前 2 条）

　はしら書　変更なし

　一号〜九号　変更なし

（令和 3 年改正の要点）
　電磁的方法および WEB 会議システム等の利用による手続きの導入に伴う用語定義の追加

定義規定　　2条は、この規約における定義を定めた規定です。1号から6号までは、区分所有法の定義をそのまま用いています＊。

　7号の「共用部分等」について、区分所有法では「共用部分並びに第21条に規定する場合における当該建物の敷地及び附属施設」（法26条 1 項）とされているのに対し、標準管理規約では「共用部分及び附属施設をいう」と定義しており、区分所有法と標準管理規約とでは、建物の敷地を含むかどうかという点において、異なっています。

　8号・9号につき、専用使用権という用語は、一般には区分所有者以外の第三者が特定の場所を排他的に利用する場合に用いられることもありますが、8号ではこれを「特定の区分所有者が排他的に使用できる権利」として主体を限定して定義しています。

＊　本条 2 号の区分所有者は「区分所有権を有する者」である（法 2 条 2 項）。実質的に専有部分を所有する労働組合が、同組合名で区分所有権の登記ができないことから便宜上その代表者らを登記名義人とした事案において、**東京地判平成30. 3. 27**は、労働組合が区分所有者であり管理組合の組合員であると判断した。

新設された
定義規定　　10号と11号は、令和 3 年改正で新設されたものです。
　　　　　　10号は、電磁的方法とは何かを定義しています。

　標準管理規約はこれまでも、総会決議（47条）、総会議事録の保管・閲覧請求（49条）、書面決議（50条）、理事会決議（53条）、帳票類等の作成・保

管（64条）、規約原本の作成・保管（72条）について電磁的方法によることを前提とした規定を置いていました。これらは、区分所有法において電磁的方法による手続きを想定している手続きですが、それ以外にも、届出や通知などにおいて、書面によらずに電磁的方法で行う余地のある手続きは多く存在します。令和3年改正では、このような各種手続*1を、書面によるのみならず電磁的方法によることが許容されることを前提に、それぞれの手続規定において電磁的方法の採用を選択肢として提示しました。それに伴い、そもそも電磁的方法とは何かを定義規定で定めることにしたものです。

電磁的方法の具体例には、電子メールの送信やウェブサイト（ホームページ）への書込みの利用、CD–R等の交付による方法等があり（コメント2条関係①）、10号イが前者を、ロが後者を定めています。

電磁的方法をどこまで利用可能とするかは各管理組合が実情に合わせて決めるべき事柄ですが、規約の定め方はそれに応じたものとする必要があります。すなわち、電磁的方法の一部のみ利用可能とする管理組合は、電磁的方法の利用状況に応じた規約を制定することが望ましく、例えば、電子メールの送受信やウェブサイト（ホームページ）への書込みは利用できないが、CD–R等に記録されている内容の読込みおよび表示は可能な場合、10号のうちイは規定しないほうが望ましいとされています（コメント2条関係②）。実際に利用が認められない方法を定義に盛り込むべきでないのは当然のことです。

11号は、WEB会議システム等とは何かを定義しています。標準管理規約は令和3年改正で、WEB会議システム等を用いた方法で総会や理事会を開催できることを明示しており*2*3、そこで用いられる「WEB会議システム等」の定義を示したものです。

*1　17条1項（専有部分の修繕等の申請）、19条の2第2項（暴力団員の排除に関して区分所有者および賃借人が管理組合に提供する事項）、21条3項（敷地および共用部分等の管理に関して理事長が行う承認）、22条2項（窓ガラス等の改良工事に関して理事長が行う承認）、31条（組合員資格の得喪の届出）、44条3項（総会に出席した組合員に含まれる議決権の行

使方法)、46条7項・8項（議決権の行使方法）、47条6項（出席組合員とみなされる議決権の行使方法）、49条（議事録の作成・保管等）、50条（総会決議の方法）、53条2項・4項（理事会決議の方法）、64条（帳票類の作成・保管方法）、72条（規約原本の作成等）がこれにあたる。

＊2　総会につき47条1項、理事会につき53条1項。

＊3　WEB会議システム等を用いた方法での総会や理事会は、規約に示すことで初めて可能となるものではなく、従来の規約を変更しなくてもこの方法の利用は可能とされている（国土交通省住宅局・「『マンション標準管理規約』の改正について（概要）」Ⅰ1）。

第3条（規約及び総会の決議の遵守義務）

　区分所有者は、円滑な共同生活を維持するため、この規約及び総会の決議を誠実に遵守しなければならない。

2　区分所有者は、同居する者に対してこの規約及び総会の決議を遵守させなければならない。

区分所有者の規約・総会決議の遵守義務　マンションにおける円滑な共同生活は、規約や総会の決議が遵守されることによって、実現されます。

　1項では、区分所有者に対して、規約および総会の決議の遵守義務を定めました。使用細則等も総会の決議で決められたルールです*。

　規約および総会の決議は、区分所有者の包括承継人および特定承継人に対しても、効力を有します（5条1項）。

---

*　使用細則（18条）およびその他の細則（70条）を合わせて「使用細則等」と呼んでいる（37条1項）。使用細則等は、総会の決議によって制定される（48条1号。➡224頁）。

同居者に対して規約・総会決議を遵守させる義務　配偶者や子などの区分所有者の同居者も、マンションで共同して居住する者です。区分所有者とともに、円滑な共同生活の実現に協力すべき立場にあります。

　しかし同居者は、規約や総会の決議との関係では、直接の当事者ではなく、区分所有者の占有補助者という立場にあります。

　そのため2項は、同居者について、規約や総会決議の当事者である各区分所有者に対して、規約や総会決議を守らせる義務を負わせ、もって、間接的に規約や総会決議の目的を達成しようとしています。

　区分所有者は、同居者に対し、使用細則等も遵守させなければなりません。

　同居者が規約や総会決議に違反すれば、各区分所有者が、その是正等のため必要な措置を講ずる義務を負います（67条2項）。

　この規約の対象となる物件の範囲は、別表第1に記載された敷地、建物及び附属施設（以下「対象物件」という。）とする。

別表第1　対象物件の表示

	物　件　名	
敷	所　在　地	
	面　　積	
地	権　利　関　係	
建	構造等	造　地上　　階　地下　　階　塔屋 　　階建共同住宅 延べ面積　　m² 　建築面積　　m²
物	専有部分	住戸戸数　　戸 延べ面積　　m²
附属施設	塀、フェンス、駐車場、通路、自転車置場、ごみ集積所、排水溝、排水口、外灯設備、植栽、掲示板、専用庭、プレイロット等建物に附属する施設	

規約の対象となる物件　　区分所有者の団体（管理組合）は、建物・敷地・附属施設の管理を行うことと目的とします（法3条）。もっとも建物のうち、専有部分は、管理組合の管理対象ではありません。そこで、管理組合の管理対象、すなわち規約の対象は、建物のうちの共用部分・敷地・附属施設ということになります。

共用部分　　区分所有法では、「共用部分の管理に関する事項は、集会の決議で決する」（法18条1項本文）とされています。この条文は、共用部分の管理の決め方を定めるものであると同時に、共用部分が

当然に管理の対象になることを示すものでもあります。

　共用部分とは、

> 建物（本体）における専有部分以外の部分＊1
> 建物の附属物のうち専有部分に属しないもの＊2
> 附属の建物のうち、規約により共用部分とされたもの＊3

をいいます（法2条4項）。標準管理規約では、共用部分については、8条および別表第2で示されています。

＊1　エントランスホール、廊下、階段、エレベーターホールなど（8条、別表第2.1）
＊2　エレベーター設備、電気設備、給水設備、排水設備、消防・防災設備など（8条、別表第2.2）
＊3　附属の建物である集会室など（8条、別表第2.3）

敷地および附属施設　　区分所有法では「建物の敷地又は共用部分以外の附属施設（これらに関する権利を含む。）が区分所有者の共有に属する場合には、第17条から第19条までの規定は、その敷地又は附属施設に準用する」（法21条）と定められており、

　区分所有者共有の敷地

　区分所有者の共有する附属施設（附属物と附属の建物）

は、当然の管理対象です（法21条）。

　建物が所在する土地（物理的に建物がのっている（建っている）土地）（法2条5項）を「法定敷地」といい、規約により敷地と定め、建物および法定敷地と一体的に庭や通路などとして管理または使用する土地（法5条1項）を「規約敷地」といいます。本条の敷地には、法定敷地と規約敷地の両方を含みます（コメント別表第1関係①）。敷地が区分所有者の共有であれば、当然管理組合の管理対象です。

　所在地が登記簿上の所在地と住居表示で異なる場合は、別表第1の敷地の表示には両方を記載します（コメント別表第1関係②）。

権利関係の欄には、敷地の利用権が所有権か借地権（地上権、賃借権）か、借地権の場合には、借地権の種類や土地の所有者名を記載します。

　共有でない敷地（分有の敷地）は、当然には管理対象にはなりませんが、「建物又はその敷地若しくは附属施設の管理又は使用に関する区分所有者相互間の事項」（法30条1項）として規約を設定することにより、管理対象とすることも可能です。

　附属施設（附属物と附属の建物）も、区分所有者の共有となっている場合には、当然に管理対象です。

　附属施設（附属物、附属建物）が区分所有者の共有でなければ、当然には管理対象にはなりませんが、共有でない敷地と同様に「建物又はその敷地若しくは附属施設の管理又は使用に関する区分所有者相互間の事項」（法30条1項）として規約を設定することにより、管理対象とすることも可能です。

【規約の対象となる物件の範囲】

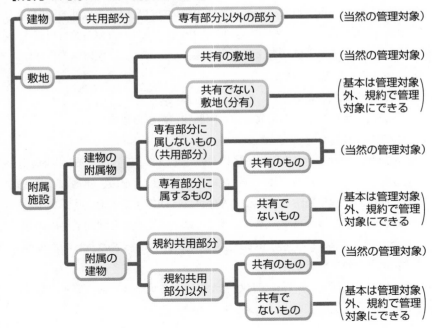

第 5 条（規約及び総会の決議の効力）

　　この規約及び総会の決議は、区分所有者の包括承継人及び特定承継人に対しても、その効力を有する。

2　占有者は、対象物件の使用方法につき、区分所有者がこの規約及び総会の決議に基づいて負う義務と同一の義務を負う。

包括承継人および特定承継人に対する効力

　　1 項は、規約・総会の決議（使用細則等を含む）が、区分所有者の包括承継人および特定承継人に対しても、その効力を有することを確認する規定です。

　　包括承継人とは、相続・合併により権利を承継する者です。相続・合併の特性上、包括承継人は、当然に、前者の権利義務をすべて引き継ぎます。

　　特定承継人とは、売買・交換等により区分所有者となった者です。法では、規約・集会の決議は特定承継人に対してもその効力を生ずること（法46条1項）、および、特定承継人が前者の管理費等を承継すること（法8条）が定められ、前者の権利義務を引き継ぐことが明言されています＊。譲渡担保によって区分所有権を取得した者（**東京地判平成6.3.29**）、競売・公売によって区分所有権を取得した者（競売については**東京地判平成9.6.26**、**東京地判平成28.11.29**、公売については**東京地判平成20.9.30**）を含みます。

＊　特定承継人の管理費等および駐車場使用料その他の使用料の承継については、26条で確認的に規定されている。

占有者（賃借人）に対する効力

　　2 項も、法46条2項につき、確認的に条文を置いたものです。賃借人は、この「占有者」に当たります（コメント 5 条関係）＊。占有者（賃借人）が遵守義務を負うのは、規約・総会の決議のうち、使用方法に関するものです。使用方法に関しないもの（例えば、管理費の支払義務）については、遵守の義務はありません。

＊　権限なく専有部分を占有する者も占有者に含まれる。

25

第6条（管理組合）

　区分所有者は、区分所有法第3条に定める建物並びにその敷地及び附属施設の管理を行うための団体として、第1条に定める目的を達成するため、区分所有者全員をもって○○マンション管理組合（以下「管理組合」という。）を構成する。

2　管理組合は、事務所を○○内に置く。

3　管理組合の業務、組織等については、第6章に定めるところによる。

区分所有者の団体（法3条の団体）　区分所有者が複数になることにより、当然に、建物・敷地・附属施設の管理を行うための団体が成立します（法3条）。団体設立の特別な手続きは必要ありません。

管理組合の意義　管理組合という言葉は、3つの意味に用いられています。第1は、法3条により当然に成立する区分所有者の団体（以下、「法3条の団体」ということがある）の意味です。標準管理規約が想定する管理組合は、法3条の団体として説明されており（稲本洋之助・鎌野邦樹共著『コンメンタールマンション区分所有法（第3版）』日本評論社（以下『区分所有法コンメ』という）29頁）、本条1項は、法3条を確認する定めです。

　第2は、適正化法に定義されている内容をもつものとしての意味です。適正化法では、管理組合という言葉を、「マンションの管理を行う区分所有法第3条若しくは第65条に規定する団体または区分所有法第47条第1項　（区分所有法第66条において準用する場合を含む。）に規定する法人をいう」（同法2条3号）と定義しています（マンションの意味について、⟹5頁＊）。第1の意味との違いは、マンション以外の管理を行う団体が除かれることです。

　第3には、区分所有者が、設立総会を経て組織化される団体（任意的な団

体）を指す用語としての意味です。「管理組合を設立する」などというときの管理組合という言葉は、この意味で使われていますし、文献において「現行法下でも、管理組合の設立は、義務的ではなく、任意的である（区分所有者の団体は構成されるが、管理組合という組織体が当然に設立されるわけではない）」（稲本・鎌野『区分所有法コンメ』26頁）などと説明される場合には、管理組合という言葉を第3の意味として用いています。

管理組合の性格　1項は、管理組合を「区分所有法第3条に定める建物並びにその敷地及び附属施設の管理を行うための団体として」構成することを謳っています。これは、この管理規約により構成する団体（第3の意味での管理組合）が、第1の意味での管理組合であることを確認するものです。

　第1の意味での管理組合は法3条により当然に成立するものである以上、その団体としての目的は限定的である必要があります。コメントでは『管理組合は、区分所有者全員の強制加入の団体であって、脱退の自由がないことに伴い、任意加入の団体と異なり、区分所有者は全て管理組合の意思決定に服する義務を負うこととなるから、管理組合の業務は、区分所有法第3条の目的の範囲内に限定される。』と述べられています（コメント6条関係）。とはいえ、建物等の物理的な管理だけしか行えないということではなく、「それに附随・附帯する事項」も目的の範囲内ですし、区分所有者の所有権の対象である専有部分の使用に関する事項でも、区分所有者の共同の利益（法6条1項）に関する事項は目的に含まれます。このように、「区分所有法第3条に定める…（中略）…管理」は、専有部分の使用方法の規制や建替え決議など、区分所有の目的となる建物において団体的意思決定に服すべき事項を広く包摂しているといえます。

　管理組合内部における意思決定や業務執行についての統制も、法と管理規約に基づいて行われることが要請されます。

　　区分所有者が2人以上の管理組合は、区分所有者およ
び議決権の各4分の3以上の多数による集会の決議を行
い、法人となる旨ならびにその名称および事務所を定め、主たる事務所の所
在地で登記をすることによって、管理組合法人となります（法47条1項）。*1
もっとも、現実的には、法人化している管理組合は多くはありません。

一方、法人としての設立手続が行われていなくても、

❶ 団体としての組織を備え、

❷ 多数決原理が行われており、

❸ 構成員の変更にもかかわらず団体そのものが存続し、

❹ その組織によって、代表の方法、総会の運営、財産の管理、その
　他団体としての主要な点が確定している

という要件を満たすときには、権利能力なき社団とされます（**最判昭和
39. 10. 15**）。

権利能力なき社団となると、構成員個人とは別の存在として、法律関係に
おける当事者となることが認められます。

標準管理規約は、法人格を有さず、かつ、上記の❶〜❹の要件を満たす権
利能力なき社団である管理組合を想定しています（コメント6条関係)*2。

＊1　管理組合法人について、当初は権利能力がなく、総会開催によって権利能力を有する
　　こととなったと判断された裁判例として、**東京地判平成22.2.5**がある。
＊2　区分所有者の団体であって、権利能力なき社団であることが明示的に肯定された裁判
　　例として、**東京地判平成22.8.5**、**東京地判平成27.6.25**があり、他方、区分所有者の団体で
　　はあるけれども、権利能力なき社団であることが否定された裁判例として、**東京地判平成
　　20.4.16**、**東京地判平成21.9.7A**がある。

第2章　専有部分等の範囲

第7条（専有部分の範囲）

　対象物件のうち区分所有権の対象となる専有部分は、住戸番号を付した住戸とする。

2　前項の専有部分を他から区分する構造物の帰属については、次のとおりとする。

一　天井、床及び壁は、躯体部分を除く部分を専有部分とする。

二　玄関扉は、錠及び内部塗装部分を専有部分とする。

三　窓枠及び窓ガラスは、専有部分に含まれないものとする。

3　第1項又は前項の専有部分の専用に供される設備のうち共用部分内にある部分以外のものは、専有部分とする。

| 住戸番号を付した住戸 | 　1項は、専有部分を住戸番号を付した住戸に限定しています。 |

　マンションによっては、倉庫や車庫等が専有部分となることもあります＊。倉庫や車庫を専有部分とするときは、同項に「倉庫番号を付した倉庫」「車庫番号を付した車庫」を付け加え、「住戸番号を付した住戸および倉庫番号を付した倉庫」「住戸番号を付した住戸および車庫番号を付した車庫」が専有部分であることを明示します（コメント7条関係①）。

＊　東京地判平成30.3.8は、対象区画内に、区分所有者の共用に供されるものとしてカーリフトの保守・管理のための装置や排気ダクト・配管設備が設置されていても、その装置等が区画内に占める部分がわずかであることなどを踏まえ、その区画が専有部分であるとの判断に影響しないと述べている。

専有部分は、区分所有法によって、独立の所有権の対象になりますが、建物は一体ですから、ほかの部分と切り離すことはできません。隣接する部分や上下階とは境界壁・天井・床スラブ等によって区切られているだけです。そこで、専有部分を囲んでいる壁・天井・床スラブ等の境界について、どこまでが専有部分で、どこからが共用部分なのかという専有部分の範囲（住戸間の境界）が問題になります。

専有部分と共用部分との区分については、主な考え方として、❶壁心説、❷上塗り説、❸内法説（内壁説）があります。

❶ 壁心説 　専有部分は境界の厚みの中央の壁心の線までであり、境界は共用部分ではないとする説。 　境界は専有部分となる。	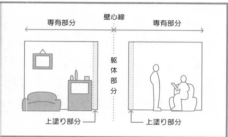
❷ 上塗り説（標準管理規約の採用する考え方） 　境界を上塗り部分と躯体部分（境界の骨格部分）とに分け、専有部分は上塗り部分までとする説。 　境界は、一部が専有部分、一部が共用部分となる。	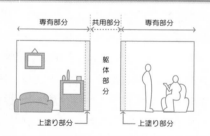
❸ 内法説（内壁説） 　専有部分は躯体部分と上塗り部分の両方によって囲まれた空間だけとする説。 　境界はすべて共用部分となる。	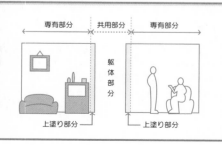

❷の上塗り説によれば、躯体部分は共用部分、上塗り部分は専有部分になりますので、専有部分の所有者は、躯体は自由に改造できませんが、壁紙張替えなどの内装工事は自由に行えます。区分所有者相互間の調整と建物の維持管理の観点から通説的見解となっています。

本条も、2項1号で、天井、床および壁は、躯体部分を除く部分を専有部分とすると定めて専有部分の限界について明らかにし（コメント7条関係③）、上塗り説の立場をとることとしています。

利用制限と費用負担　　2項各号は、利用制限を付すべき部分および複数の住戸によって利用される部分を共用部分とし、その他の部分を専有部分とするという考え方に基づく定めです（コメント7条関係②）。

利用制限の具体的内容は、建物の部位によって異なりますが、外観を構成する部分については外観を変更する行為、例えば、窓ガラスに広告などを出したり*、玄関扉の色を塗り替える等の行為が禁止され、主要構造部については、構造に影響を及ぼす変更が禁止されます（コメント同②）。

共用部分と専有部分の区分は、必ずしも管理費用の負担者が誰なのかの問題と連動するものではありません（コメント同②）。費用発生の原因が、専有部分の使用方法にある場合には、共用部分の配管等の故障についても、その専有部分を所有する区分所有者の費用負担となります。また、共用部分であっても、バルコニー、玄関扉、窓枠、窓ガラスなどの専用使用部分については、通常の使用に伴う管理に要する費用は、専用使用権を有する者が負担することとされます（21条1項、14条1項）。

* 専有部分の内側から窓を通して外部に見えるように設置した看板について、それが容易に取り外すことができるものであっても細則で禁じられた外観の変更にあたるとした事案に、**東京地判平成28. 4. 21**がある。

その他の問題　　雨戸または網戸がある場合は、窓枠や窓ガラスと同様に、専有部分に含まれないものとして、2項3号に追加します（コ

メント7条関係④)。

　専有部分の専用に供される設備のうち、共用部分内にある部分以外のものは、専有部分です（7条3項）。専有部分の専用に供されるか否かは、設備機能に着目して決定されます（コメント7条関係⑤）。

　共用部分としての倉庫や車庫が、すべての住戸に附属しているのではない場合は、管理組合と特定の者との使用契約により使用させることとします（コメント7条関係①）。

【上塗り説の参考例】

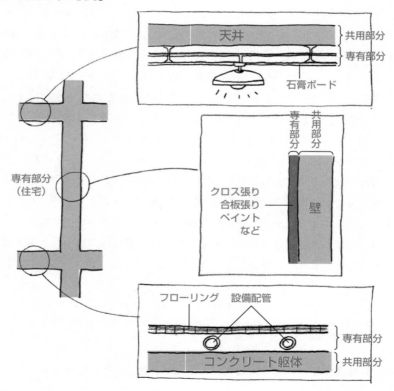

第8条（共用部分の範囲）

対象物件のうち共用部分の範囲は、別表第2に掲げるとおりとする。

別表第2　共用部分の範囲

1　エントランスホール、廊下、階段、エレベーターホール、エレベーター室、共用トイレ、屋上、屋根、塔屋、ポンプ室、自家用電気室、機械室、受水槽室、高置水槽室、パイプスペース、メーターボックス（給湯器ボイラー等の設備を除く。）、内外壁、界壁、床スラブ、床、天井、柱、基礎部分、バルコニー等専有部分に属さない「建物の部分」
2　エレベーター設備、電気設備、給水設備、排水設備、消防・防災設備、インターネット通信設備、テレビ共同受信設備、オートロック設備、宅配ボックス、避雷設備、集合郵便受箱、各種の配線配管（給水管については、本管から各住戸メーターを含む部分、雑排水管及び汚水管については、配管継手及び立て管）等専有部分に属さない「建物の附属物」
3　管理事務室、管理用倉庫、清掃員控室、集会室、トランクルーム、倉庫及びそれらの附属物

法定共用部分と規約共用部分

　　共用部分には、法律上当然に共用部分となるもの（法定共用部分）と、規約により共用部分となるもの（規約共用部分）との2種類があります。

　共用廊下や階段室、エレベーター室のように、建物の構造上、区分所有者の全員または一部の複数区分所有者の共用に供されるべき建物の部分は法律上当然に共用部分となり（法4条1項）、法定共用部分に当たります*。

　また、専有部分となり得る建物内の部分および附属の建物は、規約に定めることにより共用部分とすることができます（法4条2項）。規約によって共用部分とされたものが、規約共用部分です。

＊　法定共用部分については、仮に権利の登記がなされたとしても無効である（東京地判平成24.8.29）。

専有部分と共用部分の区分については、実務上、争いが起こりやすいところです。そこで、本条では、法定共用部分と規約共用部分の両方に関して、相当詳細に共用部分の範囲を規定しています。

別表第2では1において「建物の部分」＊1、2において「建物の附属物」についてそれぞれ定めています。ただ、ここに掲げられているのはあくまでも具体例であり、ここに掲げられていなくても、専有部分に属さない建物の部分および附属物は共用部分となります。

別表第2.3は、規約共用部分の定めです。専有部分となり得る建物内の部分および附属の建物については、規約によって規約共用部分と定め、規約共用部分であることの登記をすれば、区分所有権譲渡のたびにこれとは別個に譲渡をして、各区分所有者の権利を登記する手間が省けることになります＊2。

＊1　**東京地判平成28.9.29**は、敷地内の立体駐車場がマンションとは別棟で区分所有建物の建物部分ではないとして、その外壁が共用部分である「内外壁」にあたらないとした。
＊2　規約共用部分を取得した者が背信的悪意者とされて、専有部分としての登記をもって管理組合に対抗することができないとされた裁判例として、**東京高判平成21.8.6**がある。

以下に、a. バルコニー、b. ピロティー、c. 配管設備、d. 消防・防災設備、通信・テレビ設備、宅配ボックス設備、e. 管理事務室等について、解説を加えます。

a. バルコニー

バルコニーとは、建物の外壁から突出した屋外の床および手すり、側壁などの総称であって、専有部分の利用者が室内生活の延長として排他的独占的に利用する場所をいいます。バルコニーの天井部分が上階のバルコニーの床になり、外部に向かっては開放されているというのが、一般的な構造です。一般的には外部に向けて開放されていますので、構造上の独立性がありません。また、非常の場合の避難通路の用途を有していることも多く、各区分所有者が自由に改造すると、上下階や隣室に影響を及ぼすこともあり、多くの

場合、法定共用部分に該当すると考えられます*1。

そこで、本条では法定共用部分として別表第2.1に掲げ、14条でこれらに接する住戸の区分所有者の専用使用部分としています*2。

通常、バルコニーは専有部分に附属する構造となっていますが、その設置の状況は、それぞれ異なります。そのため、法定共用部分ではなく、規約共用部分や専有部分となるケースもあります。**横浜地判昭和60.9.26**では規約共用部分、**東京地判平成4.9.22**、**東京地判平成19.7.26A**では専有部分とされています。

b. ピロティー

ピロティーとは、2階以上を住居・事務所・店舗とした場合における、自由に通り抜けられる柱（柱と壁）だけの1階の空間部分です。これも、専有部分か共用部分かが争われるケースがありますが、建物内の広場として、集会所やホール、あるいは緊急時の避難通路としての用途を有しているものであって、一般には、法定共用部分と考えられています（**東京高判平成7.2.28**、**東京地判平成3.2.26**）。もっとも、専有部分とされた例もあります（**神戸地判平成9.3.26**）。ピロティーがあり、共用部分として取り扱う場合は、別表第2.1に具体的に列挙しておくべきといえます。

c. 配管設備

配管やパイプスペース、メーターボックスは、専有部分になるのか、共用部分になるのか不明確なことが少なくありません。とくに、床下や天井裏の配水管に亀裂が生じ、水漏れが生じた場合などに、亀裂部分が専有部分か共用部分かが深刻な争いになります。

最判平成12.3.21は排水管が共用部分とされた事案です。

> 707号室の台所、洗面所、風呂、便所から出る汚水については、同室の床下にあるいわゆる躯体部分であるコンクリートスラブを貫通してその階下にある607号室の天井裏に配された枝管を通じて、共用部分である本管に流される構造となっているところ、本件排水管は、この枝管のうち、コンクリートスラブ

と607号室の天井板との間の空間に配された部分である。本件排水管には、本管に合流する直前で708号室の便所から出る汚水を流す枝管が接続されており、707号室および708号室以外の部屋からの汚水は流れ込んでいない。本件排水管は、コンクリートスラブの下にあるため、707号室および708号室から本件排水管の点検、修理を行うことは不可能であり、607号室からその天井板の裏に入ってこれを実施するほか方法はない。この事実関係の下において、本件排水管は、その構造および設置場所に照らし、区分所有法2条4項にいう専有部分に属しない建物の附属物に当たり、かつ、区分所有者全員の共用部分に当たると解するのが相当である。

本管（立て管）

707号室

708号室

コンクリート
スラブ

天上板

607号室　　　点検口　　　608号室

　東京簡判平成19.12.10は、「天井、床及び壁は、躯体部分を除く部分を専有部分とする」「対象物件のうち共用部分の範囲は、専有部分を除く部分とする」「敷地及び共用部分等の管理については、管理組合がその責任と負担においてこれを行うものとする」と規約*3に定められているマンションにおいて、10階の1002号室の床下配水管の亀裂による水漏れを原因として、8階の802号室および9階の902号室に水漏れが発生したケースにおいて、次の

ように判断しています。

> 　管理規約では天井までが専有部分とされるが、天井裏は専有部分とは解されないこと、床は専有部分とされるが、床下は専有部分とは解されないところ、亀裂があった部分は、902号室の天井裏であり、かつ、1002号室の床下の空間であると認められることから、902号室及び1002号室のいずれの専有部分でもなかったと解されるのであり、亀裂した箇所は共用部分であり、その修繕義務は管理組合がこれを負担するものと認められる。

　配管設備が共用部分かどうかに起因するトラブルを防ぐべく、標準管理規約では、平成16年改正時に共用部分の範囲について、例示する設備が追加されました（別表第2.2）。メーターボックスについては、給湯器ボイラー等の設備は共用部分から除かれます（別表第2.1）*4*5。

　また、

> ❶ 給水管については、本管から各住戸メーターを含む部分
> ❷ 雑排水管および汚水管については、配管継手および立て管

に限り、それぞれ共用部分の範囲に含まれるものと明記されています（別表第2.2）。

　なお、同表に示されていないガス配管設備、排気ダクト等の区分についても、できれば共用部分である旨を明記しておくことが望まれます*6。

d. 消防・防災設備、通信・テレビ設備、宅配ボックス設備

　別表第2.2の消防・防災設備も、通常その感知機器が専有部分内にあって、専有部分か共用部分かが問題となることから、共用部分と明示されています。また、インターネット通信設備、テレビ共同受信設備、宅配ボックス設備等も共用部分です。

　もっとも、これらは、設置契約等の関係で管理組合の管理の対象とならない場合もあると思われるので、個々の実状に合った記載が必要でしょう。

e. 管理事務室等

管理事務室、管理用倉庫、集会室等は、区分所有法上は、構造上・利用上の独立性がある場合とそうではない場合がありますが（管理人事務室等について、構造上の独立性は肯定されるが、利用上の独立性が否定されたケースとして、**東京地判平成25.9.6**）、仮に構造上・利用上独立していても、規約により共用部分とすることができます（法4条2項）。

本条では疑義を避けるため、別表第2.3において、共用部分であることを明らかにしています。

＊1　バルコニーを改築して温室として利用していた区分所有者に対し、管理組合からの改築部分の撤去請求が認められた事案が、**東京高判昭和47.5.30**である。この判決は最高裁に上告されたが、判決の結論は維持された（**最判昭和50.4.10**）。**東京地判平成21.1.29**では、専有部分の居室に接するバルコニー上に増築された構築物が管理組合の規約や建物の区分所有等に関する法律等に違反し、防災管理上も危険であることを理由に、撤去請求が肯定されている。

＊2　以前は、別表第2共用部分の範囲に、「ベランダ」と「屋上テラス」が掲げられていたが、平成23年改正によって削除された。

＊3　標準管理規約をモデルにした定めである（7条2項1号、8条、別表第2.2、21条1項本文）。

＊4　給湯機械設備が共用部分たる建物の附属物ではないと判断した裁判例として、**東京地判平成2.1.30**がある。

＊5　**東京地判平成30.4.26**は、規約で「電気、ガス、水道の各設備については、各戸メーター以降（メーターは含まない）の設備」を専有部分と定めたマンションにおいて、各戸メーター以降に設置された電気給湯器（エコキュート）が共用部分に当たらないと判断している。

＊6　**東京高判平成30.5.23**は、建物の附属物であるガス管が共用部分に当たるか否かが争われた事案で、「ガス管の用途ないし利用関係、設置された場所、点検及び修理の方法等を総合的に考慮し、それが専有部分に属するというべきものか、それとも、区分所有法の定める共用部分についての規律を受けるべきものかを検討する必要がある」と述べ、具体の事実関係に基づき共用部分に当たらないと判断している。

一部共用部分　　　事後のトラブル防止のため、一部の区分所有者のみの共用に供されるべきことが明らかな共用部分（一部共用部分）についても、その旨を明らかにしておくべきです。

　標準管理規約（複合用途型）は、住宅部分、店舗部分が一部共用部分となっている場合の管理規約の参考例です。

　一部共用部分は、他の共用部分と異なり、これを共用すべき区分所有者のみの共有に属します（法11条1項）。

　裁判所が一部共用であることを肯定した例として、**東京高判平成14.9.30**（事務所部分と店舗部分とに分かれている駅ビルにおける、事務所階のラウンジ）、**東京地判平成24.9.21**（1棟のマンションが7階建部分と5階建部分に分かれており一部の区分所有者だけが利用するエレベーター）、一部共用であることを否定した例として**東京地判平成21.1.30**（建物の2階通路部分）**東京地判平成21.5.28**（下層階が店舗・事務所、上層階が住宅として使用されているけれども、設備の所有関係や配管経路が複雑で避難階段はすべての階に通じているなどの事情があるマンションにおける住宅用エントランスホール・住宅用エレベーター等）などがあります。

第3章　敷地及び共用部分等の共有

第9条（共有）

対象物件のうち敷地及び共用部分等は、区分所有者の共有とする。

第10条（共有持分）

各区分所有者の共有持分は、別表第3に掲げるとおりとする。

別表第3　敷地及び共用部分等の共有持分割合

持分割合／住戸番号	敷　地及び附属施設	共用部分
○○号室	○○○分の○○	○○○分の○○
○○号室	○○○分の○○	○○○分の○○
○○号室	○○○分の○○	○○○分の○○
○○号室	○○○分の○○	○○○分の○○
○○号室	○○○分の○○	○○○分の○○
・	・	・
・	・	・
・	・	・
・	・	・
・	・	・
合　計	○○○分の○○○	○○○分の○○○

共用部分の共有

　　区分所有法は、共用部分の所有関係について、区分所有者全員の共有と定めました（法11条1項本文）。標準管理規約も、区分所有法と同じく、共用部分を区分所有者全員の共有に属するものとしています（9条）*1。

　ところで、共用部分は法律上当然に区分所有者全員の共有になるのに対し、敷地および共用部分以外の附属施設は、法律上当然に区分所有者の共有になるものではなく、その所有関係と共有持分割合は、分譲契約によって決まります。

　実際のマンション分譲においては、敷地および附属施設について、各専有部分の床面積の割合に応じた共有持分とされるのが一般的です。

　この点、9条は、敷地および共用部分等*2を区分所有者の共有とし、別表第3には「敷地及び附属施設」の持分割合を記載することとしていますが、これらの定め方は、敷地および共用部分以外の附属施設が、分譲契約によって、区分所有者の共有とされていることを前提として、その共有持分割合を、確認の意味で表示するものです（コメント10条関係②）*3。

　敷地および共用部分等が区分所有者全員の共有であることは、原則として、区分所有者全員にこれを利用できる権利があるとともに、区分所有者がその管理費用も負担しなければならないことを意味します。**東京地判平成21.9.7B**は、汚水槽・雑排水槽を店舗部分の区分所有者だけが利用していたケースですが、管理費用を共有持分に応じて負担させることは合理的な方法であるとされました。

　共用部分を長期間所有の意思をもって占有したとしても、取得時効によって占有者が所有権を取得することはありません（**東京地判平成26.10.28**）。

＊1　共用部分の所有関係について、区分所有法は、規約による別段の定めを認めている（法11条2項本文）。管理の便宜のため、規約によって特定の区分所有者または管理者を共用部分の所有者とする管理所有の制度が利用される場合には、共用部分は管理所有者の所有になるが（法11条1項・2項）、標準管理規約は管理所有の制度を採用していない。

＊2　共用部分等とは、共用部分および附属施設である（2条7号）。

＊3　敷地について、公正証書により区分所有者の共有持分の割合が定まっている場合には、規約上の共有持分の割合もそれに合わせる必要がある（コメント10条関係①後段）。

共有持分割合　　区分所有法では、共用部分に対する区分所有者の持分割合について、原則として、その有する専有部分の床面積の割合によるものとされています（法14条1項）。

　ここでいう共用部分には、法定共用部分と規約共用部分の両方を含みますから、法定共用部分と規約共用部分のいずれに関しても、法律上、共有持分割合は、専有部分の床面積割合であることが原則です。

　共有持分の割合については、規約で区分所有法と異なる別段の定めを置くこともできますが（法14条4項）、標準管理規約は、区分所有者間の衡平性を考え、区分所有法の原則どおり、専有部分の床面積の割合によることとしています（コメント10条関係①前段）＊。

＊　コメント46条関係③で述べている価値割合による議決権割合を設定する場合には（➡202頁）、分譲契約等によって定まる敷地等の共有持分についても、価値割合に連動させることが考えられる（コメント10条関係③）。

専有部分の床面積の計算方法　　区分所有法上、共有持分割合の基礎となる専有部分の床面積は、区画の内側線で囲まれた部分の水平投影面積による内法計算（内壁計算）により算定する原則がとられています（法14条3項）。水平投影面積とは、立体を垂直方向から平面に投影することによってできる図形の面積です。

　専有部分の床面積の計算方法についても、規約で別段の定めを置くことができることになっているところ（法14条4項）、標準管理規約は、この別段の定めとして、界壁の中心線で囲まれた部分の水平投影面積による計算（壁心計算）を採用しています（コメント10条関係①後段）。これは、売買契約がマンションの完成前に締結されるのが一般的であり（青田売り）、完成前の販売時点においては、内法計算による正確な算出ができないことを考慮したものです。

　なお、登記記録に記載されている面積は、内法計算（内壁計算）によりますから、標準管理規約が専有部分の床面積を計算するときに利用する線と、

登記記録上の面積計算に利用する線とは異なる（したがって、標準管理規約における専有部分の床面積と登記記録上の面積も異なる）ことになります。

一部共用部分がある場合の床面積の算定　一部共用部分（床面積を有するもの）がある場合には、一部共用部分を共有する区分所有者が共有する全体共用部分に対する区分所有者の持分を算定するにあたっては、一部共用部分の面積も考慮しなければなりません。

　その考慮の仕方としては、区分所有法は、一部区分所有者の専有部分の床面積について、一部共用部分の床面積を一部区分所有者の各専有部分の床面積の割合で配分し、それぞれの区分所有者の専有部分の床面積として算入するものとしています（法14条2項）。

【内法（内壁）と壁心】

（界壁）　　隣接区画　　（界壁）

隣接区画

区画（専有部分）

壁心計算

内法計算（内壁計算）

隣接区画

隣接区画

区画の内側線

43

　区分所有者は、敷地又は共用部分等の分割を請求することはできない。

2　区分所有者は、専有部分と敷地及び共用部分等の共有持分とを分離して譲渡、抵当権の設定等の処分をしてはならない。

共有物分割請求の禁止の定め　　民法上、共有者は、共有物の分割を請求することができます（共有物分割請求、民法256条1項本文）。標準管理規約が前提とするマンションでは、敷地・共用部分・附属施設は、区分所有者の共有です。そこで、民法の原則どおりで行うなら、敷地・共用部分・附属施設に関する分割請求が認められることになります。

　しかし、分割によって共有の状態が解消されることは、一般的には、敷地・共用部分・附属施設のいずれについても不都合であり、標準管理規約が想定する一般分譲の住居専用のマンションについては、その必要もありません。

　1項は、敷地または共用部分等について、共有物分割請求ができないことを条文化しています＊。

＊　共用部分等の「等」とは附属施設である（2条7号）。

区分所有の法律関係における共有物分割請求　**(1)　共用部分の共有物分割請求**

　区分所有建物の共用部分に関し、分割によって共有の状態を解消すべきではないことは論を待ちませんが、区分所有法上、共有物分割請求を否定する明文は設けられていません。

　しかし共用部分の共有については、法12条により、法13条から法19条までに定めるところによるとされ、この中に共有物の分割請求に関する規定はありません。そのために、区分所有法は、共用部分の共有物分割請求を否定しているものと解されます（**東京地判平成23.3.22**）＊1。

(2)　敷地の共有物分割請求

　敷地に関しても、分割によって共有の状態を解消することは、その上に建つ区分所有建物に重大な影響を及ぼします。そのために、敷地の共有物分割請求が否定されることが多いと考えられます。**東京地判平成20.2.27**は、次のように判断しています。

　　法定敷地は、通常の共有物と異なり、共有関係が維持され続けることを前提としているものであるから、共有関係の解消を図って単独所有の原則に戻すことを目的とする共有物分割請求になじまない性質を有しているというべきである。したがって、このような法定敷地の性質に照らして、それを共有物分割請求によって分割することは許されない。

　もっとも、区分所有法には、敷地の共有物分割請求を否定する条文はありません。区分所有建物の敷地の共有物分割が肯定されたケースもあり、**東京地判平成21.3.31**では全面的価額賠償による分割請求、**東京地判平成23.3.22**では土地の現物分割と一部の価額賠償が認められています*2。

＊1　専有部分が共有されている場合、その共有物分割請求は可能である。複数の専有部分が共有されているときに、それらについて各専有部分を単位として分割請求を肯定した事案として、**東京地判平成4.5.6**、**東京地判平成20.11.12**があり、全面的価額賠償の方法による分割請求を肯定した事案として、**東京地判平成23.2.22**、**東京地判平成24.10.17**があり、競売の方法による分割請求を肯定した事案として、**東京地判平成24.10.12**がある。

＊2　**東京地判平成23.3.22**は、『高層マンションの場合等を想定すれば明らかなように、区分所有者による敷地の分割請求を肯定すると、他の区分所有者にとって、その意思に反して自己の専有部分に係る敷地利用権が所有権ではなくなり、敷地利用権を安定的に保有し続けられなくなるなど、重大な損害を被る危険が生じ、建物の存立にも多大な支障が生じる場合があるから、常に分割請求を肯定するのは妥当でない。共用部分の分割請求が否定される趣旨は、共用部分が区分所有建物の存立にとって不可欠の部分であることに求められるところ、上記のような場合においても、かかる趣旨が妥当するから、民法256条以下に規定された共有物分割請求権に内在する制約として、共有物の性質上分割をすることができない場合に当たるものとし、又は共有物分割請求が権利の濫用に当たることを根拠として、分割請求を否定するのが相当である』としたうえ、具体の事案では、敷地の共有物分割を肯定した。

　　2項は、専有部分と敷地および共用部分等の共有持分とを分離して譲渡、抵当権の設定等の処分をしてはならないとして、

❶ 専有部分と敷地の分離処分の禁止
❷ 専有部分と共用部分の分離処分の禁止
❸ 専有部分と附属施設の分離処分の禁止

という3つの事項を定めるものです。

❶ 専有部分と敷地の分離処分の禁止

　マンションの場合、専有部分と敷地が別々の人に帰属すると、法律関係が錯綜するおそれが生じます。そこで、区分所有法は、敷地について、原則として専有部分に対して従たる性格を持つものとして、分離処分を禁止しています（法22条1項本文・3項）。

❷ 専有部分と共用部分の分離処分の禁止

　マンションにおいては、共用部分を利用しなければ専有部分も利用できないという関係にありますから、共用部分の利用を伴わない専有部分の区分所有は意味がありません。そのため、専有部分の区分所有権と、これに対応する共用部分の持分とが別々の人に帰属しないように、区分所有法上共用部分を専有部分と分離して処分することができないとされています（法15条1項・2項）。

❸ 専有部分と附属施設の分離処分の禁止

　駐車場施設、自転車置場、ごみ集積所、外灯設備、植栽等が、附属施設です。これらは共用部分ではありませんが、その共有持分は、専有部分と運命を共にすべきものです。やはり、分離処分は禁止されていると解されます。

　2項は、以上の❶、❷、❸を確認する規定です。
　なお、住戸を他の区分所有者や第三者に貸与することは、2項で禁止される処分には該当しません（コメント11条関係①）。

倉庫、車庫についての分離処分の禁止

　倉庫（車庫）が専有部分となっているときは、倉庫（車庫）のみを他の区分所有者に譲渡する場合を除き、住戸と倉庫（車庫）とを分離して譲渡、抵当権の設定等の処分をしてはならない旨を規定するものとされています（コメント11条関係②）。

第12条（専有部分の用途）

　区分所有者は、その専有部分を専ら住宅として使用するものとし、他の用途に供してはならない。

> 2　〔※住宅宿泊事業に使用することを可能とする場合、禁止する場合
> 　に応じて、次のように規定〕
>
> ⑦　住宅宿泊事業を可能とする場合
> 　区分所有者は、その専有部分を住宅宿泊事業法第3条第1項の届出を
> 行って営む同法第2条第3項の住宅宿泊事業に使用することができる。
>
> ⑦　住宅宿泊事業を禁止する場合
> 　区分所有者は、その専有部分を住宅宿泊事業法第3条第1項の届出を
> 行って営む同法第2条第3項の住宅宿泊事業に使用してはならない。

（平成29年改正の要点）
　住宅宿泊事業法の制定により民泊が実施され得ることになる状況に対応するため、専有部分における民泊を可能とする場合と禁止する場合の規約の定め方を提示

用途制限　　　　区分所有権も所有権であり（2条1号、法2条1項）、区分所有者は専有部分を、自由に使用・収益・処分することができますから（民法206条）、本来専有部分は、それぞれの区分所有者が、いかなる用途にも使用することができるのが原則です。

　しかし、マンションには、1つの建物をたくさんの人が利用するという特性があります。そのため、区分所有者間の調整に必要とされる限り、専有部

分の使用は様々な制限を受けざるを得ません。

標準管理規約（単棟型）は、一般分譲の住居専用のマンションを想定しています。住居以外の用途に用いられる専有部分があると、多数の住民の平穏な生活を確保することはできません。

法30条1項は「建物又はその敷地若しくは附属施設の管理又は使用に関する区分所有者相互間の事項は、この法律に定めるもののほか、規約で定めることができる」と定めています。専有部分の用途や用法の制限は、建物である専有部分の利用に関する区分所有者間の利害を調整するものですから、規約によって定めることができます。

本条は、マンションの全戸を住宅用として使用することを前提に（1条、7条）、「その専有部分を専ら住宅として使用する」（住居専用）という用途制限を明確にしました＊。

＊　専有部分の用途を住居に限定する規約の有効性を前提とする判断を下した裁判例として、最判平成9.3.27、東京地裁八王子支部判平成5.7.9がある。

専ら住宅として使用しているか否かの判断　住戸内で学習塾や商品販売などのビジネスを行っているケースは、少なくありません。学習塾や商品販売などの利用が、住居専用とする本条違反になるのかどうかは、住戸内に居住者の住居としての生活の本拠があるか否かによって判断されます。

住居としての生活の本拠があるといえるためには、平穏さが必要です（コメント12条関係①）。具体的には、営業の規模、態様や来訪者の人数、営業の長さや利用状況などによって、平穏さの有無が判断されますが、規模が大きく、多数の人が出入りする場合、営業が長時間にわたる場合、閑静な住宅地において行われる場合などは、規約違反になる可能性が高く、他方、規模が小さく、少人数の者を対象とする場合、短時間のみの営業である場合、繁華な地域にあるマンションで行われる場合などは、規約違反になる可能性が低くなります。音や振動の大きさなども重要な判断材料です。他の住戸に特に影

響を与えるようなことがないインターネットを利用した個人のサイドビジネスや内職であれば、規約違反になることは少ないでしょう。**東京地判平成27.9.18**では、管理規約に住居専用と定められていたマンションにおける寄宿舎（いわゆるシェアハウス）としての使用について、『個室として用いることができる区画部分(玄関、便所、洗面所、浴室、台所を除く。)の数が３を超えることとなる間仕切（天井に達しないものを含む。）を設置して、これを複数の使用契約の契約者らに使用させる行為をしてはならない』とされています。

　もっとも、客観的に住宅としての使用方法として、何が許されて、何が許されないかを一般的に線引きをすることは難しく、個々の事案ごとに個別・具体的に判断せざるを得ません＊。

＊　リゾートマンションの管理規約において、定住を含む継続使用を原則として禁止するとの条項が、同規定の制定に同意しない区分所有者との関係では、特別の影響を及ぼすものであり無効とされ（**東京高判平成21.9.24**）、専有部分の室内に自動車等を駐車することを禁止する規約変更も、特別の影響を及ぼすとして、無効とされた（**東京地判平成25.6.13**）。
　また、使用目的に「事務所」も含まれ、区分所有者が専有部分を第三者に貸与することは可能であることを前提とした規定があり貸与する場合は規約・使用細則を遵守する旨の誓約書を当該第三者に提出させなければならないなどの定めのあるマンションにおいて、シェアハウス事業を営むため設備投資として専有部分の取得価格の４分の１をすでに投下している区分所有者がシェアハウスを禁止する規約改正の無効を主張した事案で、具体の事情を元に特別の影響を及ぼすものとして無効を認めた裁判例として**東京地決平成25.10.24**がある。

用途制限の取扱いが肯定された裁判例

(1)　飲食店としての使用制限

　福岡地裁小倉支部判平成6.4.5は、飲食店としての使用を禁止する規約の効力を認めました。店舗については、営業方法が制限を受けることもあり、**東京地判昭和63.11.28**では著しく臭気を発生する業種またはおびただしい煙を発生する業種の営業を、**東京地判平成21.12.28**では午後11時以後の営業を、それぞれ禁止する旨の判断がなされています＊1。

(2)　事務所としての使用制限

　東京高判平成23.11.24では税理士事務所＊2、**東京地判平成25.3.13**では会

社の事務所、**東京地判平成25.9.19**では法律事務所について、それぞれ使用禁止の判断が下されました。**東京地判平成23.2.21**では、従前申請があったときには事務所使用を認めていた運用を変更し、事務所使用を認めなかった理事会の取扱いについて、違法な運用変更とは認められないとされました。

(3) **保育所・託児所**

　横浜地判平成6.9.9では、病院勤務の看護婦および助産婦のための保育室としての使用、**東京地判平成18.3.30**では、託児所の営業について、それぞれ使用が禁じられました。

(4) **民泊**

　東京地判平成30.8.9は「不特定多数の者を対象として宿泊施設として使用させる行為」を、**東京高判令和元.8.21**（原審は**東京地判平成31.2.26**）は、「旅行者その他の不特定又は多数の者から宿泊料を受けて、宿泊させる営業のための使用」を、それぞれ禁じました（⇒52頁）。

(5) **その他**

　東京地判令和元.5.17は、フラワーアレンジメント教室としての使用を禁止する旨を判断しています。

＊1　店舗の用途制限については、複合用途型12条を参照。複合用途型では、階別・場所別に用途・用法を定めることも、普通に行われる。1階と2階での異なる制限を有効としたケースとして、**東京地判平成25.7.17**。

＊2　**東京高判平成23.11.24**の原審**東京地判平成23.3.31**は、税理士事務所としての使用可能という結論であったが、高裁で結論が覆り、使用不可となった。

暴力団員を出入りさせる等の行為の禁止　暴力団を排除することは、社会的な要請です。本条に関しても、平成28年改正で、『暴力団の排除のため、暴力団事務所としての使用や、暴力団員を反復して出入りさせる等の行為について禁止する旨の規定を追加することも考えられる』とのコメントが追加されました（⇒95頁）。

　平成29年6月に住宅宿泊事業法が制定され、平成30年6月15日から施行されています。これにより、分譲マンションにおいても住宅宿泊事業(住宅宿泊事業法2条3項)が実施され得る状況になったことから、平成29年改正において、住宅宿泊事業等の民泊を認める場合と禁止する場合の規約の定め方が提示されました*1*2*3。

「住宅宿泊事業法第3条第1項の届出を行って営む同法第2条第3項の住宅宿泊事業」について、認める場合は「使用することができる」、禁止する場合は「使用してはならない」と明記することが望ましいとされます（コメント12条関係②前段）。禁止する場合については、住宅宿泊事業法に紐づけずに「区分所有者は、その専有部分を、宿泊料を受けて人を宿泊させる事業を行う用途に供してはならない。」*4のように包括的に定めることもあり得ます（コメント12条関係②後段）。

なお、住宅宿泊事業であっても、区分所有者の共同の利益に対する影響は一様ではありません。多数の区分所有者等による共同生活の場であり、その共同生活の維持のための法的手段が区分所有法上特に設けられているというマンションの特性に鑑みて、個別のマンションの事情によって、可能とする住宅宿泊事業の態様を限定することも考えられ、その場合についても規約に明記することが望まれます。このような整理はもっぱら、家主自身が同じ専有部分またはマンション内に生活しているかどうかによるものであり、その観点では住宅宿泊事業の態様は❶家主居住型*5（住宅宿泊事業を行う区分所有者が、その専有部分または同じマンションの別の専有部分に居住している場合）、❷家主同居型*6（住宅宿泊事業を行う区分所有者が、その専有部分に居住している場合）、❸家主不在型（❶と❷のいずれにもあたらない場合）に区別することができます。

標準管理規約では、❶のみ可能とする場合、❷のみ可能とする場合の規約12条2項の定め方についても、コメントで次のように例示しています（コメント12条関係③）。

【第12条第2項の定め方の例】

❶　いわゆる家主居住型の住宅宿泊事業のみ可能とする場合

「区分所有者は、その専有部分を住宅宿泊事業法第3条第1項の届出を行って営む同法第2条第3項の住宅宿泊事業（同法第11条第1項2号に該当しないもので、住宅宿泊事業者が自己の生活の本拠として使用する専有部分と同法第2条第5項の届出住宅が同一の場合又は同じ建物内にある場合に限る。）に使用することができる。」

❷　いわゆる家主同居型のみ可能とする場合

「区分所有者は、その専有部分を住宅宿泊事業法第3条第1項の届出を行って営む同法第2条第3項の住宅宿泊事業（同法第11条第1項2号に該当しないもので、住宅宿泊事業者が自己の生活の本拠として使用する専有部分と同法第2条第5項の届出住宅が同一の場合に限る。）に使用することができる。」

また、こうした住宅宿泊事業の可否について、使用細則に委任しておくことも考えられます。この場合の12条2項の定め方は次のようになります（コメント12条関係④）。

住宅宿泊事業の可否を使用細則に委任する場合

「区分所有者が、その専有部分を住宅宿泊事業法第3条第1項の届出を行って営む同法第2条第3項の住宅宿泊事業に使用することを可能とするか否かについては、使用細則に定めることができるものとする。」

さらに、住宅宿泊事業を禁止する場合については、住宅宿泊事業の実施そのものだけでなく、その前段階の広告掲載等をも禁止する旨を明確にする定め方もあり得ます。この場合は、12条に3項として次のような規定を置くことが考えられます（コメント12条関係⑤）。

12条3項として広告掲載等を禁止する場合の例[7]

「区分所有者は、前2項に違反する用途で使用することを内容とする広告の掲載その他の募集又は勧誘を行ってはならない。」

- [1] いわゆる「民泊」という用語は、必ずしも住宅宿泊事業法2条の定める住宅宿泊事業に限定されずに用いられる場合があるが、旅館業法3条1項の簡易宿所の許可を得て行う「民泊」は旅館業営業として行われるものである以上、通常は標準管理規約12条1項の「住宅として使用」に含まれていないと考えられ、これを可能としたい場合はその旨を明記することが望ましいとされている（コメント12条関係②前段）。
- [2] 旅館業法や住宅宿泊事業法に違反して行われる事業は、管理規約に明記するまでもなく、当然に禁止されている（コメント12条関係②前段）。
- [3] 民泊使用の禁止を規約で明示する前の民泊営業行為について、「専ら住宅として使用し、他の用途に供してはならない」と定められた用法に反すると認めた事案に、**東京地判平成30.9.5**がある。
- [4] これは単棟型の場合の定め方であるが、複合用途型の場合、「住戸部分の区分所有者は、その専有部分を、宿泊料を受けて人を宿泊させる事業を行う用途に供してはならない。」となる（複合用途型コメント12条関係②）。
- [5] 住宅宿泊事業法9条4項1号の「住宅宿泊事業者が自己の生活の本拠として使用する住宅と届出住宅が、同一の建築物内若しくは敷地内にあるとき又は隣接しているとき（住宅宿泊事業者が当該届出住宅から発生する騒音その他の事象による生活環境の悪化を認識することができないことが明らかであるときを除く。）」の一態様といえる。
- [6] 「ホームステイ型」ともいう。
- [7] これは単棟型の場合の定め方であるが、複合用途型の場合、「住戸部分の区分所有者は、前2項に違反する用途で使用することを内容とする広告の掲載その他の募集又は勧誘を行ってはならない。」となる（複合用途型コメント12条関係⑤）。

第13条（敷地及び共用部分等の用法）

　区分所有者は、敷地及び共用部分等をそれぞれの通常の用法に従って使用しなければならない。

通常の用法に従った使用　　敷地および共用部分等は区分所有者全員の共有に属しますから（9条）、各共有者は、敷地および共用部分等を使用することができます*1。

　しかし、区分所有者が敷地や共用部分等を使用するには、通常の用法に従わなければならず、敷地や共用部分等の性質や構造に反するような使用はできません（法13条）*2。例えば、廊下や階段室を荷物置場としたり、エントランスホールで営業行為をすることは、通常の用法に従わない敷地や共用部分の使用方法です。通常の用法に従わない使用は、共同の利益に反する行為となります。

＊1　一部共用部分は、その一部共用部分を共有する一部の区分所有者だけが使用することができる。
＊2　規約共用部分に関しては、規約に定められた用法に従って使用する必要がある。

使用細則によるルールの設定　　共同生活のルールとしては、敷地および共用部分等の用法を、できるだけ具体的に定める必要があります。しかし、ルールを具体的に規定すればするほど、規定は詳細にならざるを得ず、また、生活の変化に伴う柔軟な対応が難しくなります。そこで本条では、「通常の用法に従って使用しなければならない」旨のみを明らかにするにとどめており、具体的内容は使用細則（18条）にゆだねました。例えば、使用細則中に「自転車は、1階の○○に置きます。それ以外の場所に置いてはいけません」といったような定めが想定されます（コメント13条関係）。

共有敷地に設備が設けられ、または物が置かれているこ
とは、通常の使用とはいえません。敷地上に設置された、
サンルーム（**東京地判平成20.1.11**）、塀・囲い（**東京地判平成22.4.27Ａ**）、
専用庭上のブロック塀や門扉（**東京地判昭和53.2.1**）・プレハブ小屋様の建
物（**東京地判平成22.2.22**）・物置（**東京地判平成25.3.5**）、ホテルの看板（**東
京地判平成26.1.23**）、中庭の仕切り壁・衝立、業務用冷蔵庫等（**東京地判平
成22.6.8**）について、いずれも管理組合からの撤去請求が肯定されています。

　東京高判平成23.2.24では、競売でマンション１階店舗を取得した区分所
有者Ａが、店舗北側の共有敷地を冷暖房用室外機設置場所として使用し、店
舗西側の共有敷地を駐車スペースとして使用していたことについて、Ａに無
償使用権があるのかどうかが問題になりました。Ａの区分所有権取得後に規
約が改正され共用敷地の管理が強化されたという事情があったところ、室外
機については、以下のとおり無償使用を肯定し、駐車スペースについては無
償使用が否定されました。

　Ａは規約の改正前から室外機設置場所に室外機を設置していたものであり、
設置場所、機種及び取付方法について管理上不相当と認められるような点があ
ることは窺われず、仮に駐車スペースに関する紛争がなかった場合には、Ａの
申請があれば、その設置について管理者の書面による承諾が得られた蓋然性が
高い。Ａによる室外機の設置については、管理組合からＡに対し、駐車スペー
スに関する紛争を前提とすることなく、期限を定めて室外機設置の承諾申請を
出すよう催促し、その期間内に承諾申請がなかった場合、又は期間内に承認申
請があったが、これを承認するのが不適切な客観的事情がある場合に始めて、
その設置が違法になるものというべきであり、それ以前には、Ａが室外機設置
場所に室外機を設置していることをもって、不法占有であるということはでき
ない…（中略）…。（他方、駐車スペースについては、）無償で専用使用する権
利を有しておらず、Ａによる駐車スペースの占有は違法であるから、管理組合
に対し、当該土地部分の賃料相当損害金を支払う義務がある。

(1)　共用部分を毀損する行為

　　東京地判平成3.3.8は、備付けの湯沸かし器が老朽化したため、一級建築士である区分所有者が、外壁を貫通する穴を開けても建物に有害ではないと判断し、バルコニー側の外壁に貫通孔（外壁の穴）を開けて配管工事を行い、湯沸かし器のバランス釜を取り付けた行為に対し、管理組合が復旧工事を求めたケースです。『区分所有者がたとえ建築の専門家であっても、独自の判断により悪影響を及ぼさないとの結論を下して共用部分に変更を加えること自体、現実には建物に有害なことではないとしても、有害となるおそれがあるために、建物の管理または使用に関し、区分所有者の共同の利益に反する行為ということができる』と判断しています*1。

　マンション1階の専有部分の区分所有者が、専有部分に穴を開けてトラックスケール（台貫。トラックが積載物を積載したまま台の上に載ってその積載物の重量を測定する計量設備）を設置していた事案では、トラックスケールの撤去とトラックスケールの跡をコンクリートでふさぐ工事が命じられました（**東京地判平成20.9.24 A**）。

　連棟式建物の端部に位置する自宅住戸を、他の同意を得ずに建物本体と切り離し解体したうえで、敷地上にあらたに独立した建物を建築した所有者に対し、ほかの区分所有者からの建物収去土地明渡請求が肯定されました（損害賠償も肯定）（**東京地判平成25.8.22**）。

(2)　不当に設備等を設置しあるいは物品を放置する行為

(i)　外壁の利用

　外壁には、無断で看板や設備を設置し、あるいは物品を放置することはできません。**大阪高判昭和62.11.10・東京地判平成17.10.17 A・東京地判平成20.10.23**＊2**・東京地判平成20.12.25 A・東京地判平成26.4.14**＊3（看板）、**東京地判平成3.12.26**（パラボラアンテナ）、**東京地判平成20.7.4 A**（防犯カメラ）では、いずれも管理組合からの撤去請求が肯定されています。

(ⅱ)　**廊下や共用部分の空間の使用**

　廊下や共用部分の空間の使用に関しては、**横浜地裁川崎支部判昭和59.6.27**（クーラーの室外機）、**東京地判平成17.3.29**（ガラスブロック、ソーラー式ライト、パラボラアンテナ）、**東京地判平成18.7.25**（排煙設備）、**東京地判平成22.10.28**（自転車、段ボール、プラスチックケースなどの動産）、**東京地判平成22.12.10**（出窓）、**東京地判平成23.8.25**（花壇柵等の構築物）、**東京地判平成24.4.9**（店舗のための玄関柱、敷石、屋根、鉄製垣根、木製面格子、壁材、電灯等の工作物）において、それぞれ撤去請求が認められています。**東京地判平成25.7.4**では屋上のキュービクル・配電管・ジャンクションボックスの撤去を求めることが、権利の濫用に当たるとはいえないとされました*4*5。

(ⅲ)　**不当に外観を変更する行為**

　不当に外観を変更する行為も不当利用行為です。外壁を周囲と異なる色に塗装すること、外壁に看板をボルトで取り付けること、屋上に広告塔を設置することなどが、不当外観変更行為に当たります。外壁に広告物を設置することは、不当に外観を変更する行為でもあります。

---

*1　この他、建物外壁に給湯器を設置してネジ穴や給湯管を通すための穴を開孔するなどした行為につき共同の利益に反する行為にあたると認めたうえで、原状回復請求は権利濫用として許されないと判断した事案として、**東京地判令和元.5.16**がある。

*2　**東京地判平成20.10.23**は、クリニックが外壁に長期間看板を設置していたケースであり、他の区分所有者が明示的に異議を述べなかったからといって、直ちに、専用使用権の設定が黙示的に合意されたとみることはできず、また、仮に、専用使用権の時効取得が観念しうるとしても、袖看板を設置するにあたって、過失があったことは明らかだから、10年の経過では時効は完成しないとしている。

*3　**東京地判平成26.4.14**では、長年使用を続けていた一部の看板については、撤去請求が否定されている。

*4　管理組合が、共用部分の不当使用・毀損行為を主張したけれども、裁判所がこれを否定した裁判例として、**東京地判平成18.8.31**（外壁部分のクーラー室外機の設置）、**東京地判平成22.9.30**（外壁に貫通孔を通し給湯器を設置した工事）、**東京地判平成23.7.11**（看板の設置。規約に「１階店舗については、公序良俗を害しない範囲で広告物を認める」と定められていた）がある。

*5　バルコニーの不当使用に関する裁判例は、14条に記載（⇒62頁）。

第14条（バルコニー等の専用使用権）

区分所有者は、別表第4に掲げるバルコニー、玄関扉、窓枠、窓ガラス、一階に面する庭及び屋上テラス（以下この条、第21条第1項及び別表第4において「バルコニー等」という。）について、同表に掲げるとおり、専用使用権を有することを承認する。

2　一階に面する庭について専用使用権を有している者は、別に定めるところにより、管理組合に専用使用料を納入しなければならない。

3　区分所有者から専有部分の貸与を受けた者は、その区分所有者が専用使用権を有しているバルコニー等を使用することができる。

別表第4　バルコニー等の専用使用権

区分＼専用使用部分	バルコニー	玄関扉 窓枠 窓ガラス	1階に面する庭	屋上テラス
1　位置	各住戸に接するバルコニー	各住戸に附属する玄関扉、窓枠、窓ガラス	別添図のとおり	別添図のとおり
2　専用使用権者	当該専有部分の区分所有者	同左	○○号室住戸の区分所有者	○○号室住戸の区分所有者

専用使用権の意義　敷地や共用部分等は、本来、区分所有者全員に使用する権利があるとはいえ、その位置関係や構造をみれば、区分所有者全員の専有部分の使用に欠かせない部分、構造上特定住戸の居住者の使用が前提となっている部分、柔軟な利用形態をとってもかまわない部分など、その特性は様々です。

区分所有者全員の専有部分の使用に欠かせない部分を除けば、管理組合は、その特性を勘案したうえで、敷地や共用部分等の具体的な使用方法を定める

ことができます。

　敷地や共用部分等の一部につき、専ら特定の区分所有者に排他的な使用が認められる場合の区分所有者の権利が、専用使用権と称されます（2条8号）。専用使用権は、当事者間の合意により設定される債権的な権利です。

<u>バルコニーなどの専用使用</u>　　バルコニーおよび屋上テラスは、共用部分であっても、これらと接する住戸の居住者のみが使用することが予定されています。1階に面する庭も敷地の一部ですが、多くの場合、フェンスなどで囲ってそこに接する住戸の区分所有者だけが使用できるような造りになっています（いわゆる専用庭）。また、外観の保全などのため利用制限を付すべきであるなどの理由から、玄関扉、窓枠および窓ガラスは、7条で共用部分とされていますが、本来的な機能としては、特定の住戸の一部です。

　以上を考慮し、1項は、バルコニー、屋上テラス、1階に面する庭、玄関扉、窓枠、窓ガラスを、専有部分と一体として取り扱うのが妥当であるとして、特定の区分所有者に専用使用権を認めました（コメント14条関係①）*1。

　同項に規定するバルコニー等の専用使用権は、特定の専有部分ないし区分所有権に対する従物的な権利です。よって、規約が変更・廃止されない限り、マンションの区分所有関係が存続する期間中存続します。専有部分が譲渡され、あるいは相続などによって包括承継されても、新区分所有者に引き継がれます。専有部分と分離して専用使用権を処分することもできません*2。

　規約で設定された専用使用権を廃止するには、規約を変更しなければなりません。規約変更にあたり、専用使用権を廃止することによって特別の影響を受ける区分所有者がいる場合には、その区分所有者の承諾が必要であり、承諾がなければ規約変更に効力はありません（47条7項、法31条1項後段）*3。

　専有部分の賃借人も、その専有部分の区分所有者が専用使用権を有する専用使用部分を使用することができます（14条3項）。

＊1　**大阪高判昭和61.11.28**では、共有敷地の一部への特定の区分所有者の工作物設置が肯定され、**東京地判平成25.11.28**では、事務所アプローチ部分の専用使用権を有する区分所有者からの賃借人が、この部分に看板を設置することができると判断されている。

＊2　駐車場については、一般に専有部分と一体的に取り扱われるものではないために、本条とは別に15条が設けられ、そこで取扱いが示されている。

＊3　規約を変更して専用使用権を廃止することは、専用使用権を有する者に特別の影響を及ぼすものであるが、他方、専用使用料を変更することは、専用使用権を有する者に特別の影響を与えるものではない、というのが判例の考え方である（駐車場については、**最判平成10.11.20**（高島平事件）。車路の専用使用権については、**東京地判平成9.7.23**）。

　　　　　　　　　　　敷地および共用部分等の専用使用については、すべての住
[専用使用料]　　　戸に同一内容の専用使用権が割り当てられるのではない場合
には、区分所有者間での公平性が問題となります。

　専用使用権の設定によって区分所有者間で不公平を生じさせるときは、専用使用料によって、公平を図ることが必要です。

　2項では、1階に面する庭（専用庭）については、使用者が管理組合に専用使用料を納入しなければならないことを明文化しました。また、1階に面する庭（専用庭）だけでなく、バルコニーおよび屋上テラスがすべての住戸に附属しているのではない場合には、別途専用使用料の徴収について規定することもできます（コメント14条関係③）。

　　　　　　　　　　　専用使用権があっても、区分所有者等は、それぞれの専用
[専用使用に
対する制約]　　　使用部分について、通常の用法に従って使用しなければなり
ません（13条）。管理のために必要がある範囲内において、他の者の立入りを受けることもあります（23条）。工作物設置の禁止、外観変更の禁止などの制約も受けます。これらの制限に違反する場合には、損害賠償責任を負い、あるいは、行為差止め（停止）などの請求がなされることになります。

　工作物設置の禁止、外観変更の禁止等は使用細則で物件ごとに言及するものとされています（コメント14条関係②）＊。

＊　専用使用権に対する制約は規約等の文言から容易に導かれる必要があるとして、専用庭

61

について細則で明確に禁止されていない野菜の露地栽培等が許されると判断した事案に、**東京地判平成28.11.28**がある。

<table>
<tr><td>バルコニーの不当使用に関する裁判例</td><td colspan="2">バルコニー上に設備を設置したり、バルコニーを改造したりすることは、バルコニーの不当使用です。</td></tr>
</table>

次の設備や改造について、裁判例において、管理組合からの撤去などの請求が肯定されています。

サンルーム	京都地判昭和63.6.16、福岡地判平成7.8.31、東京地判平成20.1.11、東京地判平成24.1.25、東京地判平成26.1.16
パラボラアンテナ	東京地判平成3.12.26
物置	東京地判平成20.4.25
建物増築部分	東京地判平成21.1.29

東京地判平成24.12.14Ａでは、救命用浮き輪、道路工事用のポールコーン、エアコンの室外機用排水ホース、枝等廃棄物等を含む雑多な動産の撤去請求が認められ、**東京地判平成18.8.31**は、バルコニーの床にコンクリートを8ないし10センチメートル打ち増しして、その上に大理石を敷設したうえ、既設のバルコニーの手すりおよびアルミバーを撤去したケースで、法57条に基づく使用差止め（停止）の請求を認めています。

バルコニー上に和室を造り、その外側にアルミサッシの窓枠を設置する方法によって、バルコニー部分に部屋を増築した専有部分の所有者に対し、管理組合が、法57条に基づいて、増築部分の撤去を求めた事案について、地裁では、法57条は昭和58年改正により設けられ、昭和59年1月1日に施行された規定であり、増築部分はこの施行日よりも前に設置されているから、増築部分の撤去を求める訴えを提起することはできないとして、請求が否定されましたが、高裁ではこの判断が覆り、改正前区分所有法の下においても、管

理組合は、管理規約の定めに基づき、区分所有者に対して義務の履行を求める権利を有し、履行されない場合には訴訟を提起できると解されることには変わりはないとして、管理組合の増築部分撤去が認められました（**東京高判平成19.11.28**）。

第15条（駐車場の使用）

管理組合は、別添の図に示す駐車場について、特定の区分所有者に駐車場使用契約により使用させることができる。

2　前項により駐車場を使用している者は、別に定めるところにより、管理組合に駐車場使用料を納入しなければならない。

3　区分所有者がその所有する専有部分を、他の区分所有者又は第三者に譲渡又は貸与したときは、その区分所有者の駐車場使用契約は効力を失う。

駐車場の必要性と利用の3方式　現代社会において、生活の利便性を高めるものとして、自動車の利用は、欠かすことができません。マンションでの居住についても、駐車場が必要です。多くのマンションには、共用部分としての駐車場が設置されています。

ところで、区分所有者に、共用部分である駐車場の使用を認めるには、

❶ 分譲方式	マンション分譲の際に、専有部分とは別個に駐車場専用使用権を購入者に分譲する方法
❷ 留保方式	マンション分譲業者または旧地主などに専用使用権を留保し、自ら利用あるいは賃貸する方法
❸ 賃貸方式	管理組合と特定の区分所有者の間の賃貸借契約により専用使用を認める方法

の3つの方式がありますが、現在では、一般に、分譲方式や留保方式ではな

く*1、賃貸方式が採用されています。その理由は、マンションの住戸の数に比べて駐車場の収容台数が不足しており、希望者の全員が駐車場を利用できる状況になく、駐車場の利用希望者が多いという状況（空き待ち）を前提とすると（コメント15条関係①）*2、分譲方式と留保方式では、駐車場を利用できる区分所有者と駐車場を利用できない区分所有者とが固定されてしまうため、トラブルになりがちだからです*3。今日では、一般的に、公平性の観点から、駐車場の使用権をバルコニーや専用庭の専用使用権のように、特定の専有部分ないし区分所有権に随伴する従物的な権利とするのは妥当でなく、専有部分を譲渡または貸与すれば消滅する利用契約上の権利（属人的権利）とするべきであって、賃貸方式が望ましい方式であると考えられています。

　本条も、このような考え方に立ち、特定の区分所有者が駐車場の特定の区画を排他的に使用することを認めるとともに、駐車場を使用させるための方法として、❸の賃貸方式を採用しています*4*5。

　なお、駐車場が屋内にあり、構造上区分された区画となっているときには、規約によって共用部分と定めたうえで、本条を適用する必要があります。

＊1　分譲方式および留保方式も、法的な効力が否定されるわけではない。⇒68頁。
＊2　平成28年改正において、『近時、駐車場の需要が減少しており、空き区画が生じているケースもある。駐車場収入は駐車場の管理に要する費用に充てられるほか、修繕積立金として積み立てられるため（第29条）、修繕積立金不足への対策等の観点から組合員以外の者に使用料を徴収して使用させることも考えられる。その場合、税務上、全てが収益事業として課税されるケースもあるが、区分所有者を優先する条件を設定している等のケースでは、外部貸しのみが課税対象となり区分所有者が支払う使用料は共済事業として非課税とする旨の国税庁の見解（「マンション管理組合が区分所有者以外の者へのマンション駐車場の使用を認めた場合の収益事業の判定について（照会）」（平成24年2月3日国住マ第43号）及びこれに対する回答（平成24年2月13日））が公表されているため、参照されたい』とのコメントが追加された。
＊3　駐車場を巡るトラブルについては、⇒68頁。
＊4　住戸の数に見合うだけの数がない倉庫についても、本条の駐車場と同様の取扱いをすることが望ましい（コメント15条関係②）。ほかに同様の取扱いが考えられるものとして、自転車置場などがある。

＊5　駐車場の使用料も、区分所有者間の衡平に配慮して、設定されなければならない（29条参照）。

駐車場使用細則と駐車場使用契約　　使用者の選定方法をはじめとした具体的な手続き、使用者の遵守すべき事項等、駐車場の使用に関する事項の詳細については、駐車場使用細則を定める必要があります＊。

　駐車場使用契約の内容（契約書の様式）についても駐車場使用細則の中に位置づけておき、あらかじめ総会で合意を得ておくべきです（コメント15条関係③）。標準管理規約のコメントでは、駐車場使用契約の様式について、参考として、次のひな型を掲げています。

駐車場使用契約書

　○○マンション管理組合（以下「甲」という。）は、○○マンションの区分所有者である○○（以下「乙」という。）と、○○マンションの駐車場のうち別添の図に示す○○の部分につき駐車場使用契約を締結する。当該部分の使用に当たっては、乙は下記の事項を遵守するものとし、これに違反した場合には、甲はこの契約を解除することができる。

記

1　契約期間は、　　年　月　日から　　年　月　日までとする。ただし、乙がその所有する専有部分を他の区分所有者又は第三者に譲渡又は貸与したときは、本契約は効力を失う。

2　月額○○円の駐車場使用料を前月の○日までに甲に納入しなければならない。

3　別に定める駐車場使用細則を遵守しなければならない。

4　当該駐車場に常時駐車する車両の所有者、車両番号及び車種をあらかじめ甲に届け出るものとする。

駐車場使用契約、駐車場使用細則には、車両の保管責任は管理組合が負わない旨を規定することも考えられます（コメント同⑥）。

＊　使用細則の制定は、総会の普通決議事項である（18条、48条1号）。

駐車場使用者の選定　駐車場使用者の選定は、最初に使用者を選定する場合には抽選、2回目以降の場合には抽選または申込順にする等、公平な方法により行わなければなりません。

　駐車場使用契約のひな型においては、契約期間を明記することとしています。

　マンションの状況等によっては、契約期間終了時に利用者を交替させる方法について定めることも可能です。このことについてコメントでは、『例えば、駐車場使用契約に使用期間を設け、期間終了時に公平な方法により入替えを行うこと（定期的な入替え制）が考えられる。

　なお、駐車場が全戸分ある場合であっても、平置きか機械式か、屋根付きの区画があるかなど駐車場区画の位置等により利便性・機能性に差異があるような場合には、マンションの具体的な事情に鑑みて、上述の方法による入替えを行うことも考えられる。

　駐車場の入替えの実施に当たっては、実施の日時に、各区分所有者が都合を合わせることが必要であるが、それが困難なため実施が難しいという場合については、外部の駐車場等に車を移動させておく等の対策が考えられる』とされています（コメント15条関係⑧）。

駐車場使用料の定め方　駐車場使用料を定めるには、近隣の同種駐車場の料金（相場料金）が参考になりますが、マンション内であることを有利な条件として考慮して相場料金よりも割高に設定する方法や、自らの共有する共用部分を利用することを理由として相場料金よりも割安に設定する方法なども考えられます。

　駐車場が全戸分ない場合（区分所有者の一部が、共有財産である敷地または共用部分を専用使用することになる）には、駐車場使用料を近傍の同種の駐車場料金と均衡を失しないよう設定すること等により、使用しない区分所有者との公平性を確保することも必要です。コメントでは、『近傍の同種の駐車場料金との均衡については、利便性の差異も加味して考えることが必要である』とされています（コメント15条関係⑨）。

　また、『平置きか機械式か、屋根付きの区画があるかなど駐車場区画の位置等による利便性・機能性の差異や、使用料が高額になって特定の位置の駐車場区画を希望する者がいる等の状況に応じて、柔軟な料金設定を行うことも考えられる』とのコメントも付け加えられています。

　なお、29条は、その使用料の料金設定について、最低限、駐車場等の対象物件の維持や修繕の費用をまかなう金額に設定することを前提としています。

　東京地判平成25.12.27では、駐車場使用料の定め方について、使用規則（使用細則）において、『駐車場の使用料は、組合の総会決議によって改定することができる』と定められている場合には、『規則の制定、変更、廃止のうち、実質的に規約の変更に相当するものには当たらないから、総会に出席した組合員の議決権総数の過半数で決せられる普通決議事項である』『駐車場の使用料が総会に出席した組合員の議決権総数の過半数により変更された場合、当該決議は原則として適法であり、当該変更の目的や変更内容の相当性、その他の諸般の事情を総合的に考慮して、当該決議が著しく不合理であるといった特段の事情がある場合に限り違法になるものというべきである』とされました。

　契約の終了、契約の解除　　3項は、区分所有者がその所有する専有部分を、他の区分所有者または第三者に譲渡または貸与したときは、その区分所有者の駐車場使用契約は効力を失うものとしています*1*2。従前、駐車場の利用を望みながら、台数不足のために利用できていなかった区分所有者

に配慮することが公平だとする考え方に基づいています。

　駐車場使用細則、駐車場使用契約等に、管理費、修繕積立金の滞納等の規約違反の場合は、契約を解除できるか、または次回の選定時の参加資格をはく奪することができる旨の規定を定めることもできます（コメント15条関係⑦）＊3。

＊1　駐車場使用契約書では、1のただし書においてこのことを定めている。➡65頁。
＊2　家主同居型の住宅宿泊事業（➡53頁）を実施する場合は、「第三者に…（中略）…貸与したとき」として駐車場使用契約が終了するケースには当たらないと考えられる（コメント15条関係⑤）。
＊3　**東京地判平成21.5.13Ａ**は、細則に違反する駐車スペースの利用契約解除の有効性を肯定した事案である。

駐車場を巡る諸問題
(1)　分譲方式と留保方式の効力

　駐車場利用の3方式（➡63頁）のうち、❶分譲方式と❷留保方式に関しては、かつては一般的な方式でした。これらの方式の法的な効力が争われたこともありましたが、❶分譲方式については、分譲マンション附属の駐車場専用使用権を分譲する特約は有効であり（**最判昭和56.1.30**）、駐車場専用使用権分譲の対価は管理組合ではなく分譲業者に帰属するとされ（**最判平成10.10.22**、**最判平成10.10.30Ａ**（シャルム田町事件））、また、❷留保方式についても、マンション分譲に際して分譲主側に駐車場専用使用権を留保する契約は、使用貸借類似の無名契約として適法であると判断されています（**大阪高判平成3.3.28**）。

(2)　特別の影響

　規約変更・集会決議による一部の区分所有者に対する不利益が、特別の影響を及ぼすものであるときには、不利益を受ける区分所有者の承諾が必要です（法31条1項後段、法17条2項、法18条3項）。特別の影響を及ぼすものであるか否かは、規約変更・集会決議の必要性および合理性とこれによって一部の区分所有者が受ける不利益とを比較衡量し、区分所有関係の実態に照

らして、その不利益が区分所有者の受忍すべき限度を超えると認められるかどうかで判断されます。

最判平成10.10.30B（シャルマンコーポ博多事件）では、区分所有者の駐車場使用料に関し、新たに規約を設定して、集会決議によって、専用使用料を増額することが特別の影響を及ぼすものかどうかが争われましたが、以下のように判断されました。

　使用料の増額は一般的に専用使用権に不利益を及ぼすものであるが、増額の必要性及び合理性が認められ、かつ、増額された使用料が当該区分所有関係において社会通念上相当な額であると認められる場合には、専用使用権者は使用料の増額を受忍すべきであり、使用料の増額に関する規約の設定、変更等は専用使用権者の権利に「特別の影響」を及ぼすものではないというべきである…（中略）…増額された使用料がそのままでは社会通念上相当な額とは認められない場合であっても、その範囲内の一定額をもって社会通念上相当な額と認めることができるときは、特段の事情がない限り、その限度で、規約の設定、変更等は、専用使用権者の権利に「特別の影響」を及ぼすものではなく、専用使用権者の承諾を得ていなくとも有効なものである。

　さらに**最判平成10.11.20**（高島平事件）は、無償で専用使用していた駐車場の専用使用権に関し、一部について消滅させ、一部について有償とした決議が特別の影響を及ぼすものかどうかが争われた事案です。

　消滅決議は区分所有者の専用使用権に「特別の影響」を及ぼすものであって、区分所有者の承諾のないままにされた消滅決議はその効力を有しない…（中略）…有償化決議については、従来無償とされてきた専用使用権を有償化し、専用使用権者に使用料を支払わせることは、一般的に専用使用権者に不利益を及ぼすものであるが、有償化の必要性及び合理性が認められ、かつ、設定された使用料が当該区分所有関係において社会通念上相当な額であると認められる場合には、専用使用権者は専用使用権の有償化を受忍すべきであり、そのような有償化決議は専用使用権者の権利に「特別の影響」を及ぼすものではない。

この最高裁の判断を受けて、東京高裁では、有償化決議によって設定された使用料の1割から2割の金額をもって社会通念上相当なものと判断されています（**東京高判平成13.1.30**）＊。

(3) 専用使用権の時効取得と時効消滅

駐車場の専用使用権は、管理組合との関係における債権的な権利ですが、区分所有者の用益が駐車場専用使用権の設定という意思に基づくものであることが外形的かつ客観的に表現されていると認められることから時効取得がなされ、あるいは、反対に長期間権利が行使されなかったことから、時間の経過にともなって時効消滅することがあります。

東京地判平成14.12.3は次のように述べ、駐車場部分の駐車場専用使用権の時効取得を認めました。

> 所定の時効期間の経過によって、Yは、建物の共用部分及び敷地を特定の区分所有者又は特定の第三者が排他的に使用する権利としての専用使用権の時効取得が可能である。

他方、**東京地判平成30.9.26**は、建物屋上部分の専用使用権の時効取得が主張された事案において、「使用の形態が、専用使用権の行使の意思に基づくものであることが客観的に表現されていたものとは認め難い」などと述べ、時効取得を否定しています。

東京地判平成22.9.9は、専用使用権が時効消滅した事例です。

> 専用使用権は、物権ではなく債権的権利であるから、消滅時効にかかる。…（中略）…本件区画部分は、昭和57年ころ以降、駐車場として使用されることはなくなり、本件建物の区分所有者らが専ら通路として使用し、さらには、昭和63年ころ、本件花壇が設置され、壁面に入居者のボードを設置されて、その状態が現在まで続いているというのであって、遅くとも昭和63年から10年以上が経過した平成11年には、本件区画部分の専用使用権に係る消滅時効が完成したというべきである。

＊　専用使用権に関して、「消滅＝特別の影響肯定、有償化および増額＝社会通念上相当なら特別の影響否定」という構造は、確定した判例法理になっている（駐車場についての**福岡地裁小倉支部判平成13.8.31**、**東京地判平成20.4.11**、**東京地判平成21.8.26**、**東京地判平成23.5.9**、**東京地判平成23.11.28**、**東京地判平成28.9.15**、看板についての**東京地判平成14.2.27**、**東京地判平成28.1.28**、物置についての**横浜地判平成15.9.19**）。

　もっとも、専用使用権の対象の特性や専用使用権設定の経緯などから、専用使用料の増額について特別の影響が肯定されるケースもある。専用庭の使用料（庭園料）の増額について、**東京地判平成21.10.28**は、『本件決議は、規約の変更（又は設定）であり、それは庭園料を一挙に従来の4倍に増額するというものであり、一部の区分所有者であるXの権利に特別の影響を及ぼすものである（専用庭は、その位置、形状及び専用使用権設定の経緯等に照らし、区分所有建物である101号室ないし104号室に対する付随性が強く、駐車場や自転車置き場と同列に論じられない。）ところ、Xは、本件決議に反対し、庭園料の増額を承諾していない。したがって、本件決議による規約の変更（又は設定）は、法31条1項により、効力を有しない』と判示している。

　また、**東京地判令和2.1.15**は、駐車場使用料を設定し駐車場の利用対価を増額する規約変更について、分譲当初に相当程度高額の対価を支払って専用使用権を取得した駐車場であること、費用負担を従前と比して21倍から25倍超まで引き上げ最終的に近隣の駐車場賃料相場をも上回る水準にするものであることなどを考慮し、特別の影響が肯定された。

第16条（敷地及び共用部分等の第三者の使用）

　管理組合は、次に掲げる敷地及び共用部分等の一部を、それぞれ当該各号に掲げる者に使用させることができる。
　一　管理事務室、管理用倉庫、機械室その他対象物件の管理の執行上必要な施設　管理事務（マンションの管理の適正化の推進に関する法律（平成12年法律第149号。以下「適正化法」という。）第2条第六号の「管理事務」をいう。）を受託し、又は請け負った者
　二　電気室　対象物件に電気を供給する設備を維持し、及び運用する事業者
　三　ガスガバナー　当該設備を維持し、及び運用する事業者
2　前項に掲げるもののほか、管理組合は、総会の決議を経て、敷地及び共用部分等（駐車場及び専用使用部分を除く。）の一部について、第三者に使用させることができる。

第三者の使用　　　本条は、敷地および共用部分等の第三者の使用に関する定めです。

　1項は、管理事務を受託し、または請け負った者、電力会社、ガス会社に、管理事務室、電気室、ガスガバナー＊などを使用させる規定です。マンションにおける共同生活に欠かすことができないサービスの提供を受けるために、必要な場所を利用するのは当然です。

　2項は、広告塔や看板などを第三者に利用させることを念頭に置いている規定です（コメント16条関係②）。

　利用の対象から駐車場および専用使用部分を除いているのは、駐車場については使用契約に基づくべきであり、専用使用部分については第三者が使用するのではなく区分所有者が使用するのであって（2条8号・9号）、別途個別的な規約の定めが必要だからです。

　第三者の使用を認めるについては、有償か無償かの区別、有償の場合の使

用料の額等について、使用条件で明らかにする必要があります（コメント16条関係①）。

＊　ガスガバナーとは、ガスの圧力を一定範囲に調整する装置である。その取扱いには、専門知識や資格が必要とされる。

屋上賃貸借に関する裁判例　携帯電話の基地局設置のための屋上の賃貸借契約について、2項に基づいて使用を許可することができるかどうか争われた事件があります＊1。

　地裁では、区分所有者全員の合意が必要として否定されましたが（**札幌地判平成20.5.30**）、高裁では、この判断が覆され、2項に基づく使用許可が肯定されました（**札幌高判平成21.2.27**）＊2。

> 　設備等を建物の屋上に設置する工事によって、共用部分に「形状又は効用の著しい変更」が生ずるとは認められない。したがって、本件設備等を建物の屋上に設置して共用部分を携帯電話の基地局として使用させるに当たり必要な決議は、普通決議で足りる。

とされました。

＊1　この事件で問題になった規約の定めは、「管理組合は、総会の決議を経て、敷地及び共用部分等（駐車場及び専用使用部分を除く。）の一部について、第三者に使用させることができる」という本条2項と同一条文の定めであった。

＊2　地裁では、屋上一部の賃貸に関し、民法602条によって、総会決議に基づく第三者への賃貸も、管理行為に含まれる賃借権の設定（民法602条の期間を超えない賃借権の設定）に限られるとされていたが、高裁では、この点について、『区分所有法は、区分所有関係が成立している建物の共用部分を対象とする限りにおいては、民法の特別法に当たるから、共用部分の賃貸借につき、民法602条の適用は排除され、同条に定める期間内でなければならないものではない』として、共有する区分所有者全員の同意は不要であり総会決議に基づいて第三者に賃貸できるとしたうえで、第三者への賃貸に、特別決議が必要かどうかという点を論じている。

第17条（専有部分の修繕等）

［※管理組合における電磁的方法の利用状況に応じて、次のように規定］

ア 電磁的方法が利用可能ではない場合

（専有部分の修繕等）

第17条　区分所有者は、その専有部分について、修繕、模様替え又は建物に定着する物件の取付け若しくは取替え（以下「修繕等」という。）であって共用部分又は他の専有部分に影響を与えるおそれのあるものを行おうとするときは、あらかじめ、理事長（第35条に定める理事長をいう。以下同じ。）にその旨を申請し、書面による承認を受けなければならない。

イ 電磁的方法が利用可能な場合

（専有部分の修繕等）

第17条　区分所有者は、その専有部分について、修繕、模様替え又は建物に定着する物件の取付け若しくは取替え（以下「修繕等」という。）であって共用部分又は他の専有部分に影響を与えるおそれのあるものを行おうとするときは、あらかじめ、理事長（第35条に定める理事長をいう。以下同じ。）にその旨を申請し、書面又は電磁的方法による承認を受けなければならない。

2　前項の場合において、区分所有者は、設計図、仕様書及び工程表を添付した申請書を理事長に提出しなければならない。

3　理事長は、第１項の規定による申請について、理事会（第51条に定める理事会をいう。以下同じ。）の決議により、その承認又は不承認を決定しなければならない。

4　第１項の承認があったときは、区分所有者は、承認の範囲内において、専有部分の修繕等に係る共用部分の工事を行うことができる。

5　理事長又はその指定を受けた者は、本条の施行に必要な範囲内にお

いて、修繕等の箇所に立ち入り、必要な調査を行うことができる。この場合において、区分所有者は、正当な理由がなければこれを拒否してはならない。

6　第1項の承認を受けた修繕等の工事後に、当該工事により共用部分又は他の専有部分に影響が生じた場合は、当該工事を発注した区分所有者の責任と負担により必要な措置をとらなければならない。

7　区分所有者は、第1項の承認を要しない修繕等のうち、工事業者の立入り、工事の資機材の搬入、工事の騒音、振動、臭気等工事の実施中における共用部分又は他の専有部分への影響について管理組合が事前に把握する必要があるものを行おうとするときは、あらかじめ、理事長にその旨を届け出なければならない。

（令和3年改正の要点）

　理事長による承認について、電磁的方法によることを認めた。

専有部分の工事と申請の必要性　　区分所有者が専有部分を利用するにあたっては、リフォームを行い、あるいは、不具合を補修するなどのため、専有部分の模様替え、物件の取付け・取替え修繕工事などが必要になります。

　しかし、区分所有者は、建物の保存に有害な行為その他建物の管理または使用に関し区分所有者の共同の利益に反する行為をしてはならないのであり（法6条1項）、専有部分を増築したり、建物の主要構造部に影響を及ぼす行為を行うことは、許されません（コメント17条関係①）。専有部分のリフォームや不具合の補修に伴うトラブルは、頻発するトラブルの一つです。管理組合において、専有部分内のリフォームや補修をどのように取り扱うかは、しっかりとしたルールを決めておく必要があります。

　そこで、1項で、専有部分の修繕等を行おうとする場合には、あらかじめ

理事長に申請し、承認を受けなければならないものとしています。この承認については、電磁的方法を利用可能とすることも考えられます。電磁的方法を利用可能とする場合は「書面又は電磁的方法による承認」、可能としない場合は「書面による承認」が求められます。

　標準管理規約では、修繕等のうち、1項の承認を必要とするものを、「共用部分又は他の専有部分に影響を与えるおそれのある」ものに限定しています。床のフローリング工事、ユニットバスの設置、主要構造部に直接取り付けるエアコンの設置、配管（配線）の枝管（枝線）の取付け・取替え、間取りの変更等がこれに該当します（コメント17条関係②）。

　1項の承認を必要とするものの範囲については、「標準管理規約　別添2」（➡394頁）に考え方が示されています。

承認の判断　専有部分の修繕等は、共用部分に大きな影響を与えることがあり、また、騒音や振動等により周囲とのトラブルが発生することも考えられます。3項は、工事が建物全体へ与える影響を考慮し、申請を受けた理事長がその可否を判断するにあたっては、理事会の決議を経ることを要するとしました*1。承認、不承認の判断は、理事会の決議に基づいて、理事長が行います（コメント17条関係⑧）。理事長の工事の可否判断に理事会の決議を必要とすることにより、共用部分に不当な影響を及ぼす工事を前もって阻止し、トラブルを未然に防止しようとしているわけです。

　承認するかどうかの判断にあたっては、工事の躯体に与える影響、防火、防音等の影響、耐力計算上の問題、他の住戸への影響等を考慮しなければなりません（コメント17条関係⑦）*2。

　承認の判断に対する考え方が、コメント別添2に記載されています。

　『承認の判断に当たっては、マンションの高経年化に伴い専有部分の修繕等の必要性が増加することも踏まえ、過度な規制とならないようにすること、修繕技術の向上により、新たな工事手法に係る承認申請がされた場合にも、別添2に示された考え方を参考にすればよいことに留意する。なお、工事内

容が上下左右の区分所有者に対して著しい影響を与えるおそれがあると判断
される場合には、当該区分所有者の同意を必要とすることも考えられる』と
されています（コメント17条関係⑦）。

　承認の判断に専門的な知識が必要となる場合には、専門的知識を有する者
（建築士、建築設備の専門家等）の意見を聴き、専門家の協力を得ることを
考慮すべきです。特に、フローリング工事は、構造、工事の仕様、材料等に
より躯体や他の住戸への影響が異なるので、工事による影響を専門家に確認
しておかなければなりません（コメント同⑤）。

　承認の判断に際して、調査等に特別な費用がかかる場合には、申請者に負
担させることが適当です（コメント同⑥）。

＊1　標準管理規約は、専有部分の修繕等の工事について、総会の承認ではなく、理事会の
　　決議を経たうえでの理事長の承認を必要とするという方式をとっている。
＊2　一般的には、正当な理由がなければ工事の承認を拒むことはできないであろう。正当
　　な理由なく、工事の承認をしない場合には、理事長あるいは管理組合に対し、工事の承認
　　請求や損害賠償請求を求められることにもなりかねない。

共用部分との関係　　　　　専有部分の修繕等の実施が、共用部分に関係する場合
もあります。4項では、専有部分内における配管（配線）
の枝管（枝線）の取付け、取替え工事等にあたって、共用部分内でも工事を
行う必要がある場合を想定し、区分所有者が、理事長の承認の範囲内におい
て、専有部分の修繕等に必要な共用部分の工事を行うことができることとし
ました（コメント17条関係③）。

　区分所有法は、共用部分の管理に関する事項について、集会の決議で決す
るとしたうえ（法18条1項本文）、規約をもってこれと異なる定めをするこ
とを認めているところ（法18条2項）、4項は、この規定に基づき、規約が
法律とは異なる定めをしたものです。

　他方、共用部分の工事が法17条の共用部分の変更に該当するならば、集会
の特別決議が必要です（コメント17条関係④）。

本条の規定のほか、工事の申請、承認、施工等に関
する具体的な手続き、区分所有者の遵守すべき事項等
の詳細については使用細則にゆだねられます（コメント17条関係⑭）。

専有部分の修繕等について使用細則で定められるべき事項は、次のとおり
です。

❶ 申請の方法

使用細則には、まず、申請書の様式、設計図、仕様書および工程表など
の添付書類、申請の時期など、申請の方法を定める必要があります。

申請書の様式は、次のとおりです（コメント17条関係⑮）。2項では、
申請書に、設計図、仕様書および工程表を添付しなければならない旨を定
めています。

専有部分修繕等工事申請書

年　月　日

○○マンション管理組合
　理事長　○○○○殿

氏名　○○○○

　下記により、専有部分の修繕等の工事を実施することとしたいので、○○マ
ンション管理規約第17条の規定に基づき申請します。

記

1．対象住戸　○○号室

2．工事内容

3．工事期間　　　年　月　日から
　　　　　　　　　年　月　日まで

4．施工業者

5．添付書類　設計図、仕様書及び工程表

❷ 承認の可否についての検討の方法

　専有部分の工事は、ほかの居住者にとって、平穏な共同生活に影響を及ぼす可能性のある重要事項です。そこで、次に、例えば申請のあったことを掲示板に掲示し、多くの組合員が検討に参加できるようにするなどを使用細則でルールづけしておくことを考えなければなりません。また、承諾の可否を判断するために、専門家の調査が必要となることもあります。どのような場合に、誰が費用を負担して調査を行うのかを定めておく必要もあります。

❸ 承認の可否についての決定の手続き

　承認の申請先等は理事長ですが、承認、不承認の判断はあくまで理事会の決議によります（コメント17条関係⑧）。承認までの期間、理事会決議の方法などもルールを決めておくべき事項です。

❹ 承認書の様式

　承認書の様式は、次のとおりです（コメント17条関係⑮）。

専有部分修繕等工事承認書

　　　　　　　　　　　　　　　　　　　　　　　　　年　　月　　日

○○○○　殿

　　　年　月　日に申請のありました○○号室における専有部分の修繕等の工事については、実施することを承認します。
（条件）

　　　　　　　　　　　　　　　　　　　　○○マンション管理組合
　　　　　　　　　　　　　　　　　　　　理事長　　○○○○

---

❺ 施工基準

　工事を承諾するとしても、マンション全体に対して不都合がないように、

また、ほかの居住者にできるだけ迷惑をかけないように施工することが前提です。専有部分に関する工事であっても、他の居住者等に影響を与えることが考えられるため、施工については工事内容や施工期間等を掲示する等の方法により、他の区分所有者等へ周知を図っておくべきです（コメント17条関係⑫）。工事に利用する材料や施工要領、ほかの居住者への告知の方法など、施工基準についても使用細則で決めておく必要があります。

　管理ガイドブックでも、専有部分の工事の承諾については、資材等の搬出入時に廊下やエントランス等を使用すること、また工事騒音が隣接住戸の居住者の生活に影響を与えることから、あらかじめ対応ルールを定めておくことが必要であるとされています。

❻ 書類の保管

　専有部分の修繕等に関しては、申請書、調査結果資料、承認に係る書類などを保管しておき、必要に応じて閲覧し、利用できる状況にしておかなければなりません。保管の場所、期間、方法や、閲覧の可否、閲覧を認める場合の条件などのルールも必要です。

立入調査　　5項は、理事長またはその指定を受けた者は、工事の実施状況を正確に把握し対処するため、必要な範囲内において区分所有者が行う専有部分に係る工事の現場に立ち入り、必要な調査を行うことができるとしています。

　5項に関しては、『第5項の立入り、調査に関しては、施工状況を確認する必要があるものについて、工事中の現場で管理組合の理事等（又は組合から依頼を受けた技術者）が立ち会って確認することが考えられる。人手や工期などにより実際に立ち会うことが難しい場合には、抜き打ちで検査することをアナウンスしたり、工事業者に写真等の記録を取らせ報告させたりすることが考えられる。施工状況を確認する場合、図面の読み方や工事の進め方を知っている外部の専門家の協力が必要になる。確認が必要なものとしては、例えば、次のようなものが考えられる。

・全面リフォームを行う工事について、壁、床等をはがして耐力壁を撤去しないか、工事対象を確認する。
・躯体コンクリートにスリーブをあける際やアンカーを打ち込む際に、鉄筋を探査してから穴をあけているか、手順を確認する』とされています（コメント17条関係⑩）。

承認による影響　6項として、理事長の承認を受けた修繕等の工事後に、工事により共用部分または他の専有部分に影響が生じた場合は、当該工事を発注した区分所有者の責任と負担により必要な措置をとらなければならないと規定しています。同項については、『第6項は、第1項の承認が、修繕等の工事の結果、共用部分又は他の専有部分に生じた事後的な影響について、当該工事を発注した区分所有者の責任や負担を免責するものではないことを確認的に定める趣旨である。なお、工事を発注する場合には、工事業者と協議した上で、契約書に事後的な影響が生じた場合の責任の所在と補償等についても明記することが適切である』とコメントされています（コメント17条関係⑪）。

近い将来に建替え等が想定されるマンションにおける修繕　専有部分の大規模な修繕等は高額な費用を要しますが、その費用を負担して修繕等を行ったにもかかわらず、近い将来にマンションが建て替えられ、または敷地売却がなされると、修繕費用が無駄になってしまいかねませんし、そのことを理由に建替え等に反対するなど、合意形成の支障となる可能性もあります。このため、「近い将来に建替え等の検討の可能性があるマンションにおいては、修繕等について理事長の承認を求めてくる区分所有者に対して、近い将来に建替え等が検討される可能性がある旨の注意喚起を行うことが望ましい」とされています（コメント17条関係⑨）。もちろん、注意喚起を受けたうえで実際に修繕等を行うかどうかは、その区分所有者自身が判断することです。

　7項は、理事長の承認を要しない修繕等のうち、工事業者の立入り、工事の資機材の搬入、工事の騒音、振動、臭気等の工事の実施に伴う共用部分または他の専有部分への影響について管理組合として事前に把握することが必要なものを行おうとするときは、あらかじめ、理事長にその旨を届け出なければならない、と定めています。

　同項については、『第7項は、第1項の承認を要しない修繕等であっても、工事の実施期間中において、共用部分又は他の専有部分に対し、工事業者の立入り、工事の資機材の搬入、工事の騒音、振動、臭気等の影響が想定されることから、管理組合が事前に把握する必要があるため、事前に届出を求めるものである。なお、第1項の場合と異なり、工事の過程における影響を問題とするものであり、工事の結果による事後的な影響を問題とする趣旨ではないことに留意する』とコメントされています（コメント17条関係⑫、別添2参照）。

　本条の承認が必要でありながら、承認を受けないで、専有部分の修繕等の工事を行った場合には、67条の規定により、理事長は、その是正等のため必要な勧告または指示もしくは警告を行うか、その差止め（停止）、排除または原状回復のための必要な措置等をとることができます。5項の立入り、調査の結果、理事長に申請または届出を行った内容と異なる内容の工事が行われている等の事実が確認された場合も、同様です。（コメント17条関係⑬）。

　承認を受けない工事によってトラブルとなったケースとして、**東京高判平成26.10.1**があります。理事会が、工事は他の居住者に迷惑をかけるとして工事の中止を求めたことなどについて、区分所有者からの管理組合に対する損害賠償請求を否定した地裁の判断（**東京地判平成25.12.4**）が維持されています。

第18条（使用細則）

対象物件の使用については、別に使用細則を定めるものとする。

使用細則の制定　共用部分等と敷地の使用や管理に関する事項は、総会で決議すべき事項であり、あらかじめ一般的なルールを使用細則として、総会決議により決めておくことができます（48条1号、47条2項）。

また、専有部分の使用方法は、建物の使用に関する区分所有者相互間の事項（法30条）ですので、基本的な事項は規約で定めなければなりませんが、規約で基本的・概略的なことを定めておいて、規約の範囲内で、具体的なルールの内容や手続きの細部などを使用細則としておくことも可能です（コメント18条関係①）。

使用細則は、共用部分の使用・管理に関する事項や、専有部分の使用方法についての細部にわたる具体的なルールや手続きに関し、あらかじめ定められた一般的ルールです*1*2。

---

*1　使用細則は、「ハウスルール」といわれることもある。総会の普通決議事項であり、特別決議は不要である一方、理事会で決めることはできない。

*2　規約で定めなければならない事項については、仮に使用細則で定めたとしても、効力はない。駐車場に関するルールの制定が、駐車場の管理の範囲を超えるものだから管理規約で定めるべき事項であって、これを普通決議により制定した総会決議は無効であるとされた事例として、**那覇地判平成16.3.25**がある。他方、**浦和地判平成5.11.19**では、駐車場の使用細則の改定は、規約の改定に当たらないとされている。

使用細則によって定める事項と使用細則の形式　共用部分の使用・管理に関する事項としては、専用庭、駐車場、自転車置場、集会室、倉庫その他共用施設の使用方法や使用料などがあります*1。

宅配業者によるいわゆる「置き配」を認めるマンションにおいては、その際のルールもこれにあたります。専用使用部分でない共用部分は、通常の用法(13条)として、物品を置くことは原則として認められませんが、宅配ボッ

クスが無い場合等に、宅配業者と居住者の接触を避けるため、例外的に共用部分への置き配を認めるニーズが高まっています。使用細則でこのような置き配を認める場合は、長期間の放置や大量・乱雑な放置等により緊急時の避難の支障とならないよう留意する必要があるとされます（コメント18条関係④）。

　また、専有部分の利用等についての規約の定めの細部や手続き等に関しては、例えば、専有部分の修繕(17条)、間口部分の改良工事(22条1項)、ペットの飼育、ピアノ等楽器の演奏＊2、生活騒音などが、使用細則の設定される分野です（コメント18条関係①）＊3。

　さらに、昨今のCOVID-19をはじめとした感染症の拡大防止の必要性を踏まえ、マンション内における感染症の感染拡大のおそれが高いと認められた場合に、居住者による共用部分等の使用の一時的な停止・制限の根拠として使用細則を定めることが考えられます（コメント18条関係①）。

　なお、12条で住宅宿泊事業を可能とする場合(➡52頁)は、必要に応じて、住宅宿泊事業法13条に基づき掲示が義務付けられる標識の掲示場所等の取扱いについて、あらかじめ使用細則で明確化しておくことが望ましいとされています（コメント18条関係⑤）。

　使用細則を定める方法については、これらの事項を一つの使用細則として定める方法と、事項ごとに個別の細則として定める方法とがあります（コメント18条関係①）。

　公益財団法人マンション管理センターは、次の細則のモデルを作成し、マンション管理サポートネットを通じて、公表しています。

・○○マンション使用細則及びコメント
・専有部分の修繕等に関する細則及びコメント
・専用庭使用細則及びコメント
・駐車場使用細則及びコメント
・自転車置場使用細則及びコメント

- ペット飼育細則（例1）
- ペット飼育細則（例2）
- ペット飼育細則について（参考）
- ペットクラブ会則モデル（参考）
- マンション標準管理規約第22条第2項細則モデル
- 管理費等の徴収及び滞納処理細則モデル及びコメント
- 防犯カメラ運用細則モデル及びコメント
- 大規模修繕工事専門委員会運営細則モデル及びコメント
- 理事会運営細則モデル及び細則モデルコメント
- 組合員名簿の取扱いに関する細則モデル及び同細則モデルに係るコメント

*1　「建物全体の美観を損なう行為をすること」「敷地及び共用部分等の使用又は保存に関し、区分所有者の共同の利益に反する行為、又は本件管理組合が禁止した行為をすること」を禁じた使用細則に基づき、専用使用権が設定された前庭にゴミ、ゴミ箱、ビニールシート、蚊取り線香およびビールケースを置いている専有部分賃借人に対しこれらの撤去を管理組合が求めたケースにおいて、具体的事案に基づき請求を認めなかった事案として**東京地判平成30.3.29**がある。

*2　自身がフルートを、妻がピアノを演奏する原告が居住するために楽器の演奏を想定して床の遮音性を高めるなど音漏れを極力少なくするように建築されたコーポラティブハウスであることや、苦情を受けた後の防音工事の効果などの事情を考慮して、演奏時間を一律に制限する使用細則の制定は原告に特別の影響を及ぼすものであり承諾を得ない制定決議は無効であると判断した裁判例に、**東京地判令和2.6.2**がある。

*3　使用細則のうち、「対象物件の使用」に係るもの以外は、70条にその制定根拠を求めることができる。

ペット飼育の問題　ペットは、生活に潤いを与えるという利点があり、これを好ましく感じる人々にとって家族同然の存在です。他方ペットを好ましく感じない人々にとっては、音、臭いなど、平穏で安全な生活を妨害する存在です。ペットには衛生上の問題点もあります。

ペットを好ましく感じるかどうかは、個人の感性に根ざすものであって本

来的には相容れない対立です。しかし、一つの建物の中で共同生活を営む以上は、ルールを作って共同生活のよりどころとしなければなりません。

　ペットの飼育を認めるかどうか、認めるとした場合にどのような条件で認めるのかは建物の使用に関する区分所有者相互間の事項（法30条１項）に当たるので、規約で定めるべき事項です。単なる集会の普通決議や使用細則で決められるものではありません。

　とはいえ、基本的な事項を規約で定め、手続きの細部等を使用細則にゆだねることは可能です（コメント18条関係②）。最近は、多くのマンションで、ペット飼育に関する使用細則が定められています。

(1)　ペット飼育を禁止する場合

　ペットの飼育を禁止する規約の有効性は、最高裁でも肯定されています（**最判平成10.3.26**）。公序良俗に反するものではなく（**東京地判平成14.11.11**）、人格権または所有権の過度の侵害ともなりません（**東京地判平成19.1.30**）。ペットの飼育を差し止める請求が権利濫用に当たらないとする裁判例として、**東京地判平成6.3.31**、**東京地判平成10.1.29**、**福岡地判平成28.10.13**があります。

　また、**東京高判平成6.8.4**では次のように判断されました。

> 　マンション内における動物の飼育は、一般に他の区分所有者に有形無形の影響を及ぼすおそれのある行為であり、これを一律に共同の利益に反する行為として管理規約で禁止することは区分所有法の許容するところであると解され、具体的な被害の発生する場合に限定しないで動物を飼育する行為を一律に禁止する管理規約が当然に無効であるとはいえない。

　従来ペット飼育が禁止されていなかったマンションにおいて、ペット飼育を禁止するルールをつくることが、それまでペットを飼育していた区分所有者にとっての特別の影響（法31条１項後段）に該当するかどうかが問題とされましたが、**東京高判平成6.8.4**では、特段の事情がない限り、特別の影響

を与えるものではないと判断されています。規約を改正してペットの飼育を禁止する場合であっても、ペット飼育者の承諾は不要です。

　複数の区分所有者がペット禁止のルールに違反してペットを飼育している場合において、特定の違反者に対してのみ差止め請求をすることが許されるのかが問題となったのが、**東京地判平成13.10.11**です。ペット禁止の規定が空文化するほどにペットの飼育が広汎に行われているとか、何らかの不当な目的をもってあえてその違反者に対してのみ訴訟を提起したような事情がなければ、特定の違反者に対する差止め請求が認められるとされました。

　また、犬猫の飼育を禁止する規約に違反する区分所有者にペットクラブを設立させ、飼育中の一代に限り飼育を認める総会決議がなされていた場合において、こうした区分所有者の多数意思に反してペットクラブに属さずに犬猫を飼育する行為は、法57条１項の差止め請求の対象となるとされました（**東京地判平成8.7.5**）＊1＊2。

　ペット飼育を禁止する場合の規約の例は次のとおりです（コメント18条関係③）。

（ペット飼育の禁止）

第○条　区分所有者及び占有者は、専有部分、共用部分の如何を問わず、犬・猫等の動物を飼育してはならない。ただし、専ら専有部分内で、かつ、かご・水槽等内のみで飼育する小鳥・観賞用魚類（金魚・熱帯魚等）等を、使用細則に定める飼育方法により飼育する場合、及び身体障害者補助犬法に規定する身体障害者補助犬（盲導犬、介助犬及び聴導犬）を使用する場合は、この限りではない。

---

(2)　ペット飼育を容認する場合

　ペットの大きさや頭数、飼育の方法などにつき規約でルールを定めておき、そのルールに従うことを条件として、ペットの飼育を認めることもできます（**東京地判平成15.6.10**）。

コメントも、ペットの飼育を認める場合には、動物等の種類および数等の限定、管理組合への届出または登録等による飼育動物の把握、専有部分における飼育方法ならびに共用部分の利用方法およびふん尿の処理等の飼育者の守るべき事項、飼育に起因する被害等に対する責任、違反者に対する措置等の規定を定める必要があるとしています（コメント18条関係②）。

　ペット飼育を容認する場合の規約の例は次のとおりです（コメント同③）。

（ペットの飼育）

第○条　ペット飼育を希望する区分所有者及び占有者は、使用細則及びペット飼育に関する細則を遵守しなければならない。ただし、他の区分所有者又は占有者からの苦情の申し出があり、改善勧告に従わない場合には、理事会は、飼育禁止を含む措置をとることができる。

＊1　**東京地判平成18.2.22**は、娘夫婦から犬を預かってその世話をしていることについても、動物飼育禁止条項が禁止している飼育に当たるなどとして、犬・猫の飼育禁止を認めている。

＊2　犬、猫等の飼育を中止したことを確認するために、訴えによって、専有部分への立入りが求められた事案があるが（**東京地判平成19.10.9**）、私生活上の自由を過度に侵害するものとして、立入り請求は否定された。

第19条（専有部分の貸与）

　区分所有者は、その専有部分を第三者に貸与する場合には、この規約及び使用細則に定める事項をその第三者に遵守させなければならない。

2　前項の場合において、区分所有者は、その貸与に係る契約にこの規約及び使用細則に定める事項を遵守する旨の条項を定めるとともに、契約の相手方にこの規約及び使用細則に定める事項を遵守する旨の誓約書を管理組合に提出させなければならない。

区分所有者の義務　区分所有者は、専有部分を使用する権利を有します。第三者に専有部分を賃貸することは、使用の一つの形態であり、区分所有者が第三者に専有部分を賃貸することは、区分所有者の権利です。

　もっとも、専有部分の賃貸についても、区分所有者相互間の事項(法30条)として合理的な範囲内であれば、管理規約で制約をすることが可能です。

　本条は、専有部分を賃貸するにあたり、区分所有者に対し、1項で、規約および使用細則に定める事項を賃借人に遵守させる義務を負わせ、さらに、2項で、賃貸借契約の中に、規約および使用細則に定める事項を遵守する旨の条項を定めること、および、契約の相手方にこの規約および使用細則に定める事項を遵守する旨の誓約書を管理組合に提出させることを義務づけました*。

　専有部分の貸与に際して賃貸借契約の内容に容喙（ようかい）することは、専有部分の賃貸に対する規約による制約という意味があるわけです。

---

*　区分所有者（賃貸人）が占有者（賃借人）の違反行為を放置している場合には、区分所有者（賃貸人）に、損害賠償の責任が生ずることもある（**東京地判平成11.1.13、東京地判平成17.12.14**）。

　　　　　占有者（賃借人）は、専有部分の使用方法につ
　　　　　　　　　　　　　　　き、管理組合に対し直接に、規約または集会の決
議に基づいて区分所有者が負う義務と同一の義務を負います（5条2項、法
46条2項）＊。

　しかし、占有者（賃借人）は、マンション管理に無関心な場合も多いので、
賃借人に共同生活上のルールを徹底させることは容易ではなく、法律で義務
を課すだけでは十分ではありません。

　そこで本条は、賃貸人に対して、占有者（賃借人）に規約・使用細則を遵
守させる義務を負わせ（1項）、また、占有者（賃借人）に誓約書を提出さ
せることとして（2項）、これによって占有者（賃借人）の規約および使用
細則の遵守を実効あらしめようとしています（コメント19条関係①）。

　占有者（賃借人）にとって、誓約書の提出は、賃貸人との関係での義務と
いう位置づけとなり、誓約書を提出すれば、誓約書の内容について、管理組
合との関係においても直接的に誓約書の内容による拘束を受けるということ
になります。

　賃貸借契約書に記載する条項および管理組合に提出する誓約書の様式は➡
93頁のとおりです（コメント19条関係③）。

＊　占有者（賃借人）が遵守すべきなのは、あくまでも対象物件の使用に関する事項のみで
　ある。対象物件の使用以外に関する区分所有者の義務（例えば、管理費等の支払義務）は
　負担しない（コメント19条関係②）。

　　　　　マンションによっては、専有部分の用途として
　　　　　　　　　　　　　　　住宅宿泊事業等を可能とする場合があります（➡
52頁）。このような場合は、管理組合としても、区分所有者の住宅宿泊事業
開始を把握することがトラブル防止に資すると考えられます。

　そこで、専有部分の貸与について定める19条などにおいて、「区分所有者
は、その専有部分において住宅宿泊事業法第2条第3項の住宅宿泊事業を実
施することを内容とする、同法第3条第1項の届出を行った場合は、遅滞な

く、その旨を管理組合に届け出なければならない。」*などと規約に定めることも有効です（コメント19条関係④前段）。また、専有部分を賃貸する場合と異なり住宅宿泊事業においては宿泊者等が短期に入れ替わることが通常で、生活の本拠とする賃借人とは使用の態様も異なることが多いと考えられます。このため、宿泊者等からの誓約書については提出義務を免除する旨を定めることも考えられるとコメントされています（コメント19条関係④後段）。

＊　これは単棟型の場合の定め方であるが、複合用途型の場合、「住戸部分の区分所有者は、その専有部分において住宅宿泊事業法第2条第3項の住宅宿泊事業を実施することを内容とする、同法第3条第1項の届出を行った場合は、遅滞なく、その旨を管理組合に届け出なければならない。」となる（複合用途型コメント19条関係④）。

専有部分を貸与している場合の区分所有者との連絡
　　　　　　　　外部に居住し専有部分を第三者に貸与する区分所有者については、管理組合との間の連絡がとりづらくなることがあります。管理組合と区分所有者との円滑な連絡を確保するため、専有部分を第三者に貸与する場合には、区分所有者に対し、

【専有部分の賃貸借契約】

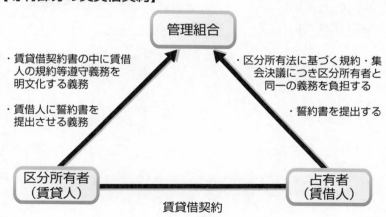

現に居住する住所、電話番号等の連絡先を管理組合に届け出させる規定を定めておくことが必要でしょう*1。

　ところで、総会開催にあたっては組合員に招集通知を発しなければなりませんが（43条1項）、招集通知のあて先については、標準管理規約に定めがあります。

　まず、区分所有者から連絡先の届出がなされている場合には、総会招集にあたっては、招集通知を届出のなされているあて先に発することができます（43条2項本文）。

　次に、届出のなされていない場合には、招集通知は、マンション内の専有部分の所在地にあてて発送すれば足ります（43条2項ただし書）*2。また、届出のない組合員に対しては、招集通知の内容を所定の掲示場所に掲示することをもって、これに代えることもできます（43条3項）。

　なお、通知のあて先については、区分所有法にも定めがあり（法35条3項・4項）、標準管理規約の定めは、区分所有法の定めを確認したものとなっています。

【掲示による通知の可否】

	通知先の届出あり	通知先の届出なし
建物内に住所あり	○：できる	○：できる
建物内に住所なし	×：できない	○：できる

賃貸借契約書

○○条　賃借人は、対象物件の使用、収益に際して、○○マンション管理規約
　　及び同使用細則に定める事項を誠実に遵守しなければならない。
2　　賃借人が、前項に規定する義務に違反したときは、賃貸人は、本契約を解
　　除することができる。

誓約書

　私は、○○○○（賃貸人）との○○マンション○○号室（以下「対象物件」
という。）の賃貸借契約の締結に際し、下記事項を誓約します。

記
　対象物件の使用に際しては○○マンション管理規約及び同使用細則に定める
事項を誠実に遵守すること。

　　年　月　日
　○○マンション管理組合
　理　事　長　　○○○○　殿

　　　　　　　　　　住所
　　　　　　　　　　氏名

＊1　海外出張等で長期不在の場合に、すぐに連絡がつく連絡先を届け出てもらう規定も有
　効である（コメント19条関係⑤）。
＊2　区分所有者が専有部分を賃貸しており、専有部分に居住していない場合であっても、
　通知先の届出がなされていなければ、マンション内の専有部分にあてて招集通知を発すれ
　ば足りる。建物内に住所のある区分所有者の場合も同様である。

第19条の2（暴力団員の排除）

〔※専有部分の貸与に関し、暴力団員への貸与を禁止する旨の規約の規定を定める場合〕

（暴力団員の排除）

第19条の2　区分所有者は、その専有部分を第三者に貸与する場合には、前条に定めるもののほか、次に掲げる内容を含む条項をその貸与に係る契約に定めなければならない。

一　契約の相手方が暴力団員（暴力団員による不当な行為の防止等に関する法律（平成3年法律第77号）第2条第六号に規定する暴力団員をいう。以下同じ。）ではないこと及び契約後において暴力団員にならないことを確約すること。

二　契約の相手方が暴力団員であることが判明した場合には、何らの催告を要せずして、区分所有者は当該契約を解約することができること。

三　区分所有者が前号の解約権を行使しないときは、管理組合は、区分所有者に代理して解約権を行使することができること。

〔※管理組合における電磁的方法の利用状況に応じて、次のように規定〕

ア　電磁的方法が利用可能ではない場合

2　前項の場合において、区分所有者は、前項第三号による解約権の代理行使を管理組合に認める旨の書面を提出するとともに、契約の相手方に暴力団員ではないこと及び契約後において暴力団員にならないことを確約する旨の誓約書を管理組合に提出させなければならない。

イ　電磁的方法が利用可能な場合

2　前項の場合において、区分所有者は、前項第三号による解約権の代理行使を管理組合に認める旨の書面の提出（当該書面に記載すべき事項の電磁的方法による提供を含む。）をするとともに、契約の相手方に暴力団員ではないこと及び契約後において暴力団員にならないこと

> **を確約する旨の誓約書を管理組合に提出させなければならない。**

（令和3年改正の要点）
　解約権の代理行使を管理組合に認める旨の書面提出に代えて、電磁的方法によることを認めた。

暴力団排除の必要性　専有部分が暴力団事務所として使用され、あるいは専有部分に暴力団員が出入りするならば、マンション内の平穏な生活が脅かされます。暴力団を排除することは、社会の要請でもあります。

　そこで、管理規約において、専有部分の貸与に際しては、暴力団員への貸与を禁止する旨を定めることが考えられます。19条の2は、暴力団員への貸与を禁止する旨の規約を設ける場合の条項です。暴力団員だけでなく、暴力団関係者や準構成員等を追加する場合は、その範囲について、各都道府県が定めている暴力団排除条例などを参考に規定することも考えられます（コメント19条の2関係①前段）。

暴力団排除の手法　本条は、専有部分を貸与する場合には、賃借人に暴力団員ではないこと等を確約させ、賃借人が暴力団員と判明した場合などには、解約権を付与する特約を設けることを義務づけました（1項1号・2号）。区分所有者が解約権を行使しない場合には、管理組合が賃貸借契約を解約できるものとする定めも置きました（同項3号）。管理組合が、区分所有者から解約権行使の代理権の授与を受けて（具体的には、解約権の代理行使を認める書面の提出（当該書面に記載すべき事項の電磁的方法による提供を含む。）を受ける）、区分所有者に代理して解約権を行使するものです（コメント19条の2関係①後段）＊1＊2。

＊1　管理組合の解約権の代理行使は、理事会決議事項とすることも考えられるが、理事会で決定することを躊躇するケースもあり得ることから、総会決議によることが望ましい（コメント19条の２関係①後段）。また、措置の実行等に当たっては、暴力団関係者かどうかの判断や、訴訟等の措置を遂行する上での理事長等の身の安全の確保等のため、警察当局や暴力追放運動推進センターとの連携が重要であり、必要に応じて協力を要請することが望ましい（コメント19条の２関係③）。

＊2　暴力団員への譲渡に関しても、区分所有者間で賃貸契約に係るものと同様の取決めをすることも考えられる。暴力団事務所としての使用等の禁止については、コメント12条関係を参照。敷地内における暴力行為や威嚇行為等の禁止については、67条１項の「共同生活の秩序を乱す行為」や法６条１項の「共同の利益に反する行為」等に該当するものとして、法的措置をはじめとする必要な措置を講ずることが可能である（コメント19条の２関係②）。

| 第5章 | 管 理 |

1 総 則

第20条（区分所有者の責務）

区分所有者は、対象物件について、その価値及び機能の維持増進を図るため、常に適正な管理を行うよう努めなければならない。

第21条（敷地及び共用部分等の管理）

敷地及び共用部分等の管理については、管理組合がその責任と負担においてこれを行うものとする。ただし、バルコニー等の保存行為（区分所有法第18条第1項ただし書の「保存行為」をいう。以下同じ。）のうち、通常の使用に伴うものについては、専用使用権を有する者がその責任と負担においてこれを行わなければならない。

2 専有部分である設備のうち共用部分と構造上一体となった部分の管理を共用部分の管理と一体として行う必要があるときは、管理組合がこれを行うことができる。

〔※管理組合における電磁的方法の利用状況に応じて、次のように規定〕

(ｱ) 電磁的方法が利用可能ではない場合

3 区分所有者は、第1項ただし書の場合又はあらかじめ理事長に申請して書面による承認を受けた場合を除き、敷地及び共用部分等の保存行為を行うことができない。ただし、専有部分の使用に支障が生じている場合に、当該専有部分を所有する区分所有者が行う保存行為の実施が、緊急を要するものであるときは、この限りでない。

3　区分所有者は、第1項ただし書の場合又はあらかじめ理事長に申請して書面又は電磁的方法による承認を受けた場合を除き、敷地及び共用部分等の保存行為を行うことができない。ただし、専有部分の使用に支障が生じている場合に、当該専有部分を所有する区分所有者が行う保存行為の実施が、緊急を要するものであるときは、この限りでない。

4　前項の申請及び承認の手続については、第17条第2項、第3項、第5項及び第6項の規定を準用する。ただし、同条第5項中「修繕等」とあるのは「保存行為」と、同条第6項中「第1項の承認を受けた修繕等の工事後に、当該工事」とあるのは「第21条第3項の承認を受けた保存行為後に、当該保存行為」と読み替えるものとする。

5　第3項の規定に違反して保存行為を行った場合には、当該保存行為に要した費用は、当該保存行為を行った区分所有者が負担する。

6　理事長は、災害等の緊急時においては、総会又は理事会の決議によらずに、敷地及び共用部分等の必要な保存行為を行うことができる。

（令和3年改正の要点）
　敷地および共用部分等の保存行為にかかる理事長への申請につき、電磁的方法によることを認めた。

マンションを管理する責務　マンションは、区分所有者の生活の場であり、重要な財産です。適正な管理が行われず、良好な状態が保持されないままになってしまうことは、すべての区分所有者にとっての共通の不利益です。マンションが社会的資産であることを考えると、マンションの適正な管理は、社会的な責務でもあります。

　そのため20条は、マンションの価値と機能の維持増進を図るための適正な管理をするべき区分所有者の責務を規定し、21条1項本文は、敷地および共用部分等の管理については、管理組合がその責任と負担において行うことを規定しました。

　　敷地および共用部分等の
　　管理・保存行為

　管理組合は、共用部分等および敷地について、その責任と負担において管理を行わなければなりません。共用部分等の経年劣化への対応は、管理組合の責任と負担において、計画修繕として行うものであり（コメント21条関係⑤）、また、アスファルト舗装補修や区画線の引直しなど駐車場の管理も、管理組合が行う事項です（コメント21条関係②）。

　もっとも、共用部分等や敷地の管理であっても、特定の区分所有者に専用使用権がある部分（バルコニー等）については、専用使用権者に一定の責任を負担させるのが妥当です。

　そこで、21条1項ただし書では、バルコニー等の保存行為のうち、通常の使用に伴うものについては、専用使用権を有する者がその責任と負担においてこれを行わなければならない旨を定めています。

　コメントでは、『バルコニー等の劣化であっても、長期修繕計画作成ガイドラインにおいて管理組合が行うものとされている修繕等の周期と比べ短い期間で発生したものであり、かつ、他のバルコニー等と比較して劣化の程度が顕著である場合には、特段の事情がない限りは、当該バルコニー等の専用使用権を有する者の「通常の使用に伴う」ものとして、その責任と負担において保存行為を行うものとする。』とされています（コメント21条関係⑤）＊1。バルコニーの清掃や窓ガラスが割れたときの入替え等については、通常の使用に伴う保存行為として、専用使用権者が行うこととなります（コメント同④）＊2。

　なお、バルコニー等の破損が、第三者の行為による場合に、その修繕費用などを、誰が負担するのかが問題になることがあります。バルコニー等の破

損が第三者による犯罪行為等によることが明らかである場合は、通常の使用に伴わないものですので、その場合の保存行為は管理組合がその責任と負担において行います。他方、同居人や賃借人等による破損の場合、区分所有者の賃貸に起因した損傷であり、「通常の使用に伴う」ものとして、当該バルコニー等の専用使用権を有する者がその責任と負担において保存行為を行うものとされています（コメント21条関係⑥）。

　なお、共用部分の不具合の全てについて、その程度等にかかわらず管理組合に修補義務があるというのは行き過ぎです。**東京地判平成27.7.17**は、「不具合の程度や修補のために生じる費用負担の程度等に照らし、合理的と認められる範囲で専用使用権を有する者が修補等の対応をする義務がある」と述べています。

＊1　この場合であっても、結果として管理組合による計画修繕の中で劣化が解消されるのであれば、管理組合の負担で行われることとなる（コメント21条関係⑤）。
＊2　**東京地判平成29.1.17**は、経年劣化に伴う破損にあたらない窓ガラスの破損について「通常の使用に伴うもの」であると認め、区分所有者の責任と負担において補修を行うべきとした。

区分所有者による保存行為　3項本文では、区分所有者は、1項ただし書の場合（バルコニー等の保存行為のうち、通常の使用に伴うもの）またはあらかじめ承認を受けた場合を除き、保存行為を行うことができないと定めています。法18条1項ただし書において、保存行為は、各共有者がすることができると定められていることに対し、同条2項において、規約で別段の定めをすることができるとされているところ、21条1項・3項は、規約による別段の定めを設けたものです（コメント21条関係①）。

　3項ただし書では、同項本文の原則に対し、例外として、専有部分の使用に支障が生じている場合には、専有部分を所有する区分所有者が緊急を要する保存行為を行うことができるものとしています。例えば、台風等で住戸の窓ガラスが割れた場合に、専有部分への雨の吹込みを防ぐため、割れたもの

と同様の仕様の窓ガラスに張り替えるというようなケースが該当します（コメント21条関係⑧）。

　3項本文の規定に違反して保存行為を行った場合には、保存行為に要した費用は、保存行為を行った区分所有者の負担となります（5項）。5項は、法19条に基づき、規約で別段の定めをするものです（コメント21条関係⑧）。

理事長による緊急時の保存行為　　6項では、理事長は、緊急時には、総会または理事会の決議によらずに、敷地および共用部分等の必要な保存行為を行うことができると定めています。本来総会または理事会の決議がなければ理事長としての行動はできないのですが、災害等の緊急時に必要な保存行為であれば、単独で判断し実施できるものとしたわけです。

　理事長が単独で実施できる保存行為には、共用部分等を維持するために緊急を要する行為または共用部分等の損傷・減失を防止するための比較的軽度の行為があります。後者の例としては、給水管・排水管の補修、被災箇所の点検、破損箇所の小修繕等があります（コメント21条関係⑨）（この場合に必要な支出については、58条6項およびコメント58条関係⑤を参照）。

　災害等の緊急時には、保存行為を超える応急的な修繕行為も必要になります。その場合に、総会の開催が困難である場合には、理事会においてその実施を決定できます（54条1項10号およびコメント54条関係①を参照）。さらに、規約において、理事会の開催も困難な場合には、保存行為に限らず、応急的な修繕行為の実施まで理事長単独で判断し実施することができる旨、役員が対応できない事態に備え、あらかじめ定められた方法により選任された区分所有者等の判断により保存行為や応急的な修繕行為を実施することができる旨を、あるいは、理事長等が単独で判断し実施することができる保存行為や応急的な修繕行為に要する費用の限度額について、あらかじめ定めておくことも考えられます（コメント21条関係⑩）。

　なお、6項の災害等の緊急時における必要な保存行為の実施のほか、平時における専用使用権のない敷地または共用部分等の保存行為について、理事

会の承認を得て理事長が行えるとすることや、少額の保存行為であれば理事長に一任することを、規約において定めることおよび理事長単独で判断し実施することができる保存行為に要する費用の限度額について、あらかじめ定めておくことも考えられます（コメント21条関係⑪）。

専有部分の管理 専有部分の管理は、原則として、区分所有者の責任と負担で行うべき事項です。ただし、専有部分であっても、共用部分と一体の構造となっているものは、共用部分と一体的に管理することに合理性があります。21条2項は、専有部分である設備について、共用部分と構造上一体となった部分の管理を共用部分の管理と一体として行う必要があるときは、管理組合がこれを行うことができると定めています。専有部分である設備を、共用部分の管理と一体として管理組合が実施する旨の総会決議があれば（48条9号）、これらも管理組合の管理対象となります。

共用部分と構造上一体となった部分としては、配管の枝管、電気配線の専有部分への入口部分の枝線などが想定されます（コメント21条関係⑦）。

配管の清掃等に要する費用については、共用設備の保守維持費(27条3号)として管理費から充当されますが、配管の取替え等に要する費用のうち専有部分に係るものについては、各区分所有者が実費に応じて負担すべきです。

なお、共用部分の配管の取替えと専有部分の配管の取替えを同時に行うことにより、専有部分の配管の取替えを単独で行うよりも費用が軽減される場合に、共用部分である配管の取替えと専有部分である配管の取替えを一体的に工事することも考えられますが、その場合には、あらかじめ長期修繕計画において専有部分の配管の取替えについて記載し、その工事費用を修繕積立金から拠出することについて規約に規定するとともに、先行して工事を行った区分所有者への補償の有無等についても十分留意することが必要とされます（コメント21条関係⑦）＊。

＊　共用部分と構造上一体で管理に影響を及ぼす部分の修繕に修繕積立金を充当できる旨改定した管理規約に基づき専有部分の設備更新等の工事を実施し修繕積立金を充当した管理組合に対し、区分所有者が管理規約改正決議・工事承認決議の無効を求めた事案について判断した**東京高判平成29.3.15**を前提に（その後上告されたが、**最決平成29.9.14**で上告不受理・確定。）、令和3年改正でコメントに加筆されたものである。

管理組合の責任　　マンションにおいて、建物の瑕疵により事故が発生した場合、その瑕疵が、専有部分にあれば専有部分の区分所有者が、共用部分にあれば管理組合が、それぞれ賠償義務者となります。

　共用部分である屋上排水ドレーンのゴミ詰まりによる漏水事故について、管理組合に責任を認めた事案が、**福岡高判平成12.12.27**です。管理組合において管理すべき共用部分に起因して個々の区分所有者に損害が発生した場合、その区分所有者の責めに帰すべき事情がない限り、その損害が最終的には全区分所有者でその持分に応じて分担されるとしても、まずは管理規約に基づいて管理組合に対して請求できる、と判断されました。また、**東京地判平成22.2.12**は、管理組合が漏水防止の措置を怠ったために漏水が生じ、専有部分の天井等に染みやカビが発生したケース、**東京地判平成27.3.25**は、受水槽に設置されているボールタップの破損によって漏水が起きたケースにおいて、いずれも管理組合に対する損害賠償請求を肯定しています＊1＊2。

　ところで、建物の瑕疵による事故の被害者からみると、損害賠償を請求するには瑕疵の場所を立証する必要があり、瑕疵の場所の立証ができないと、損害賠償は認められません。ところが、マンションの構造は複雑であり、必要な場所への立入りさえなかなかできないために、瑕疵の場所の調査は容易なことではありません。漏水事故などが発生した場合、専有部分の瑕疵による事故なのか、共用部分の瑕疵による事故なのかがはっきりとしないことも珍しいことではありません。ガス爆発事故によって建物が滅失してしまった場合などでは、瑕疵の存在場所を特定することはさらに困難です。

　しかし、瑕疵がどの部分かわからないために被害弁償がなされず、被害者が泣き寝入りとなってしまうのでは、発生してしまった損害を公平に分担す

るという観点から不都合です。

　そのため区分所有法では、「建物の設置又は保存に瑕疵があることにより他人に損害を生じたときは、その瑕疵は、共用部分の設置又は保存にあるものと推定する」（法9条）と定め、瑕疵は共用部分にあると推定されることとなっています。マンションについて欠陥がありそのために被害を受けたときには、被害者は、その欠陥が、専有部分の欠陥なのか、共用部分の欠陥なのかを立証しなくとも、欠陥が共用部分にあるものと推定して、管理組合に対して、損害賠償を請求することができます。

＊1　瑕疵が専有部分に存在する場合には、漏水事故が発生しても、管理組合には責任はない（**東京地判平成27.3.17**）。
＊2　**東京地判平成21.1.28**は、区分所有者が、管理組合の管理義務違反に基づいて管理組合に損害賠償を請求したケースにおいて、『マンションの共用部分の維持管理は管理組合の管理業務であるが、この管理業務は、管理組合がその構成員である区分所有者全体に対して負う責務であって、個々の区分所有者との関係において管理の義務を負う趣旨とは解されない。したがって、管理組合が上記管理業務を怠ったとしても、個々の区分所有者との関係で管理義務違反があるとして不法行為を構成することはないというべきである』として、損害賠償請求を否定した。

保存行為　標準管理規約では、平成28年改正によって、「保存行為」という言葉が採用されましたが、従前は、この言葉は使われていませんでした。「保存」という言葉も、それまでは66条（「区分所有者又は占有者が建物の保存に有害な行為その他建物の管理又は使用に関し区分所有者の共同の利益に反する行為をした場合又はその行為をするおそれがある場合には、区分所有法第57条から第60条までの規定に基づき必要な措置をとることができる」）の1箇所で使われていただけでした。

　保存行為とは、現状を維持する行為をいいます。共用部分の保存行為についてみると、破損したガラスの補修、外壁のひび割れの緊急修繕、エレベーターのメンテナンス、受水槽の清掃などがこれに該当します。**東京地判平成23.3.25**では、共用の街灯・倉庫・ポンプなどのための電気需給契約を締結して電気料金を支払うこと、消防用設備の法定点検を行うこと、および、古

い建物の屋上手すりおよび鉄骨階段の破損箇所を、緊急に、あるいは、比較的小規模に修繕する行為、**東京地判平成24.11.14**では、破損した貯水タンクの補修に代えて直ちに実施する必要があった給水管直結工事が、それぞれ保存行為とされました。

妨害排除も保存行為に当たります（所有権保存登記の抹消登記手続の請求（**札幌高判平成10.6.25**）、共用部分の使用を妨害している物の撤去の請求（**東京地判平成26.12.9**））。

損害賠償請求が保存行為に該当するかどうかも問題になりますが、**東京地判平成4.7.29**では、否定されました。

> 一区分所有者がマンションの外壁に縦0.5m、横1mの開口部を無断で設けた場合の区分所有法上の管理者たる管理組合理事長のなすその修復等の請求が、「通常予想されない保存行為」であるから、法57条に基づいてのみなすことができるものであり、集会の決議による個別の授権に基づかずに保存行為として法26条4項に基づいてなした請求は不適法である。

第22条（窓ガラス等の改良）

　共用部分のうち各住戸に附属する窓枠、窓ガラス、玄関扉その他の開口部に係る改良工事であって、防犯、防音又は断熱等の住宅の性能の向上等に資するものについては、管理組合がその責任と負担において、計画修繕としてこれを実施するものとする。

〔※管理組合における電磁的方法の利用状況に応じて、次のように規定〕

(ア) 電磁的方法が利用可能ではない場合

2　区分所有者は、管理組合が前項の工事を速やかに実施できない場合には、あらかじめ理事長に申請して書面による承認を受けることにより、当該工事を各当該区分所有者の責任と負担において実施することができる。

(イ) 電磁的方法が利用可能な場合

2　区分所有者は、管理組合が前項の工事を速やかに実施できない場合には、あらかじめ理事長に申請して書面又は電磁的方法による承認を受けることにより、当該工事を当該区分所有者の責任と負担において実施することができる。

3　前項の申請及び承認の手続については、第17条第2項、第3項、第5項及び第6項の規定を準用する。ただし、同条第5項中「修繕等」とあるのは「第22条第2項の工事」と、同条第6項中「第1項の承認を受けた修繕等の工事」とあるのは「第22条第2項の承認を受けた工事」と読み替えるものとする。

（令和3年改正の要点）
　区分所有者が、あらかじめ理事長に申請して改良工事の承認を受ける際に、電磁的方法による承認を認めた。

窓ガラス等の改良の原則

　　　　　　　共用部分のうち、窓枠、窓ガラス*1および玄関扉（錠および内部塗装部分を除く*2）（以下、あわせて、「開口部」という）については、7条2項2号・3号において専有部分に含まれないとされ、専有部分に属さない建物の部分は、8条に基づく別表第2において共用部分とされていることから、開口部は共用部分として扱うこととなります（コメント22条関係①）。共用部分の管理・変更は管理組合の責任と権限で行うべき事項です。

　1項は、防犯、防音または断熱等の住宅の性能の向上のため行われる開口部の改良工事については、原則として、他の共用部分と同様に計画修繕の対象とすべき旨を規定しています（コメント22条関係③）*3*4。

　ここで、防犯、防音または断熱等の住宅の性能の向上等に資する窓枠、窓ガラス、玄関扉その他の開口部に係る改良工事とは、防犯・防音・断熱性等において、より優れた複層ガラスやサッシ等に交換し、あるいは、既設のサッシに内窓または外窓を増設する等の工事を指します（コメント同⑥）。

*1　窓枠、窓ガラスとは、開口部において躯体に埋め込まれているサッシの外枠と内枠、および内枠にはめ込まれているガラスを指す。
*2　玄関扉のうち、錠および内部塗装部分は専有部分である（7条2項2号）。
*3　**東京地判平成27.2.16**は、管理組合が玄関扉の外部改修工事を行おうとしたところ、区分所有者がこれに協力しなかったケースにおいて、区分所有者は、規約および集会の決議に拘束されるから、『当然に、適式に議決された本件改修決議に従う義務』『工事を実施することに協力する義務、改修工事をするに当たり妨害をしない義務』があると判断している。
*4　法は、その形状または効用の著しい変更を伴わない共用部分の変更については、集会の普通決議により決するものとしている（コメント22条関係②）。

一部住戸についての改良の必要性

　　　　　　　マンション住民の個人的な事情は様々であり、生活環境や家族の状況は住民それぞれに異なっています。1階の住民が防犯性能の向上のために複層ガラスやグレードの高いサッシに交換したいと望むのに対し、上層階の住民はコストをかける必要はないと考えたり、あるいは、アレルギー症の家族がいる住民が、結露によるカビを防

107

止するため多重サッシにしたいと望むのに対し、ほかの住民が同意しないこともあります。経年劣化につき、ある住戸にとっては深刻な問題になっているのに、他の住戸ではまだ問題とはならないという場合もあります。

　これらのケースでは、個人の要望が切実でも、管理組合として全戸の工事を実施するという決議には至らないためにそれぞれの要望が実現せず、また、仮に工事が実施されるとしても、時間がかかってしまいます。

　しかし全戸に共通する問題ではないとはいえ、一部の住民にとっては重大かつ緊急な改良工事の必要があるわけですから、これらの一部の住民の切実な要望を実現できないという事態は、適当ではありません。

　管理規約においても、開口部の改良工事につき、管理組合全体としては一部の住民の要望に応えることができないけれども、個人的な事情を考えれば、要望を実現することが妥当であるというケースを想定しておかなければなりません。

　そこで2項では、区分所有者は、管理組合が、計画修繕としての窓枠、窓ガラス、玄関扉その他の開口部の改良工事を速やかに実施できない場合には、あらかじめ理事長に申請して書面または電磁的方法による承認を受けることにより、当該工事を当該区分所有者の責任と負担において実施することができると定めました。この2項は、開口部の改良工事については、治安上の問題を踏まえた防犯性能の向上や、結露から発生したカビやダニによるいわゆるシックハウス問題を改善するための断熱性の向上等、一棟全戸ではなく一部の住戸において緊急かつ重大な必要性が生じる場合もあり得ることにかんがみ、計画修繕により直ちに開口部の改良を行うことが困難な場合には、専有部分の修繕等における手続きと同様の手続きにより、各区分所有者の責任と負担において工事を行うことができるよう規定したものです（コメント22条関係④）＊。

　なお、承認の申請先は理事長ですが、承認・不承認の判断は理事会の決議によります（54条1項5号）。

＊　住まいの安心安全は近年の社会的な要請であり、防犯・防音・断熱などの性能向上にも、高い関心が集まっている。本条はこれを受け、窓枠、窓ガラス、玄関扉等の開口部の改良工事についての考え方を整理するため、平成16年改正で新設された規定である。

　もっとも、平成28年改正の前は、計画修繕により直ちに開口部の改良を行うことが困難な場合には、各区分所有者の責任と負担において工事を行うことができるよう、「細則を定めるものとする」とされていた（改正前の2項・コメント22条関係④。細則の定めに従うことを前提に、各区分所有者がそれぞれ開口部の改良を行うことを認める考え方が採られていた）。平成28年改正によって、あらかじめ理事長に申請して書面による承認を受けることにより、工事が可能となることが明記された。

一部住戸の改良工事のためのルール　2項・3項は、マンションでは通常個々の専有部分に係る開口部（共用部分）が形状や材質において大きく異なるような状況は考えられないことから、開口部の改良工事についてもその方法や材質・形状等に問題のないものは、施工の都度、総会の決議を求めるまでもなく、専有部分の修繕等における手続きと同様の手続きにより、各区分所有者の責任と負担において実施することを可能とする趣旨の規定です。3項には、理事長への申請と承認の手続きの規定が設けられました（コメント22条関係⑤。承認申請の対象範囲、審査する内容等の考え方については、別添2（資料編）を参照➡394頁）。

　本条の規定のほか、具体的な工事内容、区分所有者の遵守すべき事項等詳細については、細則に別途定めるものとされます。その際、別添2の内容についても、各マンションの実情に応じて参考にするとともに、必要に応じて、専門的知識を有する者の意見を聴くことが望まれます（コメント22条関係⑦）。

　申請書および承認書の様式は、専有部分の修繕に関する様式に準じて定めるものとします（コメント22条関係⑧）。

【敷地・共用部分等と専有部分の管理・改良工事の負担区分】

敷地・共用部分等	原則は、管理組合		
	バルコニー等* （21条1項）	通常の使用に伴うもの	専用使用権を 有する者
		計画修繕	（原則のとおり） 管理組合
	窓枠、窓ガラス、 玄関扉その他の開 口部（22条）	通常の使用に伴うもの	専用使用権を 有する者
		計画修繕	（原則のとおり） 管理組合
		計画修繕の速やかな 実施ができないもの	理事長の承認により 区分所有者が行うこ とができる
専有部分	原則は、区分所有者		
	共用部分と構造上 一体となった設備 （21条2項）	管理組合が 行うことができる	

* バルコニー等とは、バルコニー、玄関扉、窓枠、窓ガラス、1階に面する庭および屋上
　テラスをいう（14条1項。➡59頁）。

第23条（必要箇所への立入り）

　前2条により管理を行う者は、管理を行うために必要な範囲内におい
て、他の者が管理する専有部分又は専用使用部分への立入りを請求する
ことができる。

2　前項により立入りを請求された者は、正当な理由がなければこれを
　拒否してはならない。

3　前項の場合において、正当な理由なく立入りを拒否した者は、その
　結果生じた損害を賠償しなければならない。

4　前3項の規定にかかわらず、理事長は、災害、事故等が発生した場
　合であって、緊急に立ち入らないと共用部分等又は他の専有部分に対
　して物理的に又は機能上重大な影響を与えるおそれがあるときは、専
　有部分又は専用使用部分に自ら立ち入り、又は委任した者に立ち入ら
　せることができる。

5　立入りをした者は、速やかに立入りをした箇所を原状に復さなけれ
　ばならない。

**必要箇所への立入りを
請求する権利**
　21条1項は、管理組合が敷地および共用部分等の
管理を行うこと（バルコニー等の保存行為は専用使
用権を有する者が行うこと）を定め、同条2項は、専有部分でも、共用部分
と構造上一体となった設備であれば、管理組合が管理を行うことができるこ
ととし、また、22条1項は、管理組合が窓枠、窓ガラス、玄関扉等の開口部
分の改良工事を実施するとしているので、これらの管理行為や改良工事のた
めに、他人の専有部分や専用使用部分に立ち入ることが必要となるケースが
あります。立入りを拒まれると、設備管理や改良工事ができません。

　そこで本条は、1項で、管理を行うために専有部分・専用使用部分への立
入りを請求する権利を認め＊、2項・3項で、管理行為や改良工事のための
立入りを請求された者は、正当な理由がなければこれを拒めないものとして、

111

正当な理由なく立入りを拒否した者に損害賠償義務を負わせました。

　立入りは、管理を行うために必要な範囲内でなければなりません（1項）。また、立入りをした者は、速やかに立入りをした箇所を原状に復さなければなりません（5項）。

　なお、本条が認めるのは、いずれも共用部分等の管理行為や改良工事を目的とする専有部分・専用使用部分への立入りですが、区分所有法上は、区分所有者に対し、専有部分の保存・改良についても、他人の専有部分等の使用が認められます（法6条2項前段）。

＊　管理組合が工事を行う場合に、他人の専有部分・専用使用箇所に立ち入ることができるのは「前2条により管理を行う者」であり、理事長（38条1項1号）、管理行為の担当理事（40条）、管理行為の受託者（33条）等がこれに該当する。

緊急時の立入り　災害、事故等が起こったときの対応は、現代のマンションにおける重要な課題であり、4項は緊急時の立入りの規定を設けています＊。4項によって、理事長は、災害、事故等が発生した場合であって、緊急に立ち入らないと共用部分等または他の専有部分に対して物理的に、または機能上重大な影響を与えるおそれがあるときは、専有部分または専用使用部分に自ら立ち入り、または委任した者に立ち入らせることができます。

　4項の緊急の立入りが認められるのは、災害時等における緊急的な工事のために立入りが必要な場合や、専有部分における大規模な水漏れ等、そのまま放置すれば、他の専有部分や共用部分に対して物理的に、または機能上重大な影響を与えるおそれがある場合に限られます（コメント23条関係①）。

　4項の実効性を高めるため、管理組合が各住戸の合い鍵を預かっておくことを定めることも考えられますが、プライバシーの問題等があることから、各マンションの個別の事情を踏まえて検討する必要があります（コメント同②）。

＊　標準管理委託契約書には、緊急時における専有部分等への立入りに関する規定が定められている（標準管理委託契約書13条）。平成23年改正でも、立入りを認める規定の創設が検討されたが、他の法律との整理や立入りが認められる者の範囲の明確化に問題があるなどの意見が出され、結局、見送られていた。

立入り請求に関する裁判例

大阪地判昭和54.9.28は、漏水事故の点検修理のための専有部分への立入り拒絶につき、階下居住者から上階居住者に対する損害賠償責任が肯定されています。

東京地判平成21.2.24では、立入りは事故に係る被害状況の確認という合理的な目的のためになされたものであるから、違法性があったとはいえないとされています。

東京地判平成26.8.29は、管理組合が、マンションの排水管・汚水管の更新のために、専有部分内の工事を実施しようとしたところ、区分所有者がこれを拒んだケースです。専有部分内の工事の承諾が命じられ、工事の施工の妨害を禁止する判決が出されました。

東京地判平成27.3.26は、「管理組合が、管理を行うために必要な範囲内において、他の者が管理する専有部分又は専用使用部分への立入りを正当な理由を付して請求することができ、立入りを請求された者は正当な理由がなければこれを拒否してはならない」旨の管理規約が定められていた事案において、❶工事のために、必要な範囲内において、建物に立ち入り、使用する権利、❷工事をすることを妨害してはならない義務、❸違約金規定に基づく弁護士費用をそれぞれ求める管理組合からの請求について、いずれも肯定されています。

第24条（損害保険）

　区分所有者は、共用部分等に関し、管理組合が火災保険、地震保険その他の損害保険の契約を締結することを承認する。
2　理事長は、前項の契約に基づく保険金額の請求及び受領について、区分所有者を代理する。

損害保険の必要性　　　火災などの事故に備えるため、損害保険はマンションにとって必要にして不可欠です。

　共用部分に損害保険をかける方法としては、区分所有者それぞれが、その持分に応じて共用部分等の損害保険契約を締結するという方法もありますが、損害保険を全くかけていない区分所有者がいたり、損害保険をかけても保険金額が不十分であったりすると、事故が起きたときに全額の補償がなされないことになってしまい、不都合です。共用部分等には、管理組合が一括して損害保険をかけておくことが必要です＊。

　このような考え方に基づき、1項は、損害保険契約の締結について、個別に集会の決議で決めるのではなく、規約による包括的な管理組合の損害保険契約締結を承認することとしました。

　区分所有法では、共用部分について損害保険契約を締結することは管理（狭義）に関する事項として（法18条4項）、個別に集会の普通決議で決めることを原則としながら（同条1項）、規約での別段の定めが可能としています。本項は、規約による別段の定めに当たります。

　損害保険の付保は、建物が完成すれば直ちに必要となり、総会の決議を待つことができません。1項には、総会決議を待たずに損害保険を付保することができるようにする目的もあります。

＊　共用部分に損害保険をかける場合には、専有部分の範囲について、上塗り説（あるいは、内法説）の立場に立つことを明確にしておかなければならない（7条の解説⇒30頁）。

損害保険契約の締結と保険料の支払い

理事長は、1項に基づき、管理者として、管理組合の代表者ないしは全区分所有者の代理人の立場で、保険会社との間で、規約で定められた業務執行として、損害保険契約の締結をします（38条1項1号、法26条1項・2項前段）。保険料は、各区分所有者が、全員で支払義務を分担します（法19条、法29条1項）。管理費として徴収された金額の一部が、保険料に充てられます（27条5号）。具体的にどの保険会社とどのような内容の損害保険契約を締結するかについては、予算内であれば、特段の総会決議がない限り、理事長が決めることができると考えられます＊。

＊　積立型の損害保険契約は修繕積立金の運用という一面を持つので、通常の保険料支払いとは別に、総会決議が必要になる（48条7号）。

保険金請求・受領の代理権限

2項は、損害保険契約から生ずる保険金請求や受領について、理事長の代理権を定めています。保険金を各区分所有者がおのおの受領してしまうと、保険金が共用部分の修復等に利用されずに散逸するおそれがあるため、それを避けるために規定されたものです。

もっとも、規約の定めの有無にかかわらず、区分所有法は保険金の請求・受領につき管理者の代理権を認めていますので（法26条2項後段）、本項は、法の定めを確認したものということができます＊。

＊　専有部分に関しては、理事長には、損害保険を付保する権限も保険金を受領する権限もない。共用部分と専有部分を一括して付保する方法を採用し、理事長がこの損害保険を取り扱うものとする場合には、専有部分の付保や保険金受領については、個別に代理権限を授与しておかなければならない。

2 費用の負担

第25条（管理費等）

区分所有者は、敷地及び共用部分等の管理に要する経費に充てるため、次の費用（以下「管理費等」という。）を管理組合に納入しなければならない。

一　管理費
二　修繕積立金

2　管理費等の額については、各区分所有者の共用部分の共有持分に応じて算出するものとする。

管理経費の負担　標準管理規約は、共用部分に加え、敷地および共用部分以外の附属施設も、区分所有者全員の共有であることを前提としています（2条7号、9条）*1。これらの管理に要する管理経費は区分所有者全員の負担です*2*3*4。

1項は、これらの管理に要する管理経費を、管理費および修繕積立金として、一括して徴収する旨を定めています*5*6。管理費は日常的な管理のための費用、修繕積立金は計画的に行う大規模な修繕のための費用です。

標準管理規約では、日常的な管理経費のうち、管理組合の運営に要する費用も管理費から充当する原則をとっています（27条10号）。管理組合の運営に要する費用については、組合費という名目で、管理費とは分離して徴収する方法をとることも可能です（コメント25条関係②）。

管理経費については、共用部分、敷地、附属施設のそれぞれの管理対象ごとに分けて徴収する方式も考えられますが、本条は、対象によって分別する方式ではなく一括して徴収する方式を採用しています。

区分所有者は、表示登記や所有権保存登記を経ているか否か（**東京地判平**

成25.6.14）、現実に自ら所有する専有部分を使用しているか否か（**東京地判平成26.4.24**）にかかわらず、管理経費を支払わなければなりません。

　マンションが完成した後に未分譲住戸がある場合、未分譲住戸については分譲業者に管理経費の支払義務があります（**福岡高判平成13.7.19、大阪地判昭和57.10.22、東京地決平成2.10.26**）＊7。

　専有部分が共有の場合の管理費等支払義務は、『管理が適切になされることによって不可分の利益を受けている。不可分利益の対価については、その性質上同じく不可分と解すべきであるから、各共有者は、その不可分利益に対する対価としての管理費等の支払について不可分の負担義務を負う』（**東京地判平成25.8.29**）として、不可分債務とされます（**東京地判平成20.1.18、東京地判平成25.11.13、東京地判平成29.3.27**）。

＊1　例えば、借地上のマンションについてみると、敷地は区分所有者の共有ではない。敷地や附属施設が、区分所有者の共有ではない場合には、別途配慮が必要である。

＊2　区分所有権が移転した場合には、権利を承継した者は管理費等の支払義務を承継するが、その場合にももとの区分所有者は管理費等の支払義務を免れるわけではない（**東京地判平成25.6.25**）。

＊3　区分所有者は、管理組合から脱退することはできず、脱退を理由として管理費支払いを拒否することはできない（**東京地判平成24.12.14B**）。

＊4　**東京地判平成21.12.4** および **広島地判平成24.11.14** は、規約に基づくインターネットサービス利用料の支払義務を肯定している。

＊5　以前は、計画修繕のために各区分所有者が定期に納入する経費を「特別修繕費」と称し、「特別修繕費」として納入された金銭を、管理組合が「修繕積立金」として積み立てるという用語の使い分けをしていたが、一般的な表現ではなかったので、平成16年改正において、計画修繕のために納入される経費を「特別修繕費」から「修繕積立金」に変更し、用語を統一した。

＊6　管理組合は、区分所有者に対する管理費等の請求権に基づいて、専有部分が強制競売により売却された場合の売却代金に対し、先取特権に基づく物上代位権を行使することができる（**東京高決平成22.6.25**）。

＊7　**東京地判令和元.9.24** は、分譲業者は分譲開始より4か月後から未分譲住戸の管理費および修繕積立金を負担する（つまり、分譲開始から4か月間は管理費等を負担しない）旨の規約の定めの効力が争われた事案で、負担しない期間が比較的短いことや同期間中も販売を継続して行っていたこと等をもとに、上記定めは有効と判断している。

　　　　　管理経費は、規約に別段の定めがない限り、区分所
有者の持分に応じた負担とするのが、法の原則です（共
有持分割合比例原則、法19条）。2項も、この原則どおり、区分所有者の負
担する管理経費の額につき、10条に定める各区分所有者の共用部分の共有持
分（専有部分の床面積の割合）に応じて算出することとしました*1。

　管理経費の負担額の算出については、共有持分割合比例原則との関係で、
❶共有持分割合と異なる設定の可否、❷共有持分割合との相関関係のそごが
合理的な限度を超える場合、❸議決権割合との関係、❹共用部分の使用頻度
との関係、❺不在組合員に限った負担の可否が問題になります。

❶　共有持分割合と異なる設定の可否

　管理経費の負担割合は、法律上、規約（あるいは総会決議）によって決め
られる限り、必ずしも専有部分の床面積に正確に比例している必要はありま
せん。**東京地判平成14.6.24**は、

> 区分所有法19条は、共用部分の管理費等の負担割合について、規約によって各
> 区分所有者の共有持分の割合と異なる定めをすることを許容しているのである
> から、区分所有者間で管理費等の負担に差異を設けたとしても、直ちにそれが
> 無効となるものではない

東京地判平成22.6.23は、

> 決議によって定められた管理費等の額は、必ずしも専有部分の床面積の割合に
> 正確に比例しているわけではないが、これを考慮して定められていることが明
> らかであるから、合理性を欠くとまではいえず、決議が区分所有法30条3項に
> 反し無効であると解することはできない

東京地判平成22.9.16は、

> 管理費額は、専有床面積に応じて計算され、1階及び地下の区分所有者は、店
> 舗として利用していることから、他の住居として利用している区分所有者と比
> 較して、1.2倍の割合の負担とされていることが認められるものの、この程

度の開差であれば、その定め方が不合理であるとまではいえない

東京地判平成**23.4.7**では、住宅と店舗の管理経費の単価が異なることについて、

店舗の区分所有者の管理費等の負担が受忍すべき限度を超えるとまでいうこと
はできない

とそれぞれ判示しています。

　東京地判平成**25.12.16**では、管理経費について床面積に正確に比例しない
規約の定めが、店舗部分の区分所有者に過大な負担を課すとして争われまし
たが、有効とされました。

　東京地判令和**2.1.30**は、歯科医院として使用されている専有部分の区分所
有者の管理費等が高額に定められていた事案において、

管理費等の１m²当たりの単価が高額な区画と低額な区画とでは使用目的に違
いがあること、本件区分所有建物は共用部分全体を見れば管理費等の１m²当
たりの単価が低額な区画と比較して共用部分をより多く利用していると解され
るだけでなく、看板設置のために外壁を無償で利用できる特権まで有している
こと、本件区分所有建物の住居部分と比較した場合の構造上の優位性、本件区
分所有建物の利用により本件マンションの美観が損なわれていること、本件マ
ンションの各区画の１m²当たりの管理費等の額には分譲当初から格差が存在
したにもかかわらず、本件区分所有建物の当初の所有者は上記格差を承諾して
おり、その後も相当長期間にわたり管理費等の額の格差につき異議が述べられ
なかったこと、１m²当たりの修繕積立金の額の格差は分譲当初からほとんど
変わっていないことに加え、従前の本件区分所有建物の所有者と被告との管理
費等をめぐる折衝等の経緯等も踏まえて考えると、他の区画（特に住居用の区
画）より高額に定められていることにも合理性があるというべきであり、その
最大格差が管理費につき約３.43倍、修繕積立金につき約２.31倍であることを
踏まえても、本件マンションの管理費等が別紙１のとおり定められていること
が衡平性を欠くとは認められない

としました。

　東京地判平成23.6.30では、合理的な理由なく低額にされていた特定の住戸の管理費等を、ほかの住戸の平均単価と同額の管理費等の額に増額した総会決議について、

区分所有法30条3項に定める区分所有者間の利害の衡平が図られるように定めたものにほかならないから、被告の権利に特別の影響を及ぼすものとは認められず、したがって、本件総会決議の効力が発生するために被告の同意を要するものとはいえない

とされました。

　❷ **共有持分割合との相関関係のそごが合理的な限度を超える場合**

　しかし、管理経費と専有部分の床面積の割合との相関関係について、そごの程度が、合理的な限度を超えれば経費負担の定めは無効になります。前記**東京地判平成14.6.24**も、

管理費等の定めが合理的な限度を超えた差別的取扱いを認めるものである場合には、かかる定めは公序良俗に違反して無効となる余地がある

と述べ、また、**東京地判平成20.12.25B**も居住部分と店舗部分等の管理費等を同一の基準により定めることについて、

マンション管理組合の規約は、区分所有法の趣旨、条項に違反していたり、合理的範囲を超えた差別的取扱いをしていて、区分所有者間の衡平が著しく害されていると判断されるのでない限りは、有効と認められる

としています。**東京地判平成27.8.21**では、店舗の区分所有者だけに管理費の額を増額し、かつ、新たに修繕積立金を負担させる本件決議につき、

その必要性及び合理性を認めることができないから、増額された使用料が当該区分所有関係において社会通念上相当な額であると認められるか否かを検討するまでもなく、被告の権利に「特別の影響」を及ぼす

として、無効とされました。

　管理経費の負担について、個人組合員と法人組合員との金額差を1.65倍とした規約および集会の決議について、**東京地判平成2.7.24**では、民法90条（公序良俗）に違反し無効とされています。

❸ **議決権割合との関係**

　議決権割合の設定方法について、一戸一議決権（コメント46条関係②）や価値割合（コメント46条関係③）を採用する場合であっても、これとは別に管理費等の負担額については、2項により、共用部分の共有持分に応じて算出することが考えられます（コメント25条関係③）。

❹ **共用部分の使用頻度との関係**

　管理経費を決めるにあたっては、共用部分の使用頻度は考慮されません（コメント25条関係①）。例えば、エレベーターに関しては、住戸の位置等により使用頻度が異なるケースもありますが、共用部分について各区分所有者の使用頻度を算定することは実際上困難であり、使用頻度によって管理経費に差異を設けることは円滑な管理組合活動の支障になると考えられるからです（**東京地判平成12.9.29、札幌地判平成14.6.25**）＊2＊3。

❺ **不在組合員に限った負担の可否**

　従来、標準管理規約は、役員の資格として、組合員であることに加え、マンション居住を原則としていました（平成23年改正によって、居住要件が撤廃された。➡158頁）。また実際上、マンションに居住していない区分所有者（不在組合員）は管理組合の運営に協力的でないことが少なくありません。そこで、規約において、不在組合員に対し、協力金等の名目をもって、特別の負担を課すことがあります。不在組合員だけに金銭的な負担を課すこともその必要性があり、かつ、合理的な範囲内であれば可能です。

　マンションに居住しない区分所有者が年々増加して居住者から不満が出るようになったために、規約を変更し、不在組合員（配偶者、3親等以内の親族を居住させる場合を除く）だけに、住民活動協力金という名目で、金銭負担を課すことにした大規模マンションがありました。このマンションにおけ

る管理経費は一律に月額1万7,500円（一般管理費8,500円、修繕積立金9,000円）であり、住民活動協力金は、これに月額2,500円を上乗せするものでした。不在組合員の一部が、この規約変更は一部の区分所有者に「特別の影響」を及ぼすから、不在組合員全員の承諾がなければ無効だとして住民活動協力金の支払いを拒み、訴訟となりましたが、最高裁は、住民活動協力金の負担が「特別の影響」に当たらないと判断しました（**最判平成22.1.26**）*4。

* 1　1階の店舗・事務所部分、2階の店舗・事務所部分および3階以上の住宅部分の入り口が異なり居住部分のみが利用する設備があることなどを理由に、専有部分の床面積の割合に応じて管理費を定めた規約が違法であると主張された事案において、**東京高判平成29.12.6**は一部の区分所有者のみが使用する共用部分は住宅部分だけでないことなど具体的事情を元に「各区分所有者が所有する専有持分の床面積の割合という客観的な指標に従って管理費等を算出していることをもって、区分所有者間の利害の衡平を欠くと認めることはできない」と判断している。
* 2　**東京高判昭和59.11.29**では、玄関ホール、廊下、階段、エレベーター室などについて、構造上、機能上特に一部区分所有者のみの共用に供されることが明白な場合とはいえないから、2階以上の区分所有者の一部共用部分ではなく、これらに要する費用を基礎に算定された区分所有者の過半数決議による管理費額の決定の拘束力も、1階部分の区分所有者に及ぶとされている。等価交換方式により建築されて分譲されたマンションについて、地主が一部を取得し地主取得部分にはエレベーターが別個に設置されている場合において、地主もマンション全体の管理費用を負担すべきであるとされている（**東京地判平成10.5.14**）。
* 3　共用部分の一部について、特定の区分所有者のみが専用使用し、他の区分所有者がこれを使用していないという事情を考慮せず管理費用の負担割合を定めた集会決議の効力が争われた裁判例においても、著しく不公正、不公平であるとはいえないとされ、決議の効力が認められた（**東京地判昭和58.5.30**）。駐車場修理工事のための特別修繕費に関し、専有面積割合に応じた利益を享受していないことを理由として支払いを拒むことができるかどうかが争われた事案において、専有面積割合に応じた費用負担をすべきであり、特別修繕費の支払いを拒むことはできないと判断されている（**東京地判平成5.2.26**）。さらに、分譲時には1階部分について、2階以上の区分所有者に比べて面積当たりの金額が低額であった管理経費について、1階部分の管理経費を2階以上の額と面積当たりの金額につき同額に変更した規約変更が、「特別の影響を及ぼすべきとき」に当たらないとされている（**東京地判平成5.3.30**）。
* 4　**東京地判平成24.11.16**は、不在管理費月額1,000円の支払義務を定める管理規約の規定の効力を肯定した。

管理費等の時効消滅　長期間の滞納があるときには、管理費等の消滅時効が問題となります。

債権は、❶権利を行使することができることを知った時から 5 年間、または❷権利を行使することができる時から10年間のいずれかの経過により消滅時効にかかります＊1＊2。管理費等は通常、毎月定期的に支払うこととなっていますが、この場合、月々の管理費等の債権は、毎月その支払期限日が「権利を行使することができることを知った日」として消滅時効の起算日となり、その日から 5 年後に時効が完成することになります。

なお、債権が確定判決、裁判上の和解、調停その他確定判決と同一の効力を有するものによって確定すれば、一律に10年の消滅時効が適用になります（民法169条＊3）。したがって、管理費等についても、いったん確定判決などがあれば、時効期間は10年となります。仮執行宣言付き支払督促の確定も確定判決と同一の効力があり（民法169条、民事訴訟法396条）、消滅時効期間はその確定後10年です（**東京地判平成22. 3. 3 A**）。

＊1　令和 2 年に民法の時効制度が大改正されており、それ以前は債権の性質により異なる消滅時効期間が定められていたことから、管理経費等にどの消滅時効の規定が適用されるかが争われていた。この問題は、**最判平成16. 4. 23**により、月ごとに所定の方法で支払う一般的な管理費について、当時の民法に定められていた定期給付債権の消滅時効が適用されると判断され、 5 年間で時効消滅するという結論で決着がついており、これは時効期間としては改正後の民法が適用される令和 2 年 4 月 1 日以降に支払期限の到来する管理費等の場合と同じである。

＊2　改正前民法が有効であった令和 2 年 3 月31日までに発生した管理費等の債権は、引き続き旧民法の消滅時効規定が適用される。

＊3　確定判決があっても、確定の時に弁済期が到来していない債権は、時効期間10年となるわけではない（民法169条 2 項。**東京地判平成25. 6. 14**）。

時効の完成猶予　時効は、時の経過によって完成しますが、時効の進行中に一定の事実が発生すれば、それまで進んできた時効期間は覆されます。一定の事実によって進んできた時効期間が覆され、時効の進行が止まることを時効の完成猶予といいます。時効の完成猶予事由として、

❶裁判上の請求等（民法147条1項）、❷強制執行等（民法148条1項）、❸仮差押え等（民法149条）、❹催告（民法150条）、❺権利について協議を行う旨の合意（民法151条）、❻天災等（民法161条）の6つが規定されています。これらの事由が生じた場合、その事由が止むまで、時効は完成しません＊。

　なお、❶裁判上の請求は、裁判終了後6か月を経過するまでは、時効は完成しないという効力が付与されます（民法147条1項はしら書・かっこ書）。

　❷差押え、仮差押え、仮処分に関しては、不動産仮差押命令の申立てによって時効の完成が猶予された事案として、**東京地判平成21.11.4**があります。

＊　❹催告は、それによって時効の完成が猶予されている間に再度催告を行っても、時効の完成猶予の効力を有しない（民法150条2項）。

時効の更新　　　　　ある事由が生じた時点から新たな時効期間が進行することを民法上時効の更新といい、更新事由として、❶確定判決またはそれと同一の効力を有するものによる権利の確定（民法147条2項）、❷強制執行等の手続きの終了（民法148条）＊、❸債務の承認（民法152条）があります。

　❸債務の承認についてみると、滞納管理費の一部を支払った場合には、全部の債務を承認したことになります（**東京地判平成20.10.27**）。**東京地判平成17.10.17Ｂ**では、競売による買受人の代理人弁護士が、買受け前にマンション管理組合法人に対して未納管理費について交渉をしたい旨の書面を送付したこと、**東京地判平成21.7.2**では、管理費等を滞納したことを謝罪するとともに、これを割賦により弁済したい旨を申し出たこと、**東京地判平成25.4.10**では売却交渉中に、売却交渉が成功すれば購入者が支払うと説明したこと、**東京地判平成26.11.28**では「払うべきものは払いますから」などの発言が、それぞれ承認とされています。

＊　ただし、申立ての取下げ、手続取消しの場合を除く（民法148条2項ただし書）。

124

第26条（承継人に対する債権の行使）

　管理組合が管理費等について有する債権は、区分所有者の特定承継人に対しても行うことができる。

承継人に対する権利の行使　本条は、管理費等の債権について、特定承継人＊に対して行うことができると定めています。区分所有法の規定（法8条、法7条1項）を確認するものです。特定承継人の滞納賃料に関する認識や過失の有無は、責任発生の要件ではありません（**東京地判平成26.5.27**）。区分所有者と特定承継人は、連帯債務を負います（**東京地判平成25.4.15**）。

＊　特定承継人とは、個別的に権利を取得した人をいう。売買・交換・贈与の取引により権利を承継した者や、競売により買い受けた者は、いずれも特定承継人になる（競売による買受人について、**東京地判平成9.6.26**）。管理費の滞納のある専有部分を競売により買い受けた者が管理組合に滞納管理費を弁済した場合には、弁済した滞納管理費を元の所有者に対して求償することができる（**東京地判平成17.3.30**）。

特定承継人が引き継ぐ債務　区分所有法は、「規約に基づき他の区分所有者に対して有する債権」を特定承継人に対して行使できるものとしていますから（法8条、法7条1項）、駐車場使用料などが規約に基づくのであれば、特定承継人が使用料の支払債務を引き継ぎます＊1。

　なお、水道料金や電気料金の承継が問題とされることも多く、規約に基づく債権として特定承継人に対する請求が認められた例（**大阪高判平成20.4.16**）、電気料金の引継ぎが肯定された例（**東京地判平成24.12.26**）、管理組合が住戸の水道料金をまとめて水道局に立替払いし、立替金を各区分所有者に請求する方式になっているマンションにおいて、特定承継人は、譲渡人からの賃借人が滞納していた水道料金についても、管理者に対して支払義務を負うとされた例（**福岡簡判平成13.6.5**）、があります＊2。

125

＊1　規約に基づく専有部分内の水道料金の承継を否定した例として、**名古屋高判平成25. 2. 22**。
＊2　平成28年改正で、「駐車場使用料その他の使用料」を特定承継人が引き継ぐ旨の明文が追加されたことによって、特定承継人の引き継ぐ債務の範囲が広がるのかどうかは、今後の事例の集積を待つことになる。

中間取得者　区分所有権が転々と移転したケースにおいて、いったんは区分所有権を取得したけれども、その後これを譲渡し、区分所有権を失った中間取得者が、前区分所有者の負担していた管理費等の支払義務を負うかどうか（専有部分の権利が、AからB、BからCに移転した場合（A→B→C）に、中間取得者であって区分所有者ではなくなったBに、Aが支払わなかった管理費等の支払義務があるかどうか）が問題になることがあります。かつてはこれを否定する考え方もありましたが＊、現在では、中間取得者の特定承継人としての責任は肯定されています（**大阪地判平成11. 11. 24、福岡地判平成13. 10. 3、東京地判平成20. 11. 27、大阪地判平成21. 3. 12、大阪地判平成21. 7. 24**）。

＊　昭和58年改正前の事案において、**大阪地判昭和62. 6. 23**では、管理費等の支払義務を負わないとされていた。

第27条（管理費）

管理費は、次の各号に掲げる通常の管理に要する経費に充当する。

一　管理員人件費

二　公租公課

三　共用設備の保守維持費及び運転費

四　備品費、通信費その他の事務費

五　共用部分等に係る火災保険料、地震保険料その他の損害保険料

六　経常的な補修費

七　清掃費、消毒費及びごみ処理費

八　委託業務費

九　専門的知識を有する者の活用に要する費用

十　管理組合の運営に要する費用

十一　その他第32条に定める業務に要する費用（次条に規定する経費を除く。）

1号〜8号　日常的な管理に要する経費をまかなうために納入されるのが、管理費です。

管理員人件費（1号）とは、受付業務、設備点検業務、緊急時の対応業務などの管理業務に携わる管理員を管理組合が直接に雇う場合に支払う費用です。平成16年改正にあたり、「管理人人件費」から「管理員人件費」に用語が変更になっています＊。

公租公課（2号）とは、共用部分・敷地・附属施設に課される固定資産税・都市計画税等です。管理組合が区分所有者の負担すべき公租公課を一括して支払う場合が想定されています。

共用設備の保守維持費および運転費（3号）は、電気設備、給排水設備、防火設備などの保守維持費および運転のための費用です。

備品費、通信費その他の事務費（4号）には、机・椅子・キャビネットな

どの購入費、電話・切手など通信のための費用、消耗品費などが含まれます。

　共用部分等に係る火災保険料その他の損害保険料（5号）は、24条1項に基づき、管理組合が負担することとなる保険料です。

　経常的な補修費（6号）としては、小規模な外壁の塗替え、エントランスの自動ドアが故障した場合の補修費、窓ガラスの取替えなどが、これに該当します。

　清掃費、消毒費およびごみ処理費（7号）には、業者に委託して行う共用廊下や給排水設備の清掃費用、ねずみ駆除のための衛生費などが含まれます。

　委託業務費（8号）は、管理業務の全部または一部を管理会社に委託する場合の費用です。管理会社への委託については、33条に定めがあります。本号も、平成16年改正にあたり、「管理委託費」から「委託業務費」に表記が変更されています＊。

＊　平成16年改正にあたり、「管理人人件費」から「管理員人件費」、「管理委託費」から「委託業務費」に、それぞれ用語の表記が変更になった。これらの用語の変更は、平成15年4月制定の標準管理委託契約書との間で用語の統一を図るためである。標準管理委託契約書については、33条（業務の委託等）の解説を参照（➡150頁）。

<table>
<tr><td>専門的知識を有する者の
活用に要する費用（9号）</td><td></td></tr>
</table>

　マンション管理においては、複雑な権利関係を十分に理解しておかなければ、円滑な事務処理を行うことはできません。また、建築や設備に関する高度な知識も必要です。そこで平成16年改正において、34条に、管理組合がマンション管理士などの専門的知識を有する者に対し、相談したり、助言、指導その他の援助を求めることができる旨が定められました（➡153頁）。9号は、これを受けて、平成16年改正に際し、専門的知識を有する者を活用するための費用を管理費から充当できることを定めたものです。

<table>
<tr><td>管理組合の運営に要する
費用（10号）</td><td></td></tr>
</table>

　管理組合の運営に要する費用には、総会や理事会を招集するための費用、総会や理事会を開催す

るための会議費、組合員に組合運営状況を伝えるための広報費、連絡業務のための費用が含まれます。

役員活動費も管理組合の運営に要する費用ですから、本号に基づいて役員報酬を支払うことも可能です。『役員活動費については一般の人件費等を勘案して定めるものとするが、役員は区分所有者全員の利益のために活動することに鑑み、適正な水準に設定することとする』とコメントされています（コメント27条関係①）。

コミュニティ条項の削除　平成28年改正前には、管理費の充当対象として、居住者間のコミュニティ形成に要する費用（10号）が定められていましたが、平成28年改正によって削除されました。

この点について、次のとおりコメントされています（コメント27条関係②～④）。

> ②　従来、本条第10号に掲げる管理費の使途及び第32条の管理組合の業務として、「地域コミュニティにも配慮した居住者間のコミュニティ形成（に要する費用）」が掲げられていた。これは、日常的なトラブルの未然防止や大規模修繕工事等の円滑な実施などに資するコミュニティ形成について、マンションの管理という管理組合の目的の範囲内で行われることを前提に規定していたものである。しかしながら、「地域コミュニティにも配慮した居住者間のコミュニティ形成」との表現には、定義のあいまいさから拡大解釈の懸念があり、とりわけ、管理組合と自治会、町内会等とを混同することにより、自治会費を管理費として一体で徴収し自治会費を払っている事例や、自治会的な活動への管理費の支出をめぐる意見対立やトラブル等が生じている実態もあった。一方、管理組合による従来の活動の中でいわゆるコミュニティ活動と称して行われていたもののうち、例えば、マンションやその周辺における美化や清掃、景観形成、防災・防犯活動、生活ルールの調整等で、その経費に見合ったマンションの資産価値の向上がもたらさ

れる活動は、それが区分所有法第3条に定める管理組合の目的である「建物並びにその敷地及び附属施設の管理」の範囲内で行われる限りにおいて可能である。

　以上を明確にするため、第10号及び第32条第15号を削除するとともに、第32条第12号を「マンション及び周辺の風紀、秩序及び安全の維持、防災並びに居住環境の維持及び向上に関する業務」と改めることとした。

　また、従来、第12号に「その他敷地及び共用部分等の通常の管理に要する費用」が掲げられていたが、第32条に定める業務との関連が不明確であったことから、「その他第32条に定める業務に要する費用（次条に規定する経費を除く。）」と改めることとした。上述の第32条第12号の業務に要する費用は、本号あるいは別の号の経費として支出することが可能である。

③　管理組合は、区分所有法第3条に基づき、区分所有者全員で構成される強制加入の団体であり、居住者が任意加入する地縁団体である自治会、町内会等とは異なる性格の団体であることから、管理組合と自治会、町内会等との活動を混同することのないよう注意する必要がある。

　各居住者が各自の判断で自治会又は町内会等に加入する場合に支払うこととなる自治会費又は町内会費等は、地域住民相互の親睦や福祉、助け合い等を図るために居住者が任意に負担するものであり、マンションを維持・管理していくための費用である管理費等とは別のものである＊1＊2。

　自治会費又は町内会費等を管理費等と一体で徴収している場合には、以下の点に留意すべきである。

ア　自治会又は町内会等への加入を強制するものとならないようにすること。

130

　イ　自治会又は町内会等への加入を希望しない者から自治会費又は町内会費等の徴収を行わないこと。

　ウ　自治会費又は町内会費等を管理費とは区分経理すること。

　エ　管理組合による自治会費又は町内会費等の代行徴収に係る負担について整理すること。

④　上述のような管理組合の法的性質からすれば、マンションの管理に関わりのない活動を行うことは適切ではない。例えば、一部の者のみに対象が限定されるクラブやサークル活動経費、主として親睦を目的とする飲食の経費などは、マンションの管理業務の範囲を超え、マンション全体の資産価値向上等に資するとも言い難いため、区分所有者全員から強制徴収する管理費をそれらの費用に充てることは適切ではなく、管理費とは別に、参加者からの直接の支払や積立て等によって費用を賄うべきである。*3

＊1　町内会・自治会は強制加入団体ではなく、いつでも退会が可能である（**最判平成17.4.26**）。

＊2　町内会費相当分の徴収をマンション管理組合の規約等で定めてもその拘束力はない（**東京簡判平成19.8.7**）。東京高裁において、管理組合が管理費を自治会費に回している場合、自治会を脱会した区分所有者には、自治会費に相当する部分の管理費の支払義務はないと判断されたとの報道がある（平成19年9月21日付産経新聞）。

＊3　**福岡簡判平成26.10.9**では、「区分所有者は、入居と同時に町内会の一員と成り、その町内会に加入しなければならず、占有者も区分所有者と同一の義務を負う」旨の規約の定めにつき、『町内会への加入に関する規約は、建物又はその敷地若しくは附属施設の管理又は使用に関する区分所有者相互間の事項といえないことは明らかであるばかりでなく、町内会の性質からすると、本来町内会への加入及び退会は自由であるのであるから、加入を強制することになる規約は無効といわざるを得ない』とされた。

　　また、この事案では、賃借人が町内会への加入と町内会費の支払義務を負うことを内容とする賃貸借契約を締結していたところ、『賃借人は、家主代理人に対し、本件町内会費の支払義務を負う』とされ、賃借人の町内会費支払義務を肯定しつつも、『家主又は家主代理人である会社からの委任を受ける等、正当な権限に基づき請求された場合』ではないことを理由にして、賃借人の管理組合に対する町内会費の支払義務が否定されている。

第28条（修繕積立金）

　管理組合は、各区分所有者が納入する修繕積立金を積み立てるものとし、積み立てた修繕積立金は、次の各号に掲げる特別の管理に要する経費に充当する場合に限って取り崩すことができる。

　一　一定年数の経過ごとに計画的に行う修繕

　二　不測の事故その他特別の事由により必要となる修繕

　三　敷地及び共用部分等の変更

　四　建物の建替え及びマンション敷地売却（以下「建替え等」という。）に係る合意形成に必要となる事項の調査

　五　その他敷地及び共用部分等の管理に関し、区分所有者全体の利益のために特別に必要となる管理

2　前項にかかわらず、区分所有法第62条第1項の建替え決議（以下「建替え決議」という。）又は建替えに関する区分所有者全員の合意の後であっても、マンションの建替え等の円滑化に関する法律（平成14年法律第78号。以下「円滑化法」という。）第9条のマンション建替組合の設立の認可又は円滑化法第45条のマンション建替事業の認可までの間において、建物の建替えに係る計画又は設計等に必要がある場合には、その経費に充当するため、管理組合は、修繕積立金から管理組合の消滅時に建替え不参加者に帰属する修繕積立金相当額を除いた金額を限度として、修繕積立金を取り崩すことができる。

3　第1項にかかわらず、円滑化法第108条第1項のマンション敷地売却決議（以下「マンション敷地売却決議」という。）の後であっても、円滑化法第120条のマンション敷地売却組合の設立の認可までの間において、マンション敷地売却に係る計画等に必要がある場合には、その経費に充当するため、管理組合は、修繕積立金から管理組合の消滅時にマンション敷地売却不参加者に帰属する修繕積立金相当額を除いた金額を限度として、修繕積立金を取り崩すことができる。

> 4　管理組合は、第1項各号の経費に充てるため借入れをしたときは、修繕積立金をもってその償還に充てることができる。
> 5　修繕積立金については、管理費とは区分して経理しなければならない。

修繕積立金の意義　マンションは、計画的に維持修繕工事を行わなければ、劣化を防ぎ、利用価値・交換価値を維持することができません。しかし、計画的な維持修繕工事は大規模になり、多額の費用を要します。多額の費用を工事を実施する時に一度に徴収すると、区分所有者の一時的な負担が重くなってしまい、その結果、費用が調達できずに実施すべき工事を延期したり、中止したりしなければならないという事態も生じかねません。そのようなことがないよう、1項は、大規模修繕実施時の一時的な費用負担を軽減するため、修繕積立金をあらかじめ計画的に積み立てておくこととしています（コメント28条関係①）。

修繕積立金は、日常的な経費と混同しないようにする必要があります。そのため5項は、管理費とは別に徴収し、区分して経理することとしています。

分譲会社が分譲時において将来の計画修繕に要する経費に充当するため、一括して購入者から徴収する修繕積立基金や、既存の修繕積立金では額が不足するとして修繕を実施する際に区分所有者から徴収される一時負担金も、いずれも修繕積立金として積み立てられ、区分経理されるべきものです（コメント同②）。

管理組合が区分所有者に対して修繕積立金の支払いを求めたところ、自ら居室内の給水管工事を行ったことを理由に区分所有者が支払いを拒んだケースがありましたが、裁判所は、居室内の給水管工事は共用部分に係る工事ではなかったとして、区分所有者の主張を認めませんでした（**東京地判平成23.1.21**）。

　　　修繕積立金は、１項に掲げた特別の管理に要する経費お
よび２項・３項に要する経費に充当する場合に限り、取り
崩すことができます＊。

　長期修繕計画の作成・変更についても、費用を要する場合があります。長
期修繕計画作成・変更の費用を管理費から支出するのか、修繕積立金から支
出するのかは、標準管理規約には明文がありません。管理組合自らの判断に
より、管理費と修繕積立金のいずれからでも充当できます。

＊　福岡地裁小倉支部判平成28.1.18は、総会における「居住年数に応じて修繕費取り崩しの
　一部を特例として返金する」旨の決議について、『取り崩し修繕積立金の配分割合を決定す
　る基準として、占有期間である居住期間によることは、区分所有者間に不合理な差異を設
　けるものであって、許されない』として、無効とされた。

　　　１項は、計画修繕を実施する場合などに、積
み立てた修繕積立金を取り崩すことができる旨
の規定です。

　修繕工事に際し、積み立てていた金額では費用をまかないきれないことも
あり、そのような場合には、管理組合が総会の決議に基づき金融機関等から
借入れをすることも考えられます（63条。➡283頁）。１項に定める経費に充
てるため借入れをしたときは、修繕積立金をもってその償還に充てることが
できます（28条４項）。

　ところで、平成14年法改正により区分所有法における建替えに関する定め
が見直されるとともに、平成14年12月、建替え円滑化法が制定されました。
標準管理規約もこれを受け、平成16年改正によって、管理組合の業務として
「建替え等に係る合意形成に必要となる事項の調査に関する業務」を明記し
（32条４号）、28条１項においても、修繕積立金を充当できる使途として、４
号に、建物の建替え等の合意形成に必要となる事項の調査を加えました。

建替えの計画・設計に必要な経費（2項）　修繕積立金は特別の管理に要する経費に充当する目的で積み立てられるものです。また、建替えが決まった後の建替事業の実施は、建替組合（建替え円滑化法9条）や建替えを目的とする民法上の組合の業務です。本来的には、管理組合の修繕積立金を、建替えのための費用に充てることはできないはずです。

　しかし、建替えが決まった後、建替組合の設立等までの間にも建替え準備のための費用が発生します。この費用に修繕積立金が使えないとすると、業務の遂行に支障をきたすおそれがあります。建替え参加者は、何らかの形でこの間の費用を負担することになりますから、修繕積立金を充当することに特に異存はないでしょう。

　一方、建替え決議に反対し、建替えに不参加の区分所有者に帰属する修繕積立金は、清算し返却すべきものです。

　これらを併せて考慮し、2項において、建替え決議後における建物の建替えのための費用につき、管理組合の消滅時に建替え不参加者に帰属する修繕積立金相当額を除いた金額を限度として、修繕積立金を取り崩すことができると定められました。建替え決議後、建替組合設立認可（同法9条）までの間、またはマンション建替事業認可（同法45条）までの間に、それぞれ適用されます。また、区分所有者の全員合意に基づく任意の建替えを推進する場合にも適用となります。

　この2項は、1項4号と同じく、平成16年改正によって新設された規定です。

建替え円滑化法の敷地売却決議に関連する条項の追加（3項）　平成26年6月、建替え円滑化法が改正され、マンション敷地売却決議をすることができるようになりました（建替え円滑化法108条）。

　これに対応し、標準管理規約でも、平成28年改正において、本条3項に、マンション敷地売却決議の後であっても、建替え円滑化法120条のマンション敷地売却組合の設立の認可までの間において、マンション敷地売却に係る

計画等に必要がある場合には、その経費に充当するため、管理組合は、修繕積立金から管理組合の消滅時にマンション敷地売却不参加者に帰属する修繕積立金相当額を除いた金額を限度として、修繕積立金を取り崩すことができるものとされました。『円滑化法に基づくマンション敷地売却組合によるマンション敷地売却事業のプロセスの概要は、平成26年の円滑化法の改正を踏まえ作成された「耐震性不足のマンションに係るマンション敷地売却ガイドライン」(平成26年12月国土交通省公表)を参考とされたい。この場合にも、建替えの場合と同様に、第1項及び第3項に基づき、必要に応じて、修繕積立金を取り崩すことは可能である』(コメント28条関係⑦)とのコメントが付されています。

第29条（使用料）

　駐車場使用料その他の敷地及び共用部分等に係る使用料（以下「使用料」という。）は、それらの管理に要する費用に充てるほか、修繕積立金として積み立てる。

使用料の徴収と充当　　本条は、駐車場などの使用料の充当を定める条項です[1][2]。本条に定める使用料としては、駐車場使用料（15条2項。➡66頁）のほか、専用庭の専用使用料（14条2項。➡61頁）、屋上に設置する広告塔、共用部分における売店・自動販売機の設置許可料など（16条2項。➡72頁）があります。使用料収入は、まず最初に対象物件の管理に充てます。そのうえで、余剰がある場合には、将来の計画修繕に備え、修繕積立金として積み立てることとなります。

　ところで、一般に分譲会社からみると、管理費を低く設定したほうがマンションの販売が容易になるため、管理費を低額に設定したうえ、駐車場使用料を管理費に充当するものとして、管理計画における予算を組むことが少なくありません。

　しかし、この方式では、駐車場に空き区画が出ると、そのまま、管理費の不足につながります。本条は、組合財務の安定を図り、管理費の過不足が駐車場の稼働に左右されることがないように、駐車場収入のうちの余剰部分を、修繕積立金として積み立てるものとしています。

---

[1]　共用部分である駐車場は、一般に、管理組合と区分所有者の間で賃貸借契約を締結する方法（賃貸方式）により使用が認められる（15条）。

[2]　駐車場の使用料収入について、**千葉地判平成8.9.4**では、『共有施設である駐車場の開設により得られた収益金についても、団体的拘束から自由ではなく、共用部分から生じた利益は、いったん区分所有者らの団体に合有的に帰属して団体の財産を構成し、区分所有者らの集会決議等により団体内において具体的にこれを区分所有者らに分配すべきこと並びにその金額及び時期が決定されて初めて各区分所有者らが具体的に行使できる権利としての収益金分配請求権が発生する』として、区分所有者から管理組合に対する収益金の分配請求が認められなかった。管理組合の収入が、区分所有者の団体に合有的に帰属すると

いう考え方は、**東京地判平成3.5.29**でも採用されている。

最高裁平成27年判決　　共用部分を一部の区分所有者だけが第三者に賃貸して賃料収入を得た場合、各区分所有者には、持分割合に応じて不当利得返還請求権が生じます。この請求権を、各区分所有者がそれぞれ行使することができるかどうかが争われたのが、**最判平成27.9.18**です。裁判所は、各区分所有者の請求権行使を否定しました。

> 共用部分の管理を団体的規制に服させている建物の区分所有等に関する法律の趣旨に照らすと、区分所有者の団体の執行機関である管理者が共用部分の管理を行い、共用部分を使用させることができる旨の集会の決議又は規約の定めがある場合には、集会の決議又は規約の定めは、区分所有者の団体のみが上記請求権を行使することができる旨を含むものと解される。
>
> これを本件についてみると、本件マンションの管理規約には、管理者が共用部分の管理を行い、共用部分を特定の区分所有者に無償で使用させることができる旨の定めがあり、この定めは、区分所有者の団体のみが上記請求権を行使することができる旨を含むものと解すべきであるから、区分所有者Yは、不当利得返還請求権を行使することができない。

区分経理の検討　　駐車場について、使用料や維持管理費用、修繕費用などが大きな規模になる場合には、ほかの敷地・共用部分等の管理のための費用とは別に、区分経理を行うことが公平です。

なかでも機械式駐車場に関しては、維持修繕には多額の費用がかかり、修繕費用の支出をめぐって駐車場使用者と非使用者との間でトラブルとなるケースがみられます。マンションに機械式駐車場がある場合は、徴収した使用料を管理費・修繕積立金とは区分して経理処理することを特に念入りに検討する必要があります（コメント29条関係）＊。

＊　**大阪高判平成20.6.24**では、『駐車施設管理費が、駐車施設の管理にのみ使用されるとの規定ないし慣行があったとは認められない』とされた。

第6章　管理組合

1　組合員

第30条（組合員の資格）

　組合員の資格は、区分所有者となったときに取得し、区分所有者でなくなったときに喪失する。

第31条（届出義務）

〔※管理組合における電磁的方法の利用状況に応じて、次のように規定〕

(ア) 電磁的方法が利用可能ではない場合

（届出義務）

　新たに組合員の資格を取得し又は喪失した者は、直ちにその旨を書面により管理組合に届け出なければならない。

(イ) 電磁的方法が利用可能な場合

（届出義務）

　新たに組合員の資格を取得し又は喪失した者は、直ちにその旨を書面又は電磁的方法により管理組合に届け出なければならない。

（令和 3 年改正の要点）

　電磁的方法による届出を認めた。

区分所有者は、当然に、全員で、建物・敷地・附属施設の管理を行うための団体を構成します（法3条前段）。30条にいう組合員の資格は、この当然に成立する区分所有者の団体の構成員であることを指します。30条は、組合員がこのような法的な立場にあることを、確認する規定です。専有部分を数人の区分所有者が共有するケースも少なくありませんが、1つの専有部分を、数人が共有する場合には、その議決権行使については、共有者があわせられて一の組合員とみなされます（46条2項）。

専有部分の権利を取得した者は、同時に組合員の資格を取得し、また、専有部分の権利を喪失した者は、同時に組合員の資格も喪失します。

管理組合は、管理組合の運営を円滑に行うために、組合員の資格を得た者については、いつ、誰が資格を得たのか、組合員の資格を失った者については、いつ、誰が資格を喪失したのかを、把握しておかなければなりません。組合員の氏名や届出先変更などの異動を知っておくことも必要です。

そこで、31条は、組合員に、書面による届出義務を課しました。

令和3年改正では、電磁的方法を利用して届け出ることが可能な場合の規約の定め方についても明示されました。

組合員には、共用部分等についての権利があると同時に、管理組合の運営に協力しなければならない責務があり、資格の取得・喪失に関する届出は、権利を行使し、責務を果たすための基盤となります。

届出書の様式は、次のとおりです（コメント31条関係）。

理事長は、組合員から届出のあった事項に基づき、組合員名簿を作成して保管します。組合員または利害関係人の理由を付した書面による請求があったときは、これを閲覧させなければなりません（64条。➡284頁）。組合員名簿の閲覧に際しては、組合員のプライバシーに十分留意しなければなりません（コメント64条関係③）。

届 出 書

年　月　日

○○マンション管理組合
　理事長　○○○○　殿

　○○マンションにおける区分所有権の取得及び喪失について、下記のとおり
届け出ます。
記
1　対象住戸　　　　　　　　　　　○○号室
2　区分所有権を取得した者　　　　氏名
3　区分所有権を喪失した者　　　　氏名
　　　　　　　　　　　　　　　　住所（移転先）
4　区分所有権の変動の年月日　　　　　年　月　日
5　区分所有権の変動の原因

2 管理組合の業務

　管理組合は、建物並びにその敷地及び附属施設の管理のため、次の各号に掲げる業務を行う。

- 一　管理組合が管理する敷地及び共用部分等（以下本条及び第48条において「組合管理部分」という。）の保安、保全、保守、清掃、消毒及びごみ処理
- 二　組合管理部分の修繕
- 三　長期修繕計画の作成又は変更に関する業務及び長期修繕計画書の管理
- 四　建替え等に係る合意形成に必要となる事項の調査に関する業務
- 五　適正化法第103条第１項に定める、宅地建物取引業者から交付を受けた設計図書の管理
- 六　修繕等の履歴情報の整理及び管理等
- 七　共用部分等に係る火災保険、地震保険その他の損害保険に関する業務
- 八　区分所有者が管理する専用使用部分について管理組合が行うことが適当であると認められる管理行為
- 九　敷地及び共用部分等の変更及び運営
- 十　修繕積立金の運用
- 十一　官公署、町内会等との渉外業務
- 十二　マンション及び周辺の風紀、秩序及び安全の維持、防災並びに居住環境の維持及び向上に関する業務
- 十三　広報及び連絡業務
- 十四　管理組合の消滅時における残余財産の清算
- 十五　その他建物並びにその敷地及び附属施設の管理に関する業務

保安、保全、保守、清掃、消毒およびごみ処理（1号）

　管理組合は、建物・敷地・附属施設の管理を行うための団体です（法3条前段）。

　1号は、管理組合が管理する敷地および共用部分等（敷地・共用部分・附属施設（2条6号・7号）から、バルコニー等専用使用権者が管理する専用使用部分（21条1項ただし書）を除いたもの）を組合管理部分と定義し、その保安、保全、保守、清掃、消毒およびごみ処理を、管理組合の業務と明示しました（32条1号、21条1項本文）。

組合管理部分の修繕（2号）

　2号の修繕には、日常的な補修（27条6号）、一定年数の経過ごとに計画的に行う修繕（28条1項1号）、不測の事故その他特別の事由により必要となる修繕（28条1項2号）のいずれをも含みます。

　東京地判平成16.11.25は、管理組合法人が共用部分である駐車場の躯体部分のコンクリート劣化抑制工事を行った際に、専有部分である駐車場の壁面と塗装工事もあわせて施工した場合に、区分所有者に対する事務管理に基づく費用償還請求権を肯定しています。

　管理組合の事業計画に盛り込まれた工事が実施されなかったために、区分所有者が管理組合に対して、工事の義務づけと損害賠償を求めた**東京地判平成24.6.8**では、次のように述べられ請求が否定されました。

> 事業計画及び予算に本件工事の実施に係る内容が盛り込まれたとしても、事業計画及び予算の法的性質に照らして明らかなとおり、そのことから、直ちに、管理組合がその組合員に対して直接に本件工事の実施を行うべき義務を負うこととなるものではなく、また、組合員が、管理組合に対して本件工事を実施することを請求し得る法的権利を有することとなるものでもない。

長期修繕計画の作成または変更に関する業務（3号）

　建物を長期にわたって良好に維持・管理していくためには、一定の年数の経過ごとに計画的

に修繕を行わなければなりません。その対象となる建物の部分、修繕時期、必要となる費用等について、あらかじめ長期修繕計画として定め、区分所有者の間で合意しておくことは、円滑な修繕の実施のために重要なことです。

　長期修繕計画に、最低限盛り込む必要がある事項は、次のとおりです。

❶ 計画期間が30年以上で、かつ大規模修繕工事が２回含まれる期間以上とすること。
❷ 計画修繕の対象となる工事として外壁補修、屋上防水、給排水管取替え、窓および玄関扉等の開口部の改良等が掲げられ、各部位ごとに修繕周期、工事金額等が定められているものであること。
❸ 全体の工事金額が定められたものであること。

　長期修繕計画の内容については、定期的に見直しをしなければなりません（コメント32条関係②）。

　長期修繕計画の作成・変更および修繕工事の実施の前提として、劣化診断（建物診断）が必要です（コメント32条関係③）。この劣化診断（建物診断）に要する経費は、管理費または修繕積立金のどちらからでも充当が可能です。ただし、修繕工事を行う前提としての劣化診断（建物診断）に要する経費の充当については、修繕工事の一環としての経費であることから、原則として修繕積立金から取り崩すべきです（コメント32条関係④）。

　なお、平成20年６月には、国土交通省から「長期修繕計画標準様式」「長期修繕計画作成ガイドライン及び同コメント」が公表され、令和３年９月に改定されました。長期修繕計画の作成・変更の作業にあたっては、参考にする必要があります。

　長期修繕計画は、修繕工事の実施計画策定と修繕積立金の徴収予定などの根拠となるものであり、理事会のメンバーが毎年入れ替わることが多いことも考えあわせると、長期修繕計画に関する書類（長期修繕計画書）を確実に保管しておくことは重要です。平成23年改正で、長期修繕計画書の管理を行うことが、管理組合の業務として追加明記されました（32条３号）。

建替え等に係る合意形成に必要となる事項の調査（4号）　平成28年改正では、28条1項4号において、建物の建替えに加え、マンション敷地売却をあわせた概念として、「建替え等」の定義がなされました。本条4号でも、建替えではなく、「建替え等」という用語が用いられています。

建替えについては、建替えが決まった後の建替え事業実施の準備は、管理組合の業務ではなく建替組合の業務です。けれども、建替えが決まる前の建替えの合意形成に必要となる調査業務は、建替えを行うかどうかが大規模修繕工事を行うかどうかと表裏の関係にあることから、管理組合の業務と考えられます。

マンション敷地売却については、『円滑化法に基づくマンション敷地売却組合によるマンション敷地売却事業のプロセスの概要は、平成26年の円滑化法の改正を踏まえ作成された「耐震性不足のマンションに係るマンション敷地売却ガイドライン」（平成26年12月国土交通省公表）を参考とされたい。この場合にも、建替えの場合と同様に、第28条第1項及び第3項に基づき、必要に応じて、修繕積立金を取り崩すことは可能である』とコメントされています（コメント28条関係⑦）。

東京地判平成25.1.31では、次のように判断されました。

> 管理規約51条11号の「その他組合の業務に関する重要事項」については、その範囲は明確ではなく、定期総会で承認を得た建替え組合準備事業予算の範囲内で、当該予算を執行することは、管理規約39条により、理事会の決議により理事長が執行し得ると解したとしても、それが管理規約に反するものと断定することはできない。

設計図書の管理（5号）　マンションを分譲する宅地建物取引業者には、適正化法によって、一定の図面の交付が義務づけられています（適正化法103条1項、同法施行規則102条）。5号は、これらの図面の管理が、管理組合の業務であることを条文化した条項です。

もっとも、法定の図面以外にも、建物の修繕に有用な図面・書類があります（次頁の表のとおり）。これらの図面・書類についても、各マンションの実態に応じて、管理組合が管理すべきものとして、管理規約に明記しておくべきです（コメント32条関係⑤）。

　なお、同法の施行日（平成13年8月1日）より前に建設工事が完了したマンションには、同法所定の図書の交付は義務づけられていませんでしたので、図書の交付がなされていなかった場合もあります。調査・確認が必要です。

修繕等の履歴情報（6号）　マンションの修繕については、過去に、いつ、どのような修繕が行われてきたかを確かめ、それを踏まえて、修繕工事を計画し、実行しなければなりません。そこで、6号は、修繕等の履歴情報の整理および管理等を、管理組合の業務としました。ここで、修繕等の履歴情報とは、大規模修繕工事、計画修繕工事および設備改修工事等の修繕の時期、箇所、費用および工事施工者等や、設備の保守点検、建築基準法12条1項および3項の特定建築物等の定期調査報告および建築設備（エレベーターを含む）の定期検査報告、消防法8条の2の2の防火対象物定期点検報告等の法定点検、耐震診断結果、石綿使用調査結果など、維持管理の情報を指します。これらを整理して後に参照できるよう管理しておくことが、将来の修繕実施のために必要です（コメント32条関係⑥)*1。

　修繕履歴情報については、公益財団法人マンション管理センターが個々のマンション管理組合の運営状況等（建物等の概要、管理組合の活動状況、過去の修繕履歴、図書の保管状況など）を同センターのコンピュータに登録し、インターネットを通じて登録情報を随時閲覧できるようにする「マンションみらいネット」のシステムを構築し、運用しています*2。

【修繕に有用な図面・書類】

❶ 適正化法所定の図面・書類	❷ 適正化法所定のもの以外の 図面・書類
竣工時の付近見取図 配置図 仕様書（仕上げ表を含む） 各階平面図 ２面以上の立面図 断面図または矩計図 基礎伏図 各階床伏図 小屋伏図 構造詳細図および構造計算書	法定のもの以外の設計関係書類 ・数量調書 ・竣工地積測量図　等 特定行政庁関係書類 ・建築確認通知書 ・日影協定書　等 その他 ・消防関係書類、給排水設備図や電気設備図＊3 ・機械関係設備施設の関係書類 ・売買契約書関係書類　等

＊1　平成28年改正で、整理・管理をするべき修繕履歴の例示に、耐震診断結果と石綿使用調査結果が追加された。

＊2　マンションみらいネットには、❶管理データをコンピュータで保管し、特に大規模修繕工事については履歴を登録する「管理データ保管機能」、❷管理組合手持ちの図面を電子化してCDを作成し、またバックアップデータを保管しておく「図面電子化機能」、❸他のマンションの管理運営状況との比較をすることのできる「比較一覧表作成機能」、❹インターネットのページ内に組合員だけが見られる掲示板を設ける「電子掲示板機能」、❺管理組合内の文書を登録保管する「書類の電子化機能」、❻登録した情報をインターネットを通して24時間いつでも閲覧することができる「ネット閲覧・公開機能」がある。

＊3　給排水設備図・電気設備図は、令和３年改正で追加された。

管理組合の消滅時における残余財産の清算（14号）　建替え等により消滅する管理組合は、管理費や修繕積立金等の残余財産を清算する必要があります。清算の方法については、各マンションの実態に応じて規定を整備しておくことが望まれます（コメント32条関係⑨）。

管理組合が保管管理する書類等　管理組合が保管管理する書類等については、整理されている必要があります。『管理組合が管理

する書類等として、第3号に掲げる長期修繕計画書、第5号及び⑤に掲げる設計図書等、第6号及び⑥に掲げる修繕等の履歴情報が挙げられるが、具体的な保管や閲覧については、第64条第2項で規定するとおり、理事長の責任により行うこととする。その他に、理事長が保管する書類等としては、第49条第3項で定める総会議事録、第53条第4項の規定に基づき準用される第49条第3項で定める理事会議事録、第64条及び第64条関係コメントに掲げる帳票類等、第72条で定める規約原本等が挙げられる。

このうち、総会議事録及び規約原本の保管は、区分所有法により管理者が保管することとされているものであり、この標準管理規約では理事長を管理者としていることから理事長が保管することとしている』とコメントされています（コメント32条関係⑦）。

コミュニティ条項の削除　　平成28年改正までは、管理組合の業務として、本条15号に「地域コミュニティにも配慮した居住者間のコミュニティ形成」との定め（コミュニティ条項）が置かれていました。

しかし、平成28年改正では、管理組合の業務としてのこのコミュニティ条項が削除されました。コメントでは、次のとおり説明されています。『従来、第15号に定める管理組合の業務として、「地域コミュニティにも配慮した居住者間のコミュニティ形成」が掲げられていたが、「コミュニティ」という用語の概念のあいまいさから拡大解釈の懸念があり、とりわけ、管理組合と自治会、町内会等とを混同することにより、自治会的な活動への管理費の支出をめぐる意見対立やトラブル等が生じている実態もあった。一方、管理組合による従来の活動の中でいわゆるコミュニティ活動と称して行われていたもののうち、例えば、マンションやその周辺における美化や清掃、景観形成、防災・防犯活動、生活ルールの調整等で、その経費に見合ったマンションの資産価値の向上がもたらされる活動は、それが区分所有法第3条に定める管理組合の目的である「建物並びにその敷地及び附属施設の管理」の範囲内で行われる限りにおいて可能である。なお、これに該当しない活動であっても、

管理組合の役員等である者が個人の資格で参画することは可能である。

　以上を明確にするため、区分所有法第３条を引用し、第32条本文に「建物並びにその敷地及び附属施設の管理のため」を加え、第15号を削除し、併せて、周辺と一体となって行われる各業務を再整理することとし、従来第12号に掲げていた「風紀、秩序及び安全の維持に関する業務」、従来第13号に掲げていた「防災に関する業務」及び「居住環境の維持及び向上に関する業務」を、新たに第12号において「マンション及び周辺の風紀、秩序及び安全の維持、防災並びに居住環境の維持及び向上に関する業務」と規定することとした。なお、改正の趣旨等の詳細については、第27条関係②〜④を参照のこと』（コメント32条関係⑧）＊。

＊　**東京高判平成28.7.20**は、地域コミュニティの自治防災活動とマンション管理業務の一体化を推進する方針に基づき、管理経費に当たらないが管理組合が代行徴収してきた自治防災費（管理組合と別の団体である自治会に支払われる）について、区分所有者が自治会退会の意思表示をした後の分は不当利得が成立するとした（**最判平成29.1.19**が上告を棄却して確定）。自治会費にかかる同様の事案として、**東京地判平成28.8.31**がある。

第33条（業務の委託等）

　管理組合は、前条に定める業務の全部又は一部を、マンション管理業者（マンション管理適正化法第２条第八号の「マンション管理業者」をいう。）等第三者に委託し、又は請け負わせて執行することができる。

業務の委託　　　　管理組合の業務は、広範にして多岐にわたります。専門家の知識や技術を活用することは不可欠です。

　本条は、管理組合の業務の全部または一部を管理会社等の第三者に委託し、または、請け負わせて執行することができるとしました。組合管理部分に関する管理委託契約の締結は、総会の普通決議事項です（48条16号、47条２項）。

　　　　　昭和57年1月に、管理組合と管理会社との管理委託契約内容の明確化を図るため、契約書のモデルとして、住宅宅地審議会により、「中高層共同住宅に係る標準管理委託契約書」が作成されていましたが、適正化法の制定などに対応し、平成15年4月に「マンション標準管理委託契約書」に名称が変更されたうえで、内容としても大幅に改定されました。管理委託契約の締結には、一般に、マンション標準管理委託契約書が利用されます（コメント33条関係）。

　　標準管理委託契約書は、管理組合が管理会社に委託する業務について、❶**事務管理業務**、❷**管理員業務**、❸**清掃業務**、❹**建物・設備管理業務**の4つに区分して、条項を定めています。

❶　事務管理業務	総会、理事会の開催や議事録作成の補佐などの事務処理、および、❷〜❹の業務を統括し、不備のないよう担当者を指導し、監督する業務＊

　　事務管理業務においては、管理費等を組合員から徴収して、これを管理する業務が重要となります。平成22年の適正化法施行規則改正によって、財産の分別管理の方法につき、従来行われてきた、原則方式、収納

【管理規約と管理委託契約書の関係】

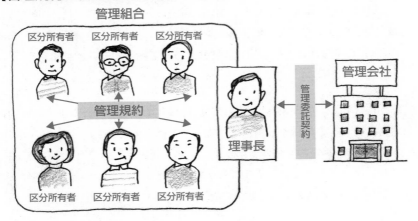

代行方式、支払一任代行方式が取り止められ、下記図表の3つの方法に
まとめ直されています（適正化法施行規則87条2項1号イないしハ）。

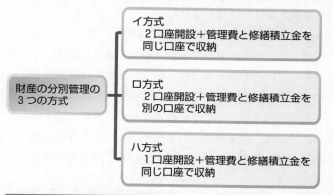

財産の分別管理の3つの方式	
	イ方式 2口座開設＋管理費と修繕積立金を同じ口座で収納
	ロ方式 2口座開設＋管理費と修繕積立金を別の口座で収納
	ハ方式 1口座開設＋管理費と修繕積立金を同じ口座で収納

❷ 管理員業務 　　**マンションの受付などの管理員としての業務**

管理員の勤務形態としては、住込方式、通勤方式、巡回方式の3方式
がありますが、標準管理委託契約書では、通勤方式を想定しています。

❸ 清掃業務 　　**マンションの共用部分・敷地・附属施設を清掃する業務**

日常清掃と特別清掃に分類できます。日常清掃は、原則として毎日1
回またはそれ以上行う作業であり、特別清掃は、これに該当しない清掃
です。

❹ 建物・設備管理業務 　　**建物点検・検査、エレベーター設備、給水設備、浄化槽・排水設備、消防用設備、機械式駐車場設備等に関する業務**

＊　管理会社の行う管理経費の徴収業務につき、管理会社として長期滞納者に対していかな
る対応をするべきなのかが問題になることがあるが、**東京地判平成27.1.29**では、『K社（管
理会社）は、督促規定の範囲で督促の義務を負うが、電話や督促状による督促、内容証明
郵便での催告をしており、契約上の督促義務違反はない』とされ、**東京地判平成18.7.12**で
は、『長期滞納者等の扱いについて法務部専門スタッフが法的手続を無償にて補助する等の
特別督促業務を行う義務は契約内容になっていない』とされた。

管理会社の注意義務　管理会社は、管理組合に対し、善管注意義務を負います。善管注意義務違反があれば、これによって管理組合に生じた損害を賠償しなければなりません。

　蛍光ランプの購入を逐次理事長の承認を求めずに購入していたことによって損害賠償請求が求められた事案において、**東京地判平成21.5.21**は、『ネオボール等は消耗品であって、その購入費用は、収支予算案では諸雑費として前期実績を考慮して計上されている上、その具体的な支出額については、通常総会に決算報告され、その承認を求める手続となっていること、ネオボール等の消耗品の購入について、逐一理事長の承認を求めることは現実的でないこと等の事情に照らせば、管理会社が管理組合に対し、理事長の承認を得ることなく、ネオボール等を販売したことが違法であるとまではいえない』として、請求を否定しています*1*2。

＊1　委任契約は、民法上いつでも解除が可能である。**東京地判平成15.5.21**では、エレベーター保守会社とマンション管理組合との間におけるエレベーター保守管理契約が管理組合により契約期間途中で解除された場合において、管理組合の損害賠償責任が否定された。

＊2　**東京地判平成21.8.5**は、区分所有者がAとBの2名であり、管理委託契約書がAとBの連名で作成されていたケースにおいて、管理会社XがAから区分所有権を取得したYに対して建物管理委託業務費を請求したところ、Yがその支払いを拒み、争いになったが、『両者は管理組合の構成員の全てであるから、法人格のない管理組合の表示に代えて組合の構成員全員の表示としたものと解することが可能であり、組合債務である建物管理委託業務費につき、管理組合の組合員であるYに対し、直接その支払いを求めることができる』として、Xの請求を認容している。

第34条（専門的知識を有する者の活用）

　管理組合は、マンション管理士（マンション管理適正化法第2条第五号の「マンション管理士」をいう。）その他マンション管理に関する各分野の専門的知識を有する者に対し、管理組合の運営その他マンションの管理に関し、相談したり、助言、指導その他の援助を求めたりすることができる。

専門的知識の必要性　マンションには、1つの建物を多くの人が区分して所有するという特性があります。近年では、規模が拡大し、新しい設備が取り入れられ、さらに、権利関係も複雑になっています。マンションの管理運営は、権利・利用関係の複雑さや、設備構造上の技術的判断の難しさなどをともないます。マンションの適切な維持、管理には、法律や建築技術等の専門的知識が必要となり、マンション管理に関する専門家の活用が求められます。

　このような状況を受け、本条は、管理組合が、管理会社に管理事務を委託したり、あるいは、マンション管理士その他マンション管理に関する各分野の専門的知識を有する者に対し、管理組合の運営その他マンションの管理に関し、相談、助言、指導その他の援助を求めたりすることができる旨を定めています。

専門的知識を有する者の種類　管理組合が支援を受けるべき専門的知識を有する者には、適正化法に基づき、マンション管理に特化した専門家として、マンション管理業者（管理会社）*1、マンション管理士があります。

　このほかにも、協力を求めることができる専門家としては、弁護士、司法書士、建築士、行政書士、公認会計士、税理士等の国家資格取得者や、マンション維持修繕技術者、マンションリフォームマネジャー等の民間資格取得

者などが考えられます（コメント33条及び34条関係②）＊2。

＊1　マンション管理業者は、管理業務主任者を置かなければならない。管理業務主任者は、
　　適正化法に定める管理業務主任者証の交付を受けた者である（適正化法2条9号、同法60
　　条1項）。
＊2　マンション維持修繕技術者は、一般社団法人マンション管理業協会の認定資格であり、
　　マンションの維持・修繕に関する専門家である。
　　　マンションリフォームマネジャーは、公益財団法人住宅リフォーム・紛争処理支援セン
　　ターの認定資格であり、マンションリフォームの企画、提案を行う専門家である。

専門的知識を有する者
を活用すべき分野　　　専門的知識を有する者を活用すべき分野として
は、規約改正原案の作成、管理組合における合意形
成の調整に対する援助、建物や設備の劣化診断、安全性診断の実施の必要性
についての助言、診断項目、内容の整理などが想定されます（コメント33条
及び34条関係③）。

　なお、これに加えて、平成28年改正によって、外部の専門家に、単に相談、
助言、指導などの援助を求めるだけではなく、直接管理組合の運営に携わら
せることも想定することとされています（コメント全般関係③、コメント33
条及び34条関係①）。

【専門的知識を有する者】

❶ マンション管理業者	適正化法に基づく登録を受けてマンション管理業を営む者（適正化法2条8号、同法44条）。一般に、管理会社といわれている。
❷ マンション管理士	適正化法に基づく登録を受け、マンション管理士の名称を用いて、専門的知識をもって、管理組合の運営その他マンションの管理に関し、管理組合の管理者等またはマンションの区分所有者等の相談に応じ、助言、指導その他の援助を行うことを業務とする者（適正化法2条5号、同法30条1項）

3 役員

第35条（役員）

管理組合に次の役員を置く。

一 理事長

二 副理事長 ○名

三 会計担当理事 ○名

四 理事（理事長、副理事長、会計担当理事を含む。以下同じ。） ○名

五 監事 ○名

2 理事及び監事は、総会の決議によって、組合員のうちから選任し、又は解任する。

3 理事長、副理事長及び会計担当理事は、理事会の決議によって、理事のうちから選任し、又は解任する。

外部専門家を理事として選任できることとする場合

2 理事及び監事は、総会の決議によって、選任し、又は解任する。

3 理事長、副理事長及び会計担当理事は、理事会の決議によって、理事のうちから選任し、又は解任する。

4 組合員以外の者から理事又は監事を選任する場合の選任方法については細則で定める。

（令和3年改正の要点）

　役員の選任のみならず、解任も総会の決議により行うこと、また、理事の役職（理事長・副理事長および会計担当理事）の選任のみならず、解任も理事会の決議により行うことを明記した。

本条は、管理組合に、役員として、理事長、副理事長、会計
担当理事、理事、監事を置き（1項）、役員選任および解任
を総会決議事項としたうえで（2項）、理事長、副理事長および会計担当理
事は、理事会で選任および解任する（3項）としています。この仕組みは、
株式会社の取締役および監査役が株主総会で選解任され、取締役社長、代表
取締役などの役職がその後の取締役会で決定されるのと同じ構造です*1。

　役員には理事と監事がありますが、監事には、独立の立場から管理組合運
営を客観的に監査する役割があることを考えると、理事と監事を兼ねること
はできないとされます。1項4号・5号も、理事と監事が兼務しないことを
前提とした規定となっています。また、監事は管理組合の使用人を兼ねるこ
ともできないと解されます*2。

　役員の選出にあたっては、建物の構造（各階ごと、各階段ごと等）や年齢
構成等に可能な限り配慮し、理事会をバランスの取れた構成にする必要があ
ります。

　役員就任には、本人の同意が必要です。総会で選出され、本人の同意があっ
たときに、役員となります。

---

*1　役員選任の方法は、本来、管理組合が自由に決めることができるものである（**東京地
判平成16.8.31**）。**東京地判平成19.7.26 B**は、輪番制により候補者を選出するとともに、理事
候補者ごとの信任投票により総会において理事を選任するという条項の効力を認めている。
　　また、**東京地判平成30.7.31**は、役員立候補に理事会承認を要するとの規約の定めに基づ
き特定の区分所有者の立候補を承認しなかった理事会の決議が違法となるのは、「理事会が
その広範な裁量の範囲を逸脱し又は濫用した場合に限られる」との判断を示している。
　　他方、**東京高判平成29.8.30**は、特別決議をもって、特定の者が役員に立候補する資格お
よび理事会の運営に参加する資格を永久に喪失させるとした規約の定めを無効とし、**東京
地判令和元.10.18**は、規約で定めた員数以上の立候補者が出たために立候補者間の互選に
より総会決議に上程する理事選出候補者を絞る理事会決議について「違法の瑕疵を帯びる」
と指摘している。
*2　管理組合法人については、区分所有法に、「監事は、理事又は管理組合法人の使用人と
兼ねてはならない」とする明文がある（法50条2項）。

役員・役職の解任　本条2項は役員（理事および監事）の選任および解任について、3項は役職（理事長、副理事長および会計担当理事）の選任および解任について定めています。

令和3年改正前の標準管理規約では、選任についてのみ規定されていました（改正前35条2項・3項）。このため、規約の定めに基づき、総会で選任された理事の互選により選任された理事長を、理事会が解任することができるかどうかが争われたのが、**最判平成29.12.18**の事案です。裁判所は以下のように述べて、理事会決議による解任を有効としました（引用されている条文番号は標準管理規約のものではないが、内容はほぼ同趣旨）。

> 本件規約は、理事長を区分所有法に定める管理者とし（43条2項）、役員である理事に理事長等を含むものとした上（40条1項）、役員の選任及び解任について総会の決議を経なければならない（53条13号）とする一方で、理事は、組合員のうちから総会で選任し（40条2項）、その互選により理事長を選任する（同条3項）としている。これは、理事長を理事が就く役職の1つと位置付けた上、総会で選任された理事に対し、原則として、その互選により理事長の職に就く者を定めることを委ねるものと解される。そうすると、このような定めは、理事の互選により選任された理事長について理事の過半数の一致により理事長の職を解き、別の理事を理事長に定めることも総会で選任された理事に委ねる趣旨と解するのが、本件規約を定めた区分所有者の合理的意思に合致する。

こうした最高裁の判断を踏まえ、令和3年改正は、役職の選任のみならず解任についても理事会において行うことについて3項に根拠を明記したものです。これに合わせて、役員の解任についても2項に明記されました。

役員の資格に関する2つのタイプ〜組合員要件型と外部専門家型　平成28年改正前の標準管理規約では、役員は組合員から選任するものとされていました（組合員要件）。所有者が財産管理に最も関心が高く、自覚も高いと考えられていたことが、その理由です。

しかし、組合員の高齢化や無関心などの状況をみると、組合員要件にこだわることはむしろ適正な管理の目的に沿わなくなっています。

　そこで、平成28年改正では、従来型（組合員要件型）と外部専門家型との２つに分けて、規定を設けることとしました。

従来型
（組合員要件型）
　従来のとおり、役員を組合員から選任するタイプです（従来型２項）。所有者が財産管理に最も関心が高く、自覚も高いと考えるこれまでの考え方を維持するものです。役員が組合員でなくなった場合には、役員は地位を失います（36条４項）。

　この型を採用する場合には、『それぞれのマンションの実態に応じて、「○○マンションに現に居住する組合員」とするなど、居住要件を加えることも考えられる』とコメントされています（コメント35条関係①）。

　かつては、標準管理規約では、役員になる資格として、組合員要件に加え、マンションに現に居住すること（居住要件）を必要としていました（平成23年改正前の35条２項）*1*2。

　しかし多くのマンションでは、区分所有者が高齢化し、専有部分が賃貸される割合が高くなり（高齢化・賃貸化）、同時に、区分所有者が管理に対して関心を示さないこと（無関心化）などから、役員のなり手が少ないという状況があり、加えて、役員の資格に居住要件も付加されていたことから、なおさら役員の確保が困難になっていました*3。

　理事会が適正な体制のもとで円滑に活動することはマンション管理の生命線であり、役員が確保できなければ、適正なマンション管理は実現できません。

　そこで平成23年改正では、２項を見直して「理事及び監事は、組合員のうちから、総会で選任する」と規定することにして、役員就任に居住を必要としない、という考え方を採用しました（居住要件の撤廃）。資格要件を緩和して、広く人材を募り、理事会の適正な体制の確保および活性化を図ったものです。

＊1 　居住を必要としていたのは、現に区分所有建物に居住していなければ、現状を直接的に把握することができないし、マンションに居住していてはじめて、区分所有者の意見をよく聞くことができるからであった。

＊2 　管理規約に、役員の資格として居住要件が定められている管理組合において、自らは居住していない前理事長から、現理事に対し、現理事は居住者でなく登記簿上所有権移転登記も経ていないから、現理事の選任決議は無効であるとして訴えが提起された事案があった（**福岡地裁小倉支部決平成12.2.29**）。裁判所は、『原告（前理事長）が理事を務めていたとき、原告（前理事長）は居住者でなく、所有していたとする部屋は他人名義であったが、規約違反が問題とされたことはなかったことなどから、規約は形骸化していて規範的効力はない。仮に規約が有効であるとしても、原告（前理事長）自身が規約に違反して理事などを務めてきて規約違反を是認していたにもかかわらず、新たに選任された理事について規約違反を問題とするのは信義則に反する』として、前理事長の言い分を認めなかった。

＊3 　なお、役員のなり手不足への対応として、役員の就任を辞退する区分所有者に理事会協力金の納付義務を課すルールを定める例がある（細則でそのようなルールを定めた事案として、**東京地判平成30.9.28**）。

外部専門家型　　平成28年改正の際、外部専門家を理事として選任できることとする場合（外部専門家型）の役員選任のルールが設けられました。

外部専門家型が採用される場合、理事および監事は、総会で選任および解任する（外部専門家型2項）、理事長、副理事長および会計担当理事は、理事会で選任および解任する（同3項）、組合員以外の者から理事または監事を選任する場合の選任方法については細則で定める（同4項）とされます。

外部専門家型の役員を認める場合については、次のようにコメントされています。『必要に応じて、マンション管理に係る専門知識を有する外部の専門家の選任も可能とするように当該要件を外すことも考えられる。この場合においては、「外部専門家を役員として選任できることとする場合」の第4項のように、選任方法について細則で定める旨の規定を置くことが考えられる。この場合の専門家としては、マンション管理士のほか弁護士、建築士などで、一定の専門的知見を有する者が想定され、当該マンションの管理上の課題等に応じて適切な専門家を選任することが重要である』（コメント35条関係①）。

標準管理規約は、外部の専門家が管理組合の運営に携わる際の基本的なパターンとして、(1)理事・監事外部専門家型または理事長外部専門家型、(2)外部管理者理事会監督型、(3)外部管理者総会監督型の３つを想定しました（別添１）。

　この標準管理規約は、理事会を中心とした管理組合の運営を想定したものであり、35条２項において組合員要件を外した場合には、(1)理事・監事外部専門家型または理事長外部専門家型による外部の専門家の活用を可能とするように規定を整備しています。

　(2)、(3)を採用しようとする場合における規定の整備の考え方については、「標準管理規約　別添１」（⇒388頁）に示されています（コメント全般関係③）。

法人および法人関係者の役員就任

　一般に、法人は他の法人の理事となることはできないとされており（**大判昭和2.5.19**）、一般社団法人・一般財団法人については、その旨の明文があります（一般社団法人及び一般財団法人に関する法律65条１項１号*1）。法人化されていない管理組合であっても、法人は役員になることはできないと解されます*2。

　『本標準管理規約における管理組合は、権利能力なき社団であることを想定しているが（コメント第６条関係参照）、役員として意思決定を行えるのは自然人であり、法人そのものは役員になることができないと解すべきである』とされています（コメント35条関係④）。

　しかし現在では、法人が区分所有者となるのは普通のことです。かつての標準管理規約の下で役員の居住要件と組合員要件を厳格にとらえ、法人関係者が役員の資格要件を満たさないから役員にはなれないとすることは、大変に不便なことでした（すべての区分所有者が法人であるマンションもある）。

　そこで、コメントでは、さらに、次のように述べられています。『法人が区分所有する専有部分があるマンションにおいて、法人関係者が役員になる場合には、管理組合役員の任務に当たることを当該法人の職務命令として受

けた者等を選任することが一般的に想定される。外部専門家として役員を選任する場合であって、法人、団体等から派遣を受けるときも、同様に、当該法人、団体等から指定された者（自然人）を選任することが一般的に想定される。なお、法人の役職員が役員になった場合においては、特に利益相反取引について注意が必要である（第37条の2関係参照）』（コメント35条関係④）。

『第4項の選任方法に関する細則の内容としては、選任の対象となる外部の専門家の要件や選任の具体的な手続等を想定している。なお、⑥及び第36条の2関係②について併せて参照のこと』（コメント35条関係⑤）。

『外部の専門家を役員として選任する場合には、その者が期待された能力等を発揮して管理の適正化、財産的価値の最大化を実現しているか監視・監督する仕組みが必要である。このための一方策として、法人・団体から外部の専門家の派遣を受ける場合には、派遣元の法人・団体等による報告聴取や業務監査又は外部監査が行われることを選任の要件として、第4項の細則において定めることが考えられる』（コメント35条関係⑥）。

*1　一般社団法人及び一般財団法人に関する法律65条1項「次に掲げる者は、役員となることができない。1号　法人」。
*2　法人である組合員が理事長に就任することができない旨を明示的に定めた規約が、法人である組合員に対する不当な制約であり無効と主張された事案で、**東京地判令和2.3.26**はこのような定めが有効であると判断している。

役員の人数　役員は、マンションの規模に応じ、その役割を果たすのに十分な数であって、かつ、話合いをするのに多すぎない人数にする必要があります。おおむね10〜15戸につき1名選出するものとし、最低3名程度、最高20名程度の範囲というのが、標準管理規約の考え方です。人数の範囲を、○〜○名という枠により定めることもできます（コメント35条関係②）*。

*　管理ガイドブックは、理事が大規模修繕工事の実施前に一巡する（おおむね10〜12年）よう設定することが望ましいとしている。

標準管理規約では、組合員要件のほかには、理事の選任について特に規定はありません。しかし、その職務の内容に応じて、合理的と認められる範囲内で制約を加えることも可能です。

役員の資格要件に居住要件を加えるほか、例えば、会計担当理事について、「管理費等の滞納者は会計担当理事とすることはできない」といったような制限も考えられます。

従来型（組合員要件型）が採用されている場合には、役員が、任期途中で区分所有権を譲渡すると、組合員要件を満たさなくなるので、役員の地位は失われ（36条4項）、その結果、役員数が、規約で定められた数に不足することにもなります*1。また、組合員要件型を採用しているか否かを問わず、役員が死亡するなどの事情により、役員が足りなくなることもあります。

役員に欠員が生じると、円滑な管理組合運営ができません。また、役員を補充するため、役員が欠けた状態が生じてからそのつど、臨時総会を招集するのは、組合にとって大きな負担です。そのためあらかじめ、欠員に対する対策を考えておく必要があります。

欠員への対処としては、

A　欠員が生じないようにする方式
B　欠員が生じた場合に、早期に補充する方式
　❶ 総会で補欠の役員を選任しておく方法
　❷ 理事会が補欠の役員を選任する方法

があります。

A　欠員が生じないようにする方式

本条1項は、理事○名、監事○名を置くものとして、決められた数の役員を置く建前となっています。しかし、この方式だと、ひとりでも役員が欠け

162

ると、欠員が生じます。

　これに対し、規約において、理事の定員につき「〇〜〇名」と幅を持たせておくことなども可能です。定員に幅を持たせておけば、役員が任期途中で欠けても、残りの役員によって定員の範囲内におさまっていれば、補欠役員を選任しないという扱いができます*2。

B　欠員が生じた場合に、早期に補充する方式

❶ 総会で補欠の役員を選任しておく方法

　欠員が生じたときに役員を補充する方法としては、まず、役員が欠けた場合に備え、補欠の役員を選任しておく方法があります。

　36条2項は、補欠の役員の任期を定めており、標準管理規約も、補欠の役員の選任を念頭に置いています。

　補欠の役員の選任方法については特に規定がありませんが、補欠ではあっても役員ですから、35条2項の定めに従い、総会で選任する必要があります。

　この方法は標準管理規約に変更を加えなくても利用できるので、欠員への対処として比較的一般に行われています。

❷ 理事会が補欠の役員を選任する方法

　次に、理事会が補欠の役員を選任する方法があります。この方法をとれば、迅速で柔軟な対応が可能となりますが、役員は総会で決めるという標準管理規約の原則に対する例外を認めるものですから、規約の中で、『役員が転出、死亡その他の事情により任期途中で欠けた場合、補欠の役員を理事会の決議で選任することができる』など、明文をもって規定しておくことが必要となります（コメント36条関係④）。

---

*1　理事長が36条4項に基づき役員の地位を失ったり、区分所有者の請求によって理事長が解任されたときには、副理事長がその職務を行う（39条）。

*2　定員に幅を持たせておいても、定員の幅の下限の人数を下回ると、欠員が生ずることになる。

第36条（役員の任期）

役員の任期は○年とする。ただし、再任を妨げない。

2　補欠の役員の任期は、前任者の残任期間とする。

3　任期の満了又は辞任によって退任する役員は、後任の役員が就任するまでの間引き続きその職務を行う。

4　役員が組合員でなくなった場合には、その役員はその地位を失う。

外部専門家を理事として選任できることとする場合

4　選任（再任を除く。）の時に組合員であった役員が組合員でなくなった場合には、その役員はその地位を失う。

役員の任期と役員の交代　　役員の選任にあたっては、その就任日および任期を明確にしておかなければなりません。役員の任期は、自由に定めることができますが、通常は1～2年に設定されます（コメント36条関係①）＊。

任期満了にあたっての再任も可能です。総会で承認されれば、連続して役員に就任すること（重任）もできます。

役員の交代については、全員が一度に交代するのではなく、半数ずつ入れ替える方法をとれば、組合運営の継続性が担保され、蓄積されたノウハウが活かされます。半数改選の方式をとる場合には、役員の任期を2年とする必要があります（コメント同②）。

2項は、補欠の役員が役員に就任した場合、補欠の役員の任期を、前任者の残任期間としています。

理事や監事の員数を、○～○名という枠により定めている場合でも、その下限の員数を満たさなくなったときに、補欠を選任することが必要となります（コメント同④なお書）。

コメントでは『役員が任期途中で欠けた場合、総会の決議により新たな役

員を選任することが可能であるが、外部の専門家の役員就任の可能性や災害時等緊急時の迅速な対応の必要性を踏まえると、規約において、あらかじめ補欠を定めておくことができる旨規定するなど、補欠の役員の選任方法について定めておくことが望ましい。また、組合員である役員が転出、死亡その他の事情により任期途中で欠けた場合には、組合員から補欠の役員を理事会の決議で選任することができると、規約に規定することもできる』とされています（コメント同④）。

＊　管理組合法人の役員の任期は2年だが、規約に定めを置くことにより3年以内の期間を定めることも可能となっている（法49条6項）。

【役員の任期】
（全員が交代する方法）

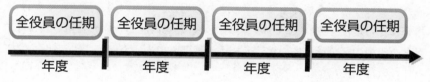

（半数ずつ入れ替える方法）

任期の満了または辞任によって退任する役員は、後任の役員が就任するまでの間引き続きその職務を行います（3項）。ここで職務継続の権限を持ち、義務を負うのは、任期満了と辞任のいずれかによって退任した役員であって、4項に基づき役員の地位を失った者や区分所有者の請求によって理事長を解任された者（法25条2項）は含まれません。

35条で、役員の資格について従来型（組合員要件型）と外部専門家型の2つのタイプが設けられていることにともない、36条でも、外部専門家型が採用される場合の取扱いに関する規定が設けられています。

　すなわち、従来型4項は、役員が組合員でなくなった場合には、その役員はその地位を失うと定めています。35条2項によって、役員が組合員要件を満たす者のうちから選任することとされた場合、役員が組合員でなくなった場合にその地位を失うというのは、当然のことを確認したものと解されます。たとえ役員の区分所有権の譲渡の相手が配偶者であったとしても、組合員でなくなれば、役員ではなくなります。

　これに対し、外部専門家型が採用された場合には、理事に選任される外部専門家は、組合員ではありません。外部専門家の資格要件として、組合員であるか否かは問われないわけです。もっとも、外部専門家型が採用されても、組合員であることに基づいて選任される理事がいます。そのような理事は、組合員ではなくなった場合には、地位を失うものとするべきです。そこで、外部専門家型4項では、選任（再任を除く）の時に組合員であった役員が組合員でなくなった場合には、その役員はその地位を失う、との定めを置いています（コメント36条関係③）。

第36条の2（役員の欠格条項）

次の各号のいずれかに該当する者は、役員となることができない。

一 精神の機能の障害により役員の職務を適正に執行するに当たって必要な認知、判断及び意思疎通を適切に行うことができない者又は破産者で復権を得ないもの

二 禁錮以上の刑に処せられ、その執行を終わり、又はその執行を受けることがなくなった日から5年を経過しない者

三 暴力団員等（暴力団員又は暴力団員でなくなった日から5年を経過しない者をいう。）

（令和3年改正前36条の2）

はしら書　変更なし

一 成年被後見人若しくは被保佐人又は破産者で復権を得ないもの

二・三　変更なし

（令和3年改正の要点）

　成年被後見人・被保佐人を一律に欠格事由とする規定を、個別的・実質的に必要な能力の有無を判断する規定に修正

役員の欠格条項　　28年改正では、役員の資格に関し、新たに外部専門家型が設けられたことを踏まえ、役員の欠格事由を定めました。

1号は、意思能力が十分でない者、破産者で復権を得ない者について欠格事由としています。意思能力については、従前、「成年被後見人若しくは被保佐人」を一律に欠格事由としており、従来は標準管理規約以外にもこのような民法上の制限行為能力者を一律に資格・職種・業務等から排除する種々の法規定が存在していました。しかし、制限行為能力者の精神機能の障害の程度は様々であり、一律に排除することは制限行為能力者であることを理由

とした不当な差別につながるという問題があり、平成29年に成年後見制度利用促進委員会が公表した『成年被後見人等の権利に係る制限が設けられている制度の見直しについて（議論の整理）』において、政府に対し「成年被後見人等の一律排除の規定を設けている各制度について、個別的、実質的な審査によって各資格・職種・業務等の特性に応じて判断する仕組みへの見直しを行うべき」との提言がなされました。これに基づき、令和元年に政府から各府省関係主管に対し、政省令や通知などで定めている成年被後見人等に係る欠格条項その他権利の制限に係る措置を見直すよう指導され＊、標準管理規約において従前定められていた役員欠格事由についてもこの趣旨を踏まえた修正がなされることとなりました。

　令和3年改正後は、「精神の機能の障害により役員の職務を適正に執行するに当たって必要な認知、判断及び意思疎通を適切に行うことができない者」である場合にのみ役員になることができないとされています。

　3号は、反社会的勢力の排除を趣旨としたものです。暴力団員等の範囲については、公益社団法人及び公益財団法人の認定等に関する法律を参考にしています（本条は、従来型にも適用される）。

　外部の専門家からの役員の選任について、35条4項に基づいて細則で選任方法を定めることとする場合、次のような役員の欠格条項の定めが考えられます（コメント36条の2関係②）。

ア　個人の専門家の場合	マンション管理に関する各分野の専門的知識を有する者から役員を選任しようとする場合にあっては、マンション管理士の登録の取消しまたは当該分野に係る資格についてこれと同様の処分を受けた者
イ　法人から専門家の派遣を受ける場合	（アに該当する者に加えて）次のいずれかに該当する法人から派遣される役職員は、外部専門家として役員となることができない。 ●銀行取引停止処分を受けている法人 ●管理業者の登録の取消しを受けた法人

＊　法律については、令和元年に制定された「成年被後見人等の権利の制限に係る措置の適正化等を図るための関係法律の整備に関する法律」に基づき、個別に見直されている。

第37条（役員の誠実義務等）

　役員は、法令、規約及び使用細則その他細則（以下「使用細則等」という。）並びに総会及び理事会の決議に従い、組合員のため、誠実にその職務を遂行するものとする。

２　役員は、別に定めるところにより、役員としての活動に応ずる必要経費の支払と報酬を受けることができる。

誠実に職務を遂行する義務

　役員と管理組合とは委任の関係に立ちます（役員と管理組合との間に委任の法律関係が成立することを明言した裁判例として、**東京地判平成20.4.8**）*1から、役員は、管理組合に対し、善良な管理者の注意義務を負います（民法644条）。本条に定める誠実に職務を遂行する義務は、善良な管理者の注意義務を規約によって明文化したものです。役員が、誠実にその職務を遂行する義務に反し、管理組合に損害を与えた場合には、損害賠償義務を負うことにもなります。

　マンション内の自動販売機設置に関する手数料を、理事長が個人として不正に取得していた場合、善良な管理者の注意義務に違反するものとして、管理組合から理事長個人に対し、損害賠償請求が肯定されています（**東京高判平成13.11.21**）。またリゾートマンションにおいて、管理費を株式会社設立に出資しようとしていた理事長および理事について、管理費を規約の使途以外に支出することは許されないものとして、理事長、理事に対する職務執行停止、職務代行者選任の仮処分申請が認められた裁判例（**長野地決平成11.4.27**）もあります。

　他方で損害賠償請求が否定された事案として、**東京高判平成14.9.30**、**横浜地判平成13.12.28**があります*2*3。

---

*1　管理者と管理組合の間において委任の関係に従うことは、区分所有法が明文をもって定めている（法28条）。

管理組合の財産の毀損防止のための措置　　管理組合の役員は、組合財産を取り扱う立場にあります。そのため、役員は、管理組合の財産の毀損の防止およびそのために必要な措置を講じるよう努める必要があります。外部の専門家が役員に就任する場合、役員業務における判断・執行の誤りから組合財産を毀損すると、善良な管理者の注意義務に反したものとして損害賠償義務を負うことがありますが、このような場合に組合の損害がきちんと補填されるようにするために、賠償責任保険への加入に努め、保険限度額等の充実等にも努めるべきといえます。さらに、このような保険は、故意・重過失による財産毀損は補償しないため、外部役員自身が「財産的基礎の充実による自社（者）補償や積立て等による団体補償の検討等にも取り組むよう努めるべきである」とされます（コメント37条関係①）。

役員活動費　　2項は、役員に関する、必要経費と報酬について定めました。

❶ 必要経費

役員が職務遂行に際して経費を必要とするときに、必要経費を請求することができるのは当然です（民法649条、650条）＊1。

❷ 役員報酬

役員になると、大変な手間と時間を費やし、精神的な負担もかかります。しかも、誠実に職務を執行しなければならないという法律上の義務を負い、責任問題が生ずる可能性さえあります。このような事情を考えれば、管理組合は、役員に対し、必要経費だけではなく適切な役員報酬を支払うことが公平です。民法上、委任は無償が原則ですが、特約があれば報酬を請求するこ

とができることとなっており（民法648条1項）＊2、本条2項も、別に定めがあれば、役員としての活動に報酬を支払う旨を定めています。

　現在は、役員については、多くの管理組合において無報酬です。しかし、すでに報酬を支払う管理組合も増え始めており、これからも報酬を支払う管理組合が増えていくと予想されます＊3。

　報酬の額の決定については総会決議事項（普通決議）です（48条2号）。金額についてトラブルが起こらないように、具体的金額についてのルールを決めておくべきであり、一般の人件費等を勘案して適正な水準に設定する必要があります（コメント27条関係①）＊4。理事会に欠席した場合等は報酬を支給しないことなども考えられます。

　理事だけではなく、監事も役員ですから、定めがあれば必要経費の支払いと報酬を受けることが可能です。

　外部専門家が役員に就任する場合の取扱いについては、『役員に対して、必要経費とは別に、理事会での協議・意見交換の参画等に伴う負担と、実際の業務の困難性や専門的技能・能力等による寄与などを総合的に考慮して、報酬を支払うことも考えられる。その際、理事会の議事録の閲覧（第53条第4項）の活用等により、役員の業務の状況を適切に認知・確認することが望ましい』（コメント37条関係②）とコメントされています。

＊1　必要経費の支払基準についても、ルールを決めておくべきである。
＊2　委任を無報酬とするのはローマ法以来の伝統であるが、管理組合の役員を無報酬とすることにこだわる合理的な理由はない。
＊3　役員報酬を支払う決議がされた後で、さらに、その決議を無効とする旨の総会決議がなされたため支払決議が遡って無効になったと管理組合が主張した事案において、**横浜地裁川崎支部判平成29.5.31**は、報酬支払決議は管理組合と役員との間の委任契約の内容になっており一方当事者である管理組合が無効決議をしても役員の支払請求権は失われないとした。
＊4　理事に対し、月額1万円の報酬を支給することとされた際に、その報酬に充てるために1議決権当たり月額5,000円を徴収する総会の決議の効力が、肯定されている（**東京地判平成25.4.15**）。

第37条の2（利益相反取引の防止）

役員は、次に掲げる場合には、理事会において、当該取引につき重要な事実を開示し、その承認を受けなければならない。

一　役員が自己又は第三者のために管理組合と取引をしようとするとき。

二　管理組合が役員以外の者との間において管理組合と当該役員との利益が相反する取引をしようとするとき。

利益相反取引の防止　28年改正で、役員の資格に関し、新たに外部専門家型を設けたことなどを踏まえ、利益相反取引の防止の規定が置かれました。

コメントでは、『役員は、マンションの資産価値の保全に努めなければならず、管理組合の利益を犠牲にして自己又は第三者の利益を図ることがあってはならない。とりわけ、外部の専門家の役員就任を可能とする選択肢を設けたことに伴い、このようなおそれのある取引に対する規制の必要性が高くなっている。そこで、役員が、利益相反取引（直接取引又は間接取引）を行おうとする場合には、理事会で当該取引につき重要な事実を開示し、承認を受けなければならないことを定めるものである。

なお、同様の趣旨により、理事会の決議に特別の利害関係を有する理事は、その議決に加わることができない旨を規定する（第53条第3項）とともに、管理組合と理事長との利益が相反する事項については、監事又は当該理事以外の理事が管理組合を代表する旨を規定する（第38条第6項）こととしている』（コメント37条の2関係）とされています。

第38条（理事長）

　理事長は、管理組合を代表し、その業務を統括するほか、次の各号に掲げる業務を遂行する。

　　一　規約、使用細則等又は総会若しくは理事会の決議により、理事長の職務として定められた事項

　　二　理事会の承認を得て、職員を採用し、又は解雇すること。

2　理事長は、区分所有法に定める管理者とする。

3　理事長は、通常総会において、組合員に対し、前会計年度における管理組合の業務の執行に関する報告をしなければならない。

4　理事長は、○か月に１回以上、職務の執行の状況を理事会に報告しなければならない。

5　理事長は、理事会の承認を受けて、他の理事に、その職務の一部を委任することができる。

6　管理組合と理事長との利益が相反する事項については、理事長は、代表権を有しない。この場合においては、監事又は理事長以外の理事が管理組合を代表する。

理事長の職務　　理事長は、管理組合を代表し、管理組合の業務を統括します（１項）。

　理事長の職務は、規約、使用細則、総会や理事会の決議などにより定められた事項です（１項１号）。理事会の承認を得て、職員を採用し*1、または解雇すること（１項２号）、通常総会において、組合員に対し、前会計年度における管理組合の業務の執行に関する報告をすること（３項）も明示されています*2。もっとも、理事長の職務がこれら明示されたものに限らないことはいうまでもありません。標準管理規約の定めから理事長がその職務として行うことになるものをピックアップすれば、次の図表のとおりです*3*4。

【理事長の職務】

❶ 駐車場使用契約の締結（15条1項）
❷ 敷地および共用部分等に係る使用契約の締結（16条2項）
❸ 専有部分を貸与する場合の誓約書の受理（19条2項）
❹ 損害保険契約の締結、保険金の請求・受領（24条）
❺ 組合員の資格の得喪に関する届出の受理（31条）
❻ 業務委託契約、請負契約の締結（33条）
❼ 職員の採用・解雇（38条1項2号）
❽ 業務報告（38条3項）、会計報告（59条）
❾ 集会の招集、議長としての会議進行（42条3項〜5項、43条、44条1項）
❿ 占有者の総会での意見陳述権についての通知の受理（45条2項）
⓫ 議決権行使者の届出・代理権証明書の各受理（46条3項・6項）
⓬ 総会議事録の作成、保管、閲覧、書面による決議書面の保管・閲覧、これ
　らの書面の保管場所の掲示（49条、50条）
⓭ 理事会の招集、議長としての会議進行（51条3項、52条）
⓮ 理事会議事録の作成、保管、閲覧（53条4項）
⓯ 収支予算の作成、変更（58条）
⓰ 未納管理費等の請求（60条4項）
⓱ 管理費等の不足分の請求（61条2項）
⓲ 預金口座開設（62条）
⓳ 借入れ（63条）
⓴ 帳票類等の作成、保管（64条）
㉑ 勧告、指示、警告（67条1項・3項）
㉒ 規約原本類の保管、閲覧、保管場所の掲示（72条2項・6項）

　理事長が、日常のトラブルに対処し、あるいは緊急時の対応を行うについては、どのように対処・対応するべきなのか判断が容易ではないケースも生じます。例えば、日常的な植栽の枝の剪定は、総会で承認された予算の範囲内で当然に理事長が実施できますが、植栽の伐採が日照障害を避けるためであれば、組合員の間で賛否が分かれることがあります。組合員の意見を調整する必要がある問題に関しては、個別に総会決議により決定することが望ましいと考えられます（コメント38条関係①）。

　なお、集会決議に基づき締結されるべきであるのに、その決議を欠いた委託契約について、決議の有無について確認を取らずに契約を締結した受託者に過失があるとして、契約に基づく受託者の報酬支払請求を否定した事案に、**東京地判平成27.7.8**があります。

　4項は、理事長は、○か月に1回以上、職務の執行の状況を理事会に報告しなければならないと定めています。例えば「3か月に1回以上」など、定期的な報告が必要です。

　理事長は、理事会の承認を受けて、他の理事にその職務の一部を委任することができます（38条5項）。理事長がその職務を全部第三者に委任することは規約違反ですし、職務の性質上認められないと考えられます（**東京地判平成30.2.28**）。

　6項は、平成28年改正で新設された37条の2に対応して定められた条文です（コメント38条関係④）。

　理事長は管理者ですから、理事長が管理業務の報告を怠り、あるいは、虚偽の報告をしたときは、20万円以下の過料に処せられます（法71条4号、法43条）。

　なお、理事長の職務のうち、理事会決定だけに基づく事項は、規約で決まっている事項や総会で決める事項とは異なり、必ずしも区分所有者の知りうる状況で行うものではありませんから、特に十分な周知と了解が求められます。

＊1　管理組合が採用する職員は、日常的な管理業務全般を担当する管理員である場合が多いと考えられる。管理業務を管理会社に委託している場合の管理会社において、当該マンションを担当する管理員は、管理会社の従業員であって本条の職員ではない。

＊2　マンションの区分所有者は、管理組合およびその理事長に対し、決算報告を請求する実体法上の請求権を有しない（**東京地判平成13.10.29**）。

＊3　総会での決議は理事会で決議された議題に限ってなされるべきものであるとする規則の制定をもって、規約上理事長が有していた総会への議題提案権をはく奪し、これを理事会に独占させるに至ったものとは認め難いとされた（**東京地判平成7.10.5**）。

＊4　マンションの分譲以来数年間規約の設定決議が行われないままであったけれども、理事長等の役員が選任され、理事長が代表者として行動し預金を預け入れていた管理組合において、管理組合から銀行に対する預金の払戻し請求が認められた（**東京地判平成15.1.30**）。

　区分所有者の団体（法３条の団体）が法人化されていない場合、本来的には、区分所有者全員が直接に建物の管理を行わなければなりません。しかし、全員が直接に管理に携わることは極めて煩雑であり、規模の大きい区分所有建物では、現実的には無理なことです。一定の者に管理を任せる仕組みが必要になります。

　そこで、区分所有法上、常時共用部分の管理を行うべき者を決めて、一定の権限を与え、その者が実際の管理に携わることとして管理の便宜を図るという管理者の制度が採用されています（法25条以下）。

　標準管理規約は、管理組合を権利能力なき社団とする考え方に立ち*1、理事長を管理者と明記して（２項）、権利能力なき社団である管理組合における執行機関としています*2*3*4。

＊１　権利能力なき社団については、６条（管理組合）の解説を参照（➡28頁）。

＊２　管理者は管理組合の執行機関であるが、区分所有法上、管理組合において、管理者の選任は必要的ではなく、管理者を選任しなければならない義務はない。管理者は規約に定めがなければ集会で選任する必要があり（法25条１項）、区分所有者から管理費を徴収したり保存行為を行うなどの管理者としての振る舞いがみられる者が黙示的に管理者に選任されるものではない（**東京地判平成28.4.15**）。

＊３　法人化されていれば、理事の設置は必須であり（法49条１項）、理事が執行機関となる。そのため、管理組合法人には、管理者の制度は適用されない。

＊４　**東京地判平成27.3.20**では、渡り廊下、階段、バルコニーの手すり等に瑕疵があったことに基づいて、管理者から、マンション建築の設計監理者と施工者に対する損害賠償請求が肯定されている。

第39条（副理事長）

副理事長は、理事長を補佐し、理事長に事故があるときは、その職務を代理し、理事長が欠けたときは、その職務を行う。

副理事長の職務 　副理事長は、理事長を補佐し、理事長に事故があるときは、その職務を代理し、理事長が欠けたときは、その職務を行います。

理事長を補佐すべき事項には、総会で決議された事業計画や予算が円滑に進捗しているか、法令、規約、使用細則等に違反する事象は発生していないか、マンション内にトラブル等の問題の発生はないかなどへの配慮があります。これらの事項をチェックし、理事長をバックアップすることが必要です。

また、理事長が一時的に業務を遂行できない事象が発生したときは、副理事長が理事長の代理として、業務を遂行します。理事長の方針を受けて業務を遂行したうえで、業務の実施状況を理事長に報告しなければなりません。

理事長が、辞任、転出＊、死亡等で欠けたときは、自己の名において、業務を執行します。なお、理事長が欠けたときは、なるべく早い時期に後任の理事長を互選で選出し、あわせて、欠員となった理事を補充することを要します（稲本洋之助・鎌野邦樹編著『コンメンタールマンション標準管理規約』（以下『標準規約コンメ』という）、127頁）。

＊　理事の資格につき、従来型（組合員要件型）が採用されている場合、あるいは、外部専門家型＋選任時に理事長が組合員であった場合には理事長がその所有住戸を売却し組合員でなくなれば、理事長の地位を失う（36条4項）。

第40条（理事）

　理事は、理事会を構成し、理事会の定めるところに従い、管理組合の業務を担当する。

2　理事は、管理組合に著しい損害を及ぼすおそれのある事実があることを発見したときは、直ちに、当該事実を監事に報告しなければならない。

3　会計担当理事は、管理費等の収納、保管、運用、支出等の会計業務を行う。

理事長、副理事長以外の理事の職務

　理事は、理事会の構成員となり、理事会に出席して意見を述べ、評決に参加します。さらに、規約と理事会の定めるところに従って、管理組合の業務を担当します（1項）。会計担当理事については明文が設けられています（3項）。理事会は、資金運用や未収金への適切な対応を図るため、毎月、会計担当理事から報告を受け、会計の状況を把握する必要があります（管理ガイドブック）。

　管理組合の活動は多岐にわたるため、項目ごとに理事の担当職務を明らかにしておくことも重要です（管理ガイドブック）。

　2項は、管理組合にとって不利益な事実に対する監事による監査の実施を容易にするために、平成28年改正によって設けられた条文です（コメント40条関係）。

第41条（監事）

監事は、管理組合の業務の執行及び財産の状況を監査し、その結果を総会に報告しなければならない。

2 監事は、いつでも、理事及び第38条第１項第二号に規定する職員に対して業務の報告を求め、又は業務及び財産の状況の調査をすることができる。

3 監事は、管理組合の業務の執行及び財産の状況について不正があると認めるときは、臨時総会を招集することができる。

4 監事は、理事会に出席し、必要があると認めるときは、意見を述べなければならない。

5 監事は、理事が不正の行為をし、若しくは当該行為をするおそれがあると認めるとき、又は法令、規約、使用細則等、総会の決議若しくは理事会の決議に違反する事実若しくは著しく不当な事実があると認めるときは、遅滞なく、その旨を理事会に報告しなければならない。

6 監事は、前項に規定する場合において、必要があると認めるときは、理事長に対し、理事会の招集を請求することができる。

7 前項の規定による請求があった日から５日以内に、その請求があった日から２週間以内の日を理事会の日とする理事会の招集の通知が発せられない場合は、その請求をした監事は、理事会を招集することができる。

監事の職務　　1項は監事の基本的な職務内容の定めです。議案を調査し、その調査の結果、法令または規約に違反し、または著しく不当な事項があると認めるときの総会への報告が含まれます（コメント41条関係①前段）。2項は、報告請求権と調査権を定めました（コメント同①後段）。

かつての民法で法人の監事に総会招集権が定められていたことから推し量って（改正前の民法59条４号*1)、管理組合の監事についても、招集権を

肯定できると解され、3項に総会招集権が定められています*2。

　監事は、管理組合の業務の執行および財産の状況の監査役として、理事会における議事録や会計内容を、理事会の開催や毎月の会計のとりまとめごとなどに、定期的にチェックすることが必要です。4項は、従来「できる規定」として定めていたものですが、平成28年改正によって、監事による監査機能の強化のため、理事会への出席義務を課すとともに、必要があるときの意見陳述が義務づけられました（コメント同②）*3。

　5項により報告が行われた場合には、理事会は、報告された事実について検討しなければなりません。報告のために必要があれば、監事は、6項により、理事長に対し、理事会の招集を請求することができます。7項では、理事会の確実な開催を確保することとしています（コメント同③）。

　監事の職務には、理事会からの独立性が必要です。監事は理事と兼任することはできません。

*1　改正前の民法59条4号は、「一般社団法人及び一般財団法人に関する法律及び公益社団法人及び公益財団法人の認定等に関する法律の施行に伴う関係法律の整備等に関する法律」により、削除された。

*2　総会を招集した上で議案提案ができると判断された事案に、**東京高決平成30. 8. 21**がある。

*3　ただし、理事会は52条に規定する招集手続を経たうえで、53条1項の要件を満たせば開くことが可能であり、監事が出席しなかったことは、理事会における決議等の有効性には影響しない。

4 総 会

第42条 (総会)

管理組合の総会は、総組合員で組織する。

2 総会は、通常総会及び臨時総会とし、区分所有法に定める集会とする。

3 理事長は、通常総会を、毎年1回新会計年度開始以後2か月以内に招集しなければならない。

4 理事長は、必要と認める場合には、理事会の決議を経て、いつでも臨時総会を招集することができる。

5 総会の議長は、理事長が務める。

集会と総会　区分所有法は、集会中心主義を採用し、規約の設定・変更・廃止、管理者の選任・解任、共用部分の変更、共用部分・敷地の管理に関する事項など、管理に関する基本事項・重要事項を集会で決定することとして、集会に広範な権限を認めました。集会は、管理組合における最高の意思決定機関としての役割が与えられています*1。

本条は、総会を総組合員で組織するものとして*2、区分所有法に定める集会とすることを明記しています（1項・2項)*3。

---

*1　区分所有法上、集会の開催は義務ではない（法3条前段)。しかし、実際には、集会はほとんどのマンションで開催されており、管理組合のうちの99%が年に1回以上の総会を開催している（管理標準指針)。

*2　区分所有者の同居人や占有者（賃借人）は、組合員ではないから、当然には総会に出席する権利はない。

*3　「集会」は区分所有法上の概念、「総会」は標準管理規約上の概念である。

　総会は、管理組合の意思決定がなされる会議であると同時に、事務報告の場でもあります。理事長は、通常総会において、組合員に対し、前会計年度における管理組合の業務の執行に関する報告をしなければなりません（38条3項）＊1。

　ところで、前会計年度の収支決算報告のためには、会計年度終了から総会までに一定の日数が必要です。他方、総会で新会計年度の収支予算の承認を得なければ管理組合を運営することができませんから、会計年度開始後、できる限り速やかに総会を開催する必要があります。3項は、このバランスを考慮し、通常総会の開催時期について、毎年1回新会計年度開始後2か月以内に招集するものとしています。

　管理標準指針でも、新会計年度開始後2か月以内に通常総会を開催することが標準的な対応であるとされています。

【会計年度と総会開催】

・前会計年度の
　収支決算についての報告

・新会計年度の
　収支予算の承認

総会開催

前会計年度　　　　　　　　　　　　　新会計年度

2か月以内
に招集

〔コラム〕新型コロナウイルス感染症等の災害への対応

　新型コロナウイルス感染症の爆発的な拡大により、特に令和2年度において、多数の人が集まるマンション管理組合の総会の開催が難しい状況が生じました。この問題について法務省は、区分所有法34条2項（管理者の集会招集義務）、同法43条（管理者の集会における報告義務）、同法47条12項（管理組合法人における理事の集会招集義務・集会における報告義務）、同法66条（団地管理組合における管理者の集会招集義務・集会における報告義務）について以下のとおり解釈を示しました*2。

> 　前年の開催から1年以内に必ず集会の招集をし、集会においてその事務に関する報告をすることが求められているわけではありません。したがって、今般の新型コロナウイルス感染症に関連し、前年の集会の開催から1年以内に区分所有法上の集会の開催をすることができない状況が生じた場合には、その状況が解消された後、本年中に集会を招集し、集会において必要な報告をすれば足りるものと考えられます。

　標準管理規約についても、3項のとおり新会計年度開始以後2か月以内に総会を招集する義務が定められていますが、同様にこれを守ることが困難な状況が現実に生じたことを受けて、令和3年改正において「災害又は感染症の感染拡大等への対応として、WEB会議システム等を用いて会議を開催することも考えられるが、やむを得ない場合においては、通常総会を必ずしも『新会計年度開始以後2か月以内』に招集する必要はなく、これらの状況が解消された後、遅滞なく招集すれば足りると考えられる。」とのコメントが追加されました（コメント42条3項関係）。WEB会議システム等を用いて所定の期間内に総会が開けるのであればそれに越したことはないものの、管理組合によって必ずしもWEB会議システムの利用が容易ではなく、期間を墨守するよりも生命・健康を優先した柔軟な対応は許容されるとの考え方が示されたものです。

＊1　区分所有法には、管理者は、集会において、毎年1回一定の時期に、その事務に関する報告をしなければならないと規定されている（法43条）。

＊2　法務省ウェブサイト https://www.moj.go.jp/MINJI/minji07_00024.html

通常総会と臨時総会　総会には、通常総会および臨時総会の2種類があります（2項）。

通常総会は、毎年1回定例的に開催される総会です。

臨時総会は、必要に応じて、通常総会以外に開催される総会です。招集権者は必要があるときにはいつでも臨時総会を招集することができます。通常、理事長が理事会の決議を経て招集しますが、41条3項で監事、44条2項で組合員が、それぞれ招集し得る場合について、規定されています。

通常総会と臨時総会との間に、議決の効力において優劣はありません。

総会の議長　総会の議長は、理事長が務めます（5項）。理事長を議長としたのは、理事長が、役職についていない組合員よりも組合運営や総会の進行に詳しく、総会の議事進行がスムーズに進むという考え方に基づいています*。議長により中立性を求める場合には、総会において、議長を選任する旨の定めをするという方法も考えられます（コメント42条5項関係）。

規約に基づき理事長が議長となる場合には、議長を選任する手続きを経る必要はありません。一般には、規約の定めに基づき議長に就く旨を確認する宣言を行ったうえで、議事に入ります。

議長は、議事を進行させ、整理する権限（議事整理権）を有します。出席者に発言を許すことや採決を行うことは議長の権限ですし、1つの議案の審議が合理的限度を超えて長時間に及んだような場合には、適宜質疑を打ち切ることができます。また議長には、議場の秩序を維持する権限（議場の秩序維持権）もあります。したがって、規約では出席の資格がない者であっても、質疑のために有用と判断した場合には、総会への出席を認めることもでき（⟹199頁）、議場を混乱させ、議事進行を妨げる出席者には退場を求めることもできます。

---

*　区分所有法は、集会においては、規約に別段の定めがある場合および別段の決議をした場合を除いて、管理者または集会を招集した区分所有者の1人が議長となると規定している（法41条）。

第43条（招集手続）

　総会を招集するには、少なくとも会議を開く日の２週間前（会議の目的が建替え決議又はマンション敷地売却決議であるときは２か月前）までに、会議の日時、場所（WEB会議システム等を用いて会議を開催するときは、その開催方法）及び目的を示して、組合員に通知を発しなければならない。

２　前項の通知は、管理組合に対し組合員が届出をしたあて先に発するものとする。ただし、その届出のない組合員に対しては、対象物件内の専有部分の所在地あてに発するものとする。

３　第１項の通知は、対象物件内に居住する組合員及び前項の届出のない組合員に対しては、その内容を所定の掲示場所に掲示することをもって、これに代えることができる。

４　第１項の通知をする場合において、会議の目的が第47条第３項第一号、第二号若しくは第四号に掲げる事項の決議又は建替え決議若しくはマンション敷地売却決議であるときは、その議案の要領をも通知しなければならない。

５　会議の目的が建替え決議であるときは、前項に定める議案の要領のほか、次の事項を通知しなければならない。

　一　建替えを必要とする理由

　二　建物の建替えをしないとした場合における当該建物の効用の維持及び回復（建物が通常有すべき効用の確保を含む。）をするのに要する費用の額及びその内訳

　三　建物の修繕に関する計画が定められているときは、当該計画の内容

　四　建物につき修繕積立金として積み立てられている金額

６　会議の目的がマンション敷地売却決議であるときは、第４項に定める議案の要領のほか、次の事項を通知しなければならない。

　一　売却を必要とする理由

二 次に掲げる場合の区分に応じ、それぞれ次に定める事項

イ マンションが円滑化法第102条第2項第一号に該当するとして同条第1項の認定（以下「特定要除却認定」という。）を受けている場合 次に掲げる事項

(1) 建築物の耐震改修の促進に関する法律（平成7年法律第123号）第2条第2項に規定する耐震改修又はマンションの建替えをしない理由

(2) (1)の耐震改修に要する費用の概算額

ロ マンションが円滑化法第102条第2項第二号に該当するとして特定要除却認定を受けている場合 次に掲げる事項

(1) 火災に対する安全性の向上を目的とした改修又はマンションの建替えをしない理由

(2) (1)の改修に要する費用の概算額

ハ マンションが円滑化法第102条第2項第三号に該当するとして特定要除却認定を受けている場合 次に掲げる事項

(1) 外壁等の剥離及び落下の防止を目的とした改修又はマンションの建替えをしない理由

(2) (1)の改修に要する費用の概算額

7 建替え決議又はマンション敷地売却決議を目的とする総会を招集する場合、少なくとも会議を開く日の1か月前までに、当該招集の際に通知すべき事項について組合員に対し説明を行うための説明会を開催しなければならない。

8 第45条第2項の場合には、第1項の通知を発した後遅滞なく、その通知の内容を、所定の掲示場所に掲示しなければならない。

9 第1項（会議の目的が建替え決議又はマンション敷地売却決議であるときを除く。）にかかわらず、緊急を要する場合には、理事長は、理事会の承認を得て、5日間を下回らない範囲において、第1項の期間を短縮することができる。

（令和 3 年改正前43条）

　総会を招集するには、少なくとも会議を開く日の 2 週間前（会議の目的が建替え決議又はマンション敷地売却決議であるときは 2 か月前）までに、会議の日時、場所及び目的を示して、組合員に通知を発しなければならない。

2 〜 5 　変更なし

6 　会議の目的がマンション敷地売却決議であるときは、第 4 項に定める議案の要領のほか、次の事項を通知しなければならない。

　一　売却を必要とする理由

　二　建築物の耐震改修の促進に関する法律（平成 7 年法律第123号）第 2 条第 2 項に規定する耐震改修（以下単に「耐震改修」という。）又はマンションの建替えをしない理由

　三　耐震改修に要する費用の概算額

7 〜 9 　変更なし

（令和 3 年改正の要点）

　建替え円滑化法の令和 2 年改正＊で導入された、特定要除却認定制度による敷地売却の決議を行う場合に、必要な通知事項を明記した。

＊　令和 3 年12月20日施行

招集権者　　総会を招集するのは理事長です。通常総会は、毎年 1 回新会計年度開始後 2 か月以内に招集しなければならず（42条 3 項）、また、必要と認める場合には、理事会の決議を経て、いつでも臨時総会を招集することができます（42条 4 項）。

通知の必要性　　区分所有法上、集会を開催するには、招集通知を行わなければならないものとされています（法35条 1 項）。本条も、総会を開催するには、招集通知が必要であることを定めています（ 1 項）。

招集通知には、会議の目的が示されていなければなりません。会議の目的とは議題です。会議の目的（議題）が通知されていなければ、総会において決議がなされても、その決議は無効です。

規約の廃止、新規約の設定を議題とすることをあらかじめ通知せずに招集されたケース（**東京地判昭和62.4.10**）、招集権者による招集がなされていないケース（**東京地判平成13.2.20、東京地判平成18.1.30**）、役員の定数は合計9名であるところ、合計8名であることを前提として決議がなされたケース（**東京地判平成26.11.27**）では、いずれも決議が無効とされています。

しかし、招集通知の発送時期が若干遅れた場合や、議題の記載方法が多少正確さを欠いていたような場合には、手続きの瑕疵は、それほど重大ではありません。手続き上の瑕疵がささいなものであるにもかかわらず、決議が無効であって決議がない状態であるということになると、円滑で安定的な管理が妨げられることにもなってしまいます。そこで、瑕疵が軽微であって、しかもその瑕疵があったことが決議の結果に影響を及ぼさないことが明らかであるなど場合には、決議の無効を主張することができません（**東京高判平成元.3.20、東京地判昭和63.11.28、神戸地裁姫路支部判平成9.5.27、東京地判平成19.2.1、東京地判平成20.12.19、東京地判平成21.9.29、東京地判平成26.2.13、東京地判平成26.5.13、東京地判平成26.9.9**）。

招集通知は撤回が可能です。招集権者は、招集権限とともに招集を取り止める権限もあるからです。会議開催までに各区分所有者に到達すれば、招集通知は撤回されたことになります。

通知の時期　区分所有法は、集会の招集の通知については、会日より少なくとも1週間前に発しなければならないと定めることで、通知発出の期間を、原則として集会開催日の1週間前までとしつつ、規約で通知発出期間を伸縮することができることとしています（法35条1項）。

これを受けて、本条1項は、区分所有法に定められた期間を伸長し、遅くとも2週間前までに通知するものとしました。このように、法の定めに比較

し長い通知発出期間を設定したのは、事前の十分な熟考を可能にするためであり、また、不在区分所有者に対する通知や書面による議決権行使のための郵送に要する日数をも考慮したものです。

通知は、会日の 2 週間前までに発しなければなりませんが、通知の到達が、開催日前の 2 週間内となっても、招集通知の効力に影響はありません*。

民法では、日、週、月または年によって期間を定めたときは、期間の初日は算入しないと定められています（民法140条本文、初日不算入の原則）。

ところで、マンション管理を行ううえでは、緊急に総会を開催しなくてはならないケースがあります。例えば、火災などの事故が起きて事後処理が必要とされるケースです。そのような場合に通知の後 2 週間が経過しなければ総会を開けないのでは、適切な対処ができず、時機を失してしまいます。そこで、9 項では、理事会の承認を得れば、通知期間を 5 日間まで短縮できることとしています。

なお、会議の目的が建替え決議またはマンション敷地売却決議であるときは、組合員にとって特に重大な議題であって、より長く熟考する期間が必要ですので、2 か月前までに招集手続をしなければなりません（43条 3 項かっこ書、法62条 4 項）。

---

* 　意思表示については、到達主義が原則であり（民法97条）、区分所有法における招集通知についても、かつては到達主義をとっていたが、管理組合事務を効率的・円滑に行うため、昭和58年の区分所有法改正によって、発信主義に改められている（法務省民事局参事官室編『新しいマンション法』商事法務研究会、217頁）。

通知のあて先と方法　　2 項では、招集通知は、管理組合に対し、組合員があて先の届出をしていればその届出のなされた場所、また、その届出のない組合員に対しては、対象物件内の専有部分の所在地をそれぞれあて先として発するものとされました。

そのうえで 3 項は、招集通知は、対象物件内に居住する組合員、および、

あて先について届出のない組合員に対しては、その内容を所定の掲示場所に掲示することをもって、これに代えることができるとしています。この掲示場所は、建物内の見やすい場所に設ける必要があります（コメント43条3項・8項関係）。

　共有住戸についての通知は、議決権行使者として届け出た共有者に対して行えば足ります（46条3項、法35条2項）。届出がなければ、共有者のうちのいずれか1人に通知することになります（法35条2項かっこ書）。

　通知の方法について、区分所有法と標準管理規約における制限はありません。必ずしも文書で通知する必要はなく、口頭や電話でも差し支えはありません。もっとも、事務処理の円滑や後日の紛争防止を考えれば、文書によることが望ましいことは当然です。また、電子メールによる通知については、マンションの実情に応じてその可否を検討し、場合によっては、規約に明文化しておくことも必要でしょう。

　3項に定められる場合を除き、掲示の方法などによって通知を省略することはできません。

| 通知事項 |

　通知すべき事項は、原則として、❶会議の日時、❷会議の場所（WEB会議システム等を用いて会議を開催するときは、その開催方法）、❸会議の目的（議題）の3つです（43条1項）。

　このうち、区分所有法には、❸の会議の目的（議題）だけしか規定されていませんが（法35条1項本文）、通知が総会の招集を目的とすること、占有者（賃借人）の出席と意見陳述を確保するための掲示の規定には、「集会の日時、場所及び会議の目的」を掲示するとされていること（法44条2項）から、❶の会議の日時、および❷の会議の場所（規約においては、WEB会議システム等を用いて会議を開催することを定める場合もあるため、その場合はその開催方法）もまた、当然に通知事項であると解されます。

　なお、WEB会議システム等を用いて会議を開催する場合において開催方法を通知するにあたっては、そのWEB会議システム等にアクセスするため

のURLを記載することが考えられます。さらに、WEB会議におけるなりすまし防止のため、出席を予定する組合員に対しては個別にIDおよびパスワードを送付することも考えられるとされています（コメント43条1項関係）。

決議事項と通知事項の関係　招集通知に記載されていない事項は、総会で決議をすることができません（47条10項）。例えば、あらかじめ通知した議題が「管理費値上げの件」であった場合には、決議できるのは、議題として示された「管理費値上げ」という事項ですから、管理費値下げの動議が出されたとしても、これを決議することはできません。

　他方、同一議題でなくても、内容を縮小する動議は許されます。例えば、管理費値上げが議題の場合、議題が1月当たり500円の値上げであったときには、値上げ幅を200円にする提案・決議ができます。また、「役員5名選任の件」という議題が提示されているとき、役員を3名とする提案・決議をすることも可能です。

　役員選任につき、定められた候補者の役員選任（留任）が議題とされていたところ、その候補者が総会で辞任した場合に、別の候補者が立候補して、新役員を選任することが、招集通知に記載されていない事項を決議することとなるかどうかが問題となりました。裁判所は、新役員となろうとする者が総会前にあらかじめ立候補していなかったとしても、違法となるものでなく、決議の効力に影響はないと判断しています（**東京地判平成17.7.11**）。

議案の要領の通知　一定の重要事項を決議する場合には、議題のほかに、議案の要領も通知しなければなりません（43条4項）。

　ここで、議題とは「規約変更の件」「管理者選任の件」「管理費値上げの件」「役員選任の件」「会計報告の件」など、会議における話合いの対象となる事柄のタイトルを指します。区分所有法および標準管理規約では、「会議の目的」という用語が用いられています。

これに対し議案は決議内容の案、議案の要領は決議内容の案を要約したものです。例えば、「外壁の復旧工事」というのが議題であるのに対し、外壁タイルの一部落下の復旧工事につき、工事業者の名称、工事金額の概算、工事に要する費用は修繕積立金の取崩しによることなどの決議内容をまとめたものが、議案の要領となります＊。

　議案の要領も通知しなければならないのは、決議事項が、❶規約の制定・変更・廃止（47条3項1号）、❷敷地および共用部分等の変更（47条3項2号）、❸大規模滅失の場合の復旧（47条3項4号）、❹建替え決議（法62条1項）、❺マンション敷地売却決議（建替え円滑化法108条1項）の5つのいずれかである場合です。

　これらの決議事項については、その重要性にかんがみれば、区分所有者が、時間的な余裕を持って議案の内容まで検討した後に審議に入り、集会の場において討論したうえで賛否の意思を表示できるようになっていなければなりません。また、総会に出席せず、書面や代理人によって議決権を行使する組合員にも配慮する必要があります。そのためには、区分所有者にとって議題だけわかっていたのでは足りませんから、具体的な議案の要領まであらかじめ知らせておく必要があります。議案の要領を示すことによって、集会前に決議内容を十分に検討したうえで集会に臨むことができるような手続きが組み立てられているわけです。

　議案の要領には、具体性が必要です。具体性の程度としては、賛否の検討が可能な程度まで内容が明らかになっている必要があります。一方、賛否の検討が可能な程度まで内容が明らかになっていればそれで足りるのであり、詳細まで記載されていなくとも差し支えはありません。また特別決議事項につき、その事項が特別決議が必要である旨を記載する必要もありません。

　最大58票を有する者がいたにもかかわらず、単に「議決権条項」とだけ通知してなされた1区分所有者1議決権への規約変更決議は、具体的内容が明らかになっておらず、重大な手続違背があり無効であるとされました（**東京高判平成7.12.18**）。

*　議題は、会議にかけて討論・決議する問題（テーマ）であって、いかなる問題について討論・決議するのかの外枠を画する機能を有するのに対し、議案とは、会議における決議の原案であって、実質的な内容を持ち、そのまま決議の対象となる形を備えたものである。

建替え決議を行う場合の招集通知

建替えは、極めて重要な決議事項であることから、会議の目的（議題）が建替えであるときは、議案の要領に加え、建替えを必要とする理由等所定の事項の通知も必要です（5項）。

建替え決議を行う場合にこれらの事項の通知を求めるのも、事前の準備および書面や代理人によって議決権を行使する組合員の利益を考慮したものですから、それぞれの事項ができるだけ具体的に示されていなければなりません。具体性を欠く場合には、決議の無効や取消し事由にもなり得ます。

なお、法定の事項以外であっても、規約において議案の要領の通知義務を定め、あるいは実際の通知において、規約の要領を示すことは可能です。

また、法定の事項については、通知に議案の要領の記載がなければ、決議をすることはできませんが、その場合でも、総会において、討議をすることは可能と解されています。

マンション敷地売却決議を行う場合の招集通知

マンションが老朽化したり、耐震性を欠く場合、まずは改修工事を行うことが考えられますが、住宅には一定の面積の開口部が必要であるなどの理由から、耐震改修の工事は容易ではありません。仮に改修を行っても、多くの場合には快適な生活環境が損なわれてしまいます。他方で、区分所有者が自ら建替えをするためには、通常多額の資金が必要なので、資金調達ができない場合には、建替えも困難です。そのため、現在多くのマンションについて、耐震性不足のまま放置される状況が生じています。

そこで平成26年6月、建替え円滑化法が改正され、耐震性不足の認定を受ければ、多数決によりマンションおよびその敷地を売却できる制度が創設されました（建替え円滑化法108条、マンション敷地売却決議）。

平成28年改正では、6項に、マンション敷地売却決議を行うための集会を

招集するには、売却を必要とする理由の通知が必要であると定めました。

　さらに、令和2年6月、建替え円滑化法が再改正され、従来の耐震性不足に加えて火災に対する安全性不足（改正法102条2項2号）、外壁等の剥落により周辺に危害を生ずるおそれ（改正法102条2項3号）が、同法に基づき敷地売却事業が行える認定（特定要除却認定）の対象に加えられました＊。

　これを受けて、標準管理規約でも令和3年改正において、マンション敷地売却決議を行うための集会招集時の通知事項を以下のとおり改めました。

> A　売却を必要とする理由
> B　以下の各場合に応じて、それぞれに定める事項
> ❶　耐震性不足により特定要除却認定を受けている場合
> 　i　耐震改修促進法2条2項に規定する耐震改修またはマンションの建替えをしない理由
> 　ii　耐震改修に要する費用の概算額
> ❷　火災に対する安全性不足により特定要除却認定を受けている場合
> 　i　火災に対する安全性の向上を目的とした改修またはマンションの建替えをしない理由
> 　ii　iの改修に要する費用の概算額
> ❸　外壁等の剥落により周辺に危害を生ずるおそれにより特定要除却認定を受けている場合
> 　i　外壁等の剥落に対する安全性の向上を目的とした改修またはマンションの建替えをしない理由
> 　ii　iの改修に要する費用の概算額

＊　令和3年12月20日施行

説明会　建替え決議またはマンション敷地売却決議を目的とする総会を招集する場合には、少なくとも会議を開く日の1か月前までに、招集の際に通知すべき事項について組合員に対し説明会を開催しなければなりません（43条7項）。この説明会のための通知については、区分所有法上の招集通知に関する規定が準用されます（法62条7項、法35条1項〜4項、法36条）。

本条の規定と区分所有法の規定　2項〜7項は、通知のあて先の届出（2項）、通知に代わる掲示（3項）、議案の要領の通知（4項）、建替え決議を目的とする総会のための通知（5項）、建替え決議を目的とする総会のための説明会（7項）に関する事項を定めていますが、これらの条項は、ほぼ区分所有法の定めを確認するものです＊。

＊　ただし、厳密には通知に代わる掲示（3項）についての、掲示場所に関する定め方などが区分所有法といくぶん異なっている。

　組合員が組合員総数の５分の１以上及び第46条第１項に定める議決権総数の５分の１以上に当たる組合員の同意を得て、会議の目的を示して総会の招集を請求した場合には、理事長は、２週間以内にその請求があった日から４週間以内の日（会議の目的が建替え決議又はマンション敷地売却決議であるときは、２か月と２週間以内の日）を会日とする臨時総会の招集の通知を発しなければならない。

２　理事長が前項の通知を発しない場合には、前項の請求をした組合員は、臨時総会を招集することができる。

〔※管理組合における電磁的方法の利用状況に応じて、次のように規定〕

（ア）電磁的方法が利用可能ではない場合

３　前２項により招集された臨時総会においては、第42条第５項にかかわらず、議長は、総会に出席した組合員（書面又は代理人によって議決権を行使する者を含む。）の議決権の過半数をもって、組合員の中から選任する。

（イ）電磁的方法が利用可能な場合

３　前２項により招集された臨時総会においては、第42条第５項にかかわらず、議長は、総会に出席した組合員（書面、電磁的方法又は代理人によって議決権を行使する者を含む。）の議決権の過半数をもって、組合員の中から選任する。

少数区分所有者の総会招集手続

　本条は、少数区分所有者の主導による総会招集手続を定めた規定です*1。

❶組合員総数の５分の１以上および議決権総数の５分の１以上に当たる組合員の同意を得て会議の目的を示して総会の招集を請求すること*2、❷理事長は２週間以内にその請求があった日から４週間以内の日（建替え決議・マンション敷地売却決議を会議の目的とするときは、２か月と２週間以内の日）を会日とする臨時総会の招集通知を発する必要があること*3、❸理事長が❷の通知を発しない場合には総会招集を請求した組合員自身が総会を招集で

きることは、いずれも、区分所有法および建替え円滑化法の規定を確認的に定めたものです（法34条3項・4項、法62条4項、建替え円滑化法108条5項）。

理事長が所定の期間内に招集通知を発したことで❷の要件を満たしていないにもかかわらず、招集請求を行った区分所有者がこれとは別に自ら招集した総会による決議は無効です（**東京高判平成28.12.26**）*4。

本条の規定により招集された臨時総会においては、議長は組合員の議決権の過半数をもって、組合員の中から選任します（3項）。組合員の議決権の過半数のカウントには、書面または代理人によって議決権を行使する者を含みます。

*1　**東京地判平成22.2.3**は、『招集請求を受けた管理者としては、請求が外形上要件を満たした適法なものかどうかを認識し、請求を受けて自ら招集の通知を発するのか否か、その後の区分所有者がした集会招集が適法なものであるか否かを検討することができる必要があるというべきであるから、請求は、頭数要件及び議決権比率要件を満たす具体的な区分所有者によるものであることを示してされることを要すると解すべきである』と判示している。

*2　請求の相手は理事長であるが、**東京地判令元.8.27**は、請求の時点で理事長の地位があったかどうかに争いがある事案で、仮に請求相手が管理者でなかったとしても招集手続は適法であるとした。

*3　**東京地判平成29.3.13**は、特定の理事の解任を議題として招集請求をされた理事長が、解任対象理事を記載せずに招集通知を発したとしても、招集通知と共に送付された議案書に解任対象理事の氏名が記載されているなどの事情から、招集請求に基づく招集通知を発しなかったとはいえないと判断した。

*4　**東京地判令和2.7.6**は、区分所有者が所定の組合員数・議決権数を満たさずに招集を請求したうえで、理事長が臨時総会を招集しなかったとして自ら招集した総会について、無権限の者により招集されたものであって招集手続上の重大な瑕疵を有するものとして決議は不存在であると認定した。

電磁的方法が利用可能な場合の定め　電磁的方法が利用可能な場合は、書面による議決権行使、代理人による議決権行使以外に、電磁的方法による議決権の行使も可能とする規定を置く必要がありますので、本条3項以下には「㋐電磁的方法が利用可能ではない場合」、「㋑電磁的方法が利用可能な場合」の2通りの定めが用意されています。

第45条（出席資格）

組合員のほか、理事会が必要と認めた者は、総会に出席することができる。

2　区分所有者の承諾を得て専有部分を占有する者は、会議の目的につき利害関係を有する場合には、総会に出席して意見を述べることができる。この場合において、総会に出席して意見を述べようとする者は、あらかじめ理事長にその旨を通知しなければならない。

出席資格に関する原則　　総会は総組合員で組織されます（42条1項）。組合員は当然に総会に出席できます。また、組合員は、代理人によって議決権を行使することができるのであり（46条4項）、代理人にも当然に出席する権利があります*1。

さらに、区分所有者の承諾を得て専有部分を占有する者は、会議の目的たる事項（議題）につき利害関係を有する場合には、総会に出席して意見を述べることができることから（45条2項）、占有者（賃借人）も、議題に利害関係があれば、出席資格があります*2。

＊1　法39条2項。
＊2　占有者（賃借人）の利害関係は法律上の利害関係でなければならない。占有者（賃借人）は、対象物件の使用方法につき、区分所有者がこの規約および総会の決議に基づいて負う義務と同一の義務を負うから（5条2項）、使用方法についての議題であれば、占有者（賃借人）に法律上の利害関係がある。法律上の利害関係がある場合の例としては、ペットの飼育禁止が議題となる場合があげられる。他方、管理費や駐車場の使用料の増額が議題となる場合には、決議内容が実際上占有者（賃借人）の賃料などに影響を及ぼす可能性があるかもしれないが、事実上の利害関係にすぎないのであり、法律上の利害関係がある場合には該当しない。

占有者（賃借人）の出席の通知　　占有者（賃借人）が総会に出席して意見を述べるには、あらかじめ理事長にその旨を通知しなければなりません（45条2項後段）。占有者（賃借人）からの出席する旨の通知があった場合に

は、総会の通知を発した後、遅滞なく、招集通知の内容を、所定の掲示場所に掲示しなければならないことになっています（43条8項）。

第三者の出席　マンション管理は、日常生活に密接に関係しますので、総会に配偶者や同居人が出席したいという希望も少なくありません。管理業務を管理会社に委託しており、総会や理事会の運営、予算や決算などの会計業務を管理会社が補佐している場合には、効率的で充実した議論を行うには、総会における管理会社の担当者の補助は不可欠でしょう。さらに、マンション管理士など専門家の参考意見の聴取も、円滑な総会運営に資するものです。

そこで1項では、組合員以外の者であっても、理事会が必要と認めた者は総会に出席できるものとしました。理事会が必要と認める者の例として、管理会社の担当者、マンション管理士、管理員などがあげられます。

標準管理委託契約書では、管理組合の求めに応じた総会議事に係る助言、総会議事録の作成が管理会社の受託業務とされており、規定上、管理会社の従業員が総会に出席することが念頭に置かれています。

なお、理事会の決定がなくても、議長の裁量の範囲内で、議長が第三者の傍聴や発言を認めることも可能です。

住戸が共有の場合の出席資格　共有住戸の場合には、1つの専有部分に複数の区分所有者がいます。しかし、複数の共有者は、議決権の行使においては、あわせて1つの組合員とみなされ、届出のあった共有者のうちの1名だけが議決権を有します（46条2項・3項）。総会に出席し、意見を陳述することは、議決権行使の前提ですから、出席資格も1名だけが有します。

もっとも、共有住戸についても、やはり議長の裁量によって複数者の出席を認めることは可能です。

第46条（議決権）

各組合員の議決権の割合は、別表第5に掲げるとおりとする。

別表5　議決権割合

住戸番号	議決権割合	住戸番号	議決権割合
○○号室 ○○号室 ○○号室 ・ ・ ・ ・ ・	○○○分の○○ ○○○分の○○ ○○○分の○○ ・ ・ ・	○○号室 ○○号室 ○○号室 ・ ・ ・	○○○分の○○ ○○○分の○○ ○○○分の○○ ・ ・ ・
		合計	○○○分の○○○

2　住戸1戸が数人の共有に属する場合、その議決権行使については、これら共有者をあわせて一の組合員とみなす。

3　前項により一の組合員とみなされる者は、議決権を行使する者1名を選任し、その者の氏名をあらかじめ総会開会までに理事長に届け出なければならない。

4　組合員は、書面又は代理人によって議決権を行使することができる。

5　組合員が代理人により議決権を行使しようとする場合において、その代理人は、以下の各号に掲げる者でなければならない。

一　その組合員の配偶者（婚姻の届出をしていないが事実上婚姻関係と同様の事情にある者を含む。）又は一親等の親族

二　その組合員の住戸に同居する親族

三　他の組合員

6　組合員又は代理人は、代理権を証する書面を理事長に提出しなければならない。

〔※管理組合における電磁的方法の利用状況に応じて、次のように規定〕

（ア）電磁的方法が利用可能ではない場合

（規定なし）

（イ）電磁的方法が利用可能な場合

7　組合員は、第4項の書面による議決権の行使に代えて、電磁的方法によって議決権を行使することができる。

8　組合員又は代理人は、第6項の書面の提出に代えて、電磁的方法によって提出することができる。

（令和3年改正の要点）

代理権を証する書面について電磁的方法によって提出できることを明記

組合員の議決権　組合員には、総会に出席して、議決権を行使する権利があります。

議題が、組合員の資格取得以前の期間に生じた事項であったとしても、その権利に消長をきたしません（**大分地判平成22.6.30**）＊。**東京地判平成23.7.6**では、管理組合法人については、『管理組合法人自らが所有する区分所有建物については、議決権を認めることはできない』とされました。

＊　管理組合の総会の決議無効確認請求については、その当事者適格が認められるためには、決議当時に組合員であったことが必要とされている（**福岡高判平成18.6.27**）。

議決権割合についての考え方　区分所有法では、共用部分の持分割合を、専有部分の床面積割合によるものとしたうえ（法14条1項）、議決権割合も、同じく専有部分の床面積の割合によるという原則をとっています（法38条、法14条1項）。コメントでも『議決権については、共用部分の共有持

201

分の割合、あるいはそれを基礎としつつ賛否を算定しやすい数字に直した割合によることが適当である』とされています（コメント46条関係①）。一般的に、規約で共用部分の持分割合を切りのいい数字に決めておいて、共用部分の持分割合と議決権を同じ割合に定めておくという方法が採用されています*。

　他方、議決権割合について、規約による別段の定めも認められます。したがって、各住戸の面積があまり異ならない場合は、規約をもって、住戸1戸につき各1個の議決権とすることや、住戸の数を基準とする議決権と専有面積を基準とする議決権を併用することも可能です（コメント同②）。**東京地判平成28.1.19**は、具体の事情に基づいて、所有する専有部分につき各1戸の議決権を定めた規約には一定の合理性があり、公序良俗に反し無効であるということはできないと判断しました。

　もっとも、議決権の定めが、区分所有者間の利害の衡平が図られていない場合には、規約の定めの効力が否定される場合もあります（**東京地判平成25.4.24**）。1住戸1議決権と定めることにより、専有部分の床面積割合からみると議決権が約3分の1に制限されることになる規約の定めについて、『不合理な差別・不当な財産権の制限ではなく、有効である』とした裁判例もあります（**京都地判平成13.10.16**）。

---

*　床面積割合をそのまま忠実に議決権割合に反映させると、議決権割合が非常に複雑な数字になって、定足数や多数決要件を満たすかどうかの判定が、煩雑で、難しくなってしまう。

住戸の価値に大きな差がある場合の扱い方

　議決権割合の設定方法として、共用部分の共有持分割合を基礎とし、あるいは1住戸1議決権と定めることは、各区分所有者が住戸単位・床面積単位でおおむね同等の専有部分を有している場合には公平に適うものです。他方、このように各住戸が比較的均質でなく、タワーマンションにおいて高層階と低層階での眺望等の違いにより住戸の価値に大きな差が出るなどの場合もあります。ま

た、区分所有法38条は共有物の管理にかかる決定権を定めた民法252条本文の特則であるところ、同条では各共有者の持分の「価格」の過半数で決すると規定しています。専有部分の価値を議決権割合に反映させることは、たとえば大規模な改修や建替え等を決議する場合に、建替え前のマンションの専有部分の価値等を考慮して建替え後の再建マンションの専有部分を配分する場合等における合意形成がしやすいとも考えられるところです。

　このようなことから、専有部分の住戸の価値に大きな差がある場合においては、単に共用部分の共有持分の割合によるのではなく、専有部分の階数（眺望、日照等）、方角（日照等）等を考慮した価値の違いに基づく価値割合を基礎として、議決権の割合を定めることも考えられます＊。コメントでは、「この価値割合とは、専有部分の大きさ及び立地（階数・方角等）等を考慮した効用の違いに基づく議決権割合を設定するものであり、住戸内の内装や備付けの設備等住戸内の豪華さ等も加味したものではないことに留意する。」とされています（コメント46条関係③）。

　ただ、ここで住戸の「価値」に着目するのは、必ずしも各戸の実際の販売価格に比例するものではありません。例えば全戸の販売価格が決まっていなくても、各戸の階数・方角（眺望、日照等）などにより、別途基準となる「価値」を設定し、その価値を基にした議決権割合を新築当初に設定することが想定されます。

　他方で、議決権割合は組合の意思決定の基礎であることから、前方に建物が建築されたことによる眺望の変化等で各住戸の価値に影響を及ぼすような事後的な変化があったとしても、そのことをもって都度議決権割合を見直すというのは現実的ではありません。コメントでも、「（各住戸の価値に影響を及ぼすような事後的な変化）による議決権割合の見直しは原則として行わないものとする。」としています（コメント同③）。

　なお、このような価値割合による議決権割合を設定する場合には、分譲契約等によって定まる敷地等の共有持分についても、価値割合に連動させることが考えられます。

議決権の不統一行使

複数の住戸を有する1人の区分所有者が議決権を行使するについて、ある住戸についての共有持分に対応する議決については賛成、他住戸の共有持分に対応する議決については反対というように、議決権を分割して行使することはできるかどうかが問題になることがあります。

一般的には、議決権の不統一行使は、認められないとされています。

その理由は、

❶ 議決権行使は、本来的に、区分所有者の意思に基づくものであり、1人の区分所有者が有する意思は、1つであること
❷ 区分所有法における特別決議は、区分所有者数と専有部分の床面積割合による議決権数を問うものとなっているが、この決議における区分所有者数とは頭数であって、1人が賛成と反対の両方に数えられることはあり得ない。専有部分の床面積割合による議決権数においても、同様に扱われるべきであること
❸ 管理組合の運営上、議決権の不統一行使を認める必要がないこと

が挙げられます。

現段階においては、現実には、議決権の不統一行使を認めないという立場に立って組合運営を行わざるを得ないと考えられます＊。

＊　もっとも、マンションが信託の対象となるケースが珍しくなくなっている。マンションが信託の対象とされる場合には、議決権の不統一行使の必要性は否定できない。議決権の不統一行使が認められるのかどうかは、今後、議論が積み重ねられるべき問題である。なお、株主の議決権行使に関する会社法313条は、株主が他人のために株式を有する者であるときに、議決権の不統一行使を認める立場をとっている。

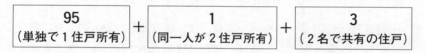

共有者の議決権の原則　住戸（専有部分）が共有のときは、１つの住戸に複数の共有者（区分所有者）が存在します。

　２項では、住戸１戸が数人の共有に属する場合、議決権行使については共有者をあわせて一の組合員とみなすと定めています。

　したがって、下記の図の例で計算すれば、

> 住戸数が100戸、
>
> 単独で１住戸を所有している者が95名、
>
> 単独で２住戸を所有している者が１名、
>
> ２名で共有の住戸が３戸（共有名義人６名は各々異なる者）

となっているマンションに関して、組合員総数を計算すると、

95 （単独で１住戸所有）	**1** （同一人が２住戸所有）	**3** （２名で共有の住戸）

となって、組合員総数は99とカウントすることになります*。

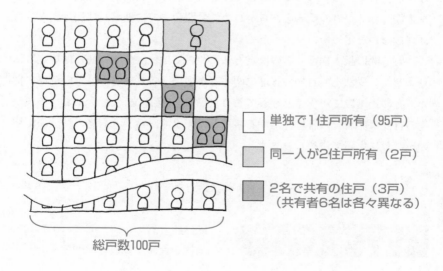

単独で１住戸所有（95戸）

同一人が2住戸所有（2戸）

２名で共有の住戸（3戸）
（共有者6名は各々異なる）

総戸数100戸

共有者全員に個別に議決権を与えていた規約の規定の効力が問題になった事案において、**大阪地判平成元.5.31**は、その効力を認めませんでした。

> そもそも共有はあくまでも一個の所有権が各共有者に量的に分属している状態であり、共有持分権はあくまでも所有権内部の問題にすぎないこと、および、区分所有法40条は専有部分が数人の共有に属するときには区分所有者の数としては一であることを前提として、共有者が議決権を行使すべき者1人を定めなければならない旨規定していること等を合わせ考えれば、1つの専有部分を数人が共有している場合でも区分所有者の数としては一であって本件規約のように解すべきではないのであり、無効である。

＊　議決権の計算方法に誤りがあると、決議が無効になることもある（**神戸地判平成13.1.31**）。

議決権を行使すべき者の決定と届出

区分所有法は、専有部分が数人の共有に属するときは、共有者は、議決権を行使すべき者1人を定めなければならないとしています（法40条）。これを受け、本条3項では、住戸が共有であって一の組合員とみなされる者は、議決権を行使する者1名を選任し、その者の氏名をあらかじめ総会開会までに理事長に届け出なければならないと定めています＊。

共有者間の議決権行使者の決定方法については、区分所有法には規定はありません。民法上共有物の管理に関する事項は、各共有者の持分の価格に従い、その過半数で決するとされており（民法252条本文）、総会における議決権の行使は共有物の管理に関する事項といえますから、共有者の持分の価格の過半数によって決められます。

＊　他の持分共有者から委任を受けた議決権行使の有効性が肯定された事案として、**東京地判平成22.3.3B**がある。

組合員が自ら総会に出席しない場合の議決権行使方法

区分所有者は、自ら総会に出席して議決権を行使するのが原則です。

　しかし実際上、区分所有者が必ずしも総会に出席できるわけではありません。そこで、区分所有法上、自ら総会に出席して議決権を直接に行使する代わりの代替的な方法として、❶書面投票、❷書面投票に代わる電子投票、❸代理人による議決権行使の3つの方法が認められています（法39条2項・3項）。

❶ 書面投票（書面による議決権の行使）

　書面投票（書面による議決権の行使）は、総会には出席しないで、総会の開催前に議案についての賛否を記載した書面（議決権行使書）を総会の招集者に提出することによって、議決権を行使する方法です（コメント46条関係⑥）。書面の提出自体が議決権の行使となります。

　招集通知に書面投票用の書面を添付することがありますが、必ずしも招集通知に添付された書面を使わなければならないわけではありません。

　書面で投票を行う旨の書面（議決権行使書）が招集権者に提出された場合、招集権者はこれを議決権の行使として取り扱わなくてはなりません。

　議決権行使書には議案についての賛否の記載が不可欠です。区分所有者の無関心を背景に、賛否の記載のない議決権行使書が提出されることがありますが、署名捺印のみされていて賛否の記載がない場合は、賛成票、反対票のどちらに取り扱うこともできません。

　総会の円滑な運営への考慮から、議決権行使書の用紙に、「賛否の記載のない場合には、賛否いずれかの意思表示とみなす」などの記載がされる場合がありますが、そのような記載は不適切です。効力は認められません。

　書面による議決権の行使は、各議案ごとに賛否を記載した書面によって組合員の意思を明らかにするものであり、賛否の記載のないものを、賛否いずれかの意思表示がされていると考えること（例えば、一律に賛成票として取り扱うこと）は困難であると考えられます。

　もっとも、このように賛否の記載のない議決権行使書が提出された場合に

おいて、書面を提出した組合員を総会への出席組合員として取り扱うことは可能でしょう。

　ところで、区分所有法は「議決権は、書面で、又は代理人によって行使することができる」（法39条2項）と定めており、書面投票（書面による議決権の行使）は、法律によって認められる組合員の権利です。規約等による権利行使の制限は許されません＊。例えば、電磁的方法による議決権行使（電子投票）を認めたとしても、書面による議決権行使の制度自体をやめてしまうことはできません。

❷ 書面投票に代わる電子投票（電磁的方法による議決権の行使）

　規約または集会の決議があるときは、書面投票に代わる電子投票（電磁的方法による議決権の行使）ができます（法39条3項）。電子メールの送信やウェブサイト（ホームページ）への書込み、フロッピーディスクやCD-ROMの交付が電子投票に該当します。区分所有法や同法施行規則に明文はありませんが、投票が本人により行われることを確かなものにするために、当然、電子署名やパスワードの入力を必要とするべきでしょう。集会において電磁的方法による投票（電子投票）を行うには、規約または集会の決議が必要ですので、本条でも、電磁的方法による投票（電子投票）に関する条文を置いています（7項）。

❸ 代理人による議決権の行使

　代理人による議決権の行使とは、区分所有者から代理権限を授与された代理人が集会に出席して議決権を行使することです（コメント46条関係⑥⑦）。

　代理権限授与は、総会ごとに行う必要があります。総会が続行されたり、あるいは延期されたりした場合には、当初の代理権限授与の効力は消滅せず継続しますが、将来の総会まで含めて、複数回の総会のために包括的に代理権限を授与することはできません。

　組合員が代理人により議決権を行使する場合には、委任の相手方や委任の

内容について主体的に決定することが望まれます（コメント46条関係⑦）。

　書面または代理人による議決権行使については、これを一切認めないとする規約を定めたり、規約で著しい制限を加えたりすることはできません。また、「委任状と議決権行使書面のいずれも提出しない者は、議案に賛成したものとみなす」という規約を定めても、効力はありません。

＊　「書面による議決権の行使」と「代理人による議決権の行使」の規定は、いずれも区分所有法の確認規定であり、「書面による議決権の行使」だけではなく、「代理人による議決権の行使」についても規約等によって制限することはできない。

> **書面による議決権行使と**
> **代理人による議決権行使の違い**

　　　　　　　　「書面による議決権行使」と「代理人による議決権行使」とはその性格を異にしますが、その違いが理解しづらいといわれていました。

　そこで、平成23年改正・平成28年改正において、次のコメントが追加され＊、その性格の違いがわかるように対比的に説明されました。

　『書面による議決権の行使とは、総会には出席しないで、総会の開催前に各議案ごとの賛否を記載した書面（いわゆる議決権行使書）を総会の招集者に提出することである。他方、代理人による議決権の行使とは、代理権を証する書面（いわゆる委任状。電磁的方法による提出が利用可能な場合は、電磁的方法を含む）によって、組合員本人から授権を受けた代理人が総会に出席して議決権を行使することである。

　このように、議決権行使書と委任状は、いずれも組合員本人が総会に出席せずに議決権の行使をする方法であるが、議決権行使書による場合は組合員自らが主体的に賛否の意思決定をするのに対し、委任状による場合は賛否の意思決定を代理人に委ねるという点で性格が大きく異なるものである。そもそも総会が管理組合の最高の意思決定機関であることを考えると、組合員本人が自ら出席して、議場での説明や議論を踏まえて議案の賛否を直接意思表示することが望ましいのはもちろんである。しかし、やむを得ず総会に出席できない場合であっても、組合員の意思を総会に直接反映させる観点からは、

議決権行使書によって組合員本人が自ら賛否の意思表示をすることが望ましく、そのためには、総会の招集の通知において議案の内容があらかじめなるべく明確に示されることが重要であることに留意が必要である』（コメント46条関係⑥）。

* 令和3年改正で、電磁的方法により委任関係を証することが可能であることが明示されたこと（8項）を反映してコメントも改正された。

管理規約による代理人資格の制限　代理人の資格については、法律上は、特に制限は設けられていません*1。

　5項は、代理人の資格につき、「一　その組合員の配偶者（婚姻の届出をしていないが事実上婚姻関係と同様の事情にある者を含む。）又は一親等の親族、二　その組合員の住戸に同居する親族、三　他の組合員」と定めています*2。『総会は管理組合の最高の意思決定機関であることを踏まえると、代理人は、区分所有者としての組合員の意思が総会に適切に反映されるよう、区分所有者の立場から見て利害関係が一致すると考えられる者に限定することが望ましい。第5項は、この観点から、組合員が代理人によって議決権を行使する場合の代理人の範囲について規約に定めることとした場合の規定例である。また、総会の円滑な運営を図る観点から、代理人の欠格事由として暴力団員等を規約に定めておくことも考えられる。なお、成年後見人、財産管理人等の組合員の法定代理人については、法律上本人に代わって行為を行うことが予定されている者であり、当然に議決権の代理行使をする者の範囲に含まれる』とコメントされています（コメント46条関係⑤）*3*4。

　東京地判平成26.2.13は、規約において、「組合員が代理人により議決権を行使しようとする場合において、その代理人は、その組合員と同居する者若しくはその組合員の住戸を借り受けた者、又は他の組合員若しくはその組合員と同居する者でなければならない」とされていたマンションで、法人であ

る組合員Ａ社が同社と業務上関係を有する法人の従業員Ｎを代理人とした
ときの、決議の効力が争われた事案で、このような規約の定めは無効でない
とされました。

管理規約が、代理人の資格を上記のとおり制限したのは、区分所有建物の集
会は、その管理の在り方等に関心を持つ区分所有者によって開催されるべきで
あるから、代理人による議決権行使を認めるとしても、当該区分所有建物に利
害のある第三者に限って認めることによって、総会が区分所有者以外の第三者
によりかく乱され、区分所有者の利益を不当に害されることを防止する趣旨に
よるものであると解されるところ、Ａ社は本件マンションの区分所有者である
法人であること、上記ＮはＡ社と業務上関係を有する法人の従業員であると
推認されることからすれば、Ｎが議決権を行使したとしても、総会が区分所有
者以外の第三者によりかく乱され、区分所有者の利益を不当に害されるものと
は認めるに足りる証拠はなく、この事実から、臨時総会の決議が無効であると
は認められない。

東京地判平成23.7.6は、次のとおり判示しています。

マンションにおける区分所有建物が数人の共有に属する場合であっても、全
共有者から委任を受けた者が議決権を代理行使することは許されると解するの
が相当である。そして、この委任は、総会が招集されるごとに行う必要はなく、
事前に包括的に行うことも許されると解すべきであり、また、委任を受ける者
が当該区分所有建物の共有者であることも要しないと解すべきである。

＊1　規約に限定がなければ未成年者を代理人に選任することも可能であるが、代理人を成
　　年に達している者に限定する場合もある。区分所有者が未成年者である場合の親権者や、
　　区分所有者に成年後見が開始している場合の後見人については、法定代理権を有するもの
　　であって、規約に代理人の資格制限の規定が定められていたとしても、その制限の規定は
　　適用されない。
＊2　平成28年改正で追加された規定である。
＊3　なお、特別の影響を受ける区分所有者の承諾（47条7項）には、代理人による意思表

示に特に制限はない（**東京地判令和2.1.16**参照）。

* 4　標準管理規約では、かつては、代理人の資格について、組合員の同居人、賃借人、他の組合員、他の組合員の同居人に限定をしていたところ（平成23年改正前の本条5項）、平成23年改正において、標準管理規約における代理人の資格制限の定めは、撤廃されていた（改正前の46条5項の削除）。

> 委任状

　代理人への代理権限授与については、法律上は必ずしも書面（委任状）によって行うことは要求されていません。とはいえ、代理権限を明確にしておくという意味で、書面の必要性があることは当然です。そこで6項では、代理権授与を書面によるべきものとされました。

　なお、令和3年改正で、この代理権授与を証する書面にかえて、電磁的方法によって提出することもできる旨明記されました（8項）。

　従前は、委任状提出は代理人が行うことになっていましたが、委任状の取扱いの実態を踏まえ、平成23年改正によって、代理人だけでなく組合員本人も委任状を提出することが可能とされました（本条改正前5項）。

　なお、総会開催後に委任状が提出されて、会議が混乱するということもあります。そこで例えば、「組合員は、代理人により議決権を行使しようとする場合には、あらかじめ総会開催までに代理権を証する書面を理事長に提出しなければならない」と定め、委任状提出時期につき、総会開催前とすることも考えられます*。

*　23年改正における改正案の段階で採用されていた考え方である。

> 白紙委任状

　総会における議決権行使においては、白紙委任状が多く用いられており、区分所有者が白紙委任状を利用して特定の受任者に議決権の行使を委任することも、認められます。

　もっとも、誰を受任者とするのかが明確になっていない白紙委任状を安易に使用することがトラブルの原因になることがあります。そこで、平成23年改正では、『代理人による議決権の行使として、誰を代理人とするかの記載

のない委任状（いわゆる「白紙委任状」）が提出された場合には、当該委任状の効力や議決権行使上の取扱いについてトラブルとなる場合があるため、そのようなトラブルを防止する観点から、例えば、委任状の様式等において、委任状を用いる場合には誰を代理人とするかについて主体的に決定することが必要であること、適当な代理人がいない場合には代理人欄を空欄とせず議決権行使書によって自ら賛否の意思表示をすることが必要であること等について記載しておくことが考えられる』というコメントが設けられました（コメント46条関係⑦）。委任状の様式の作成にあたり白紙委任状の取扱いに工夫をすることによって、議決権の取扱いの適正化を図ろうとするものです。

　また、実務上は、氏名の記載がない場合は議長一任とする委任状の書式を用いるケースが多々みられますが、そのような場合、議長の議決権行使を通じて、理事会から総会に提案された議案に賛成することになると想定されることが通常です＊。**東京地判令和元.10.8**は、議長一任とした委任状を用いて、議長が監事以外の役員選任議案についてはいずれも賛成票を投じる一方、監事についてのみ議案への反対票を投じたという事案で、以下のとおり述べています。

> 　委任者たる組合員の委任の趣旨に沿うものといえるかどうか甚だ疑わしいばかりでなく、本件規約の定めに照らして著しく恣意的であるというほかない。
> 　したがって、このような恣意的な取扱いの結果である本件議決は、その手続において重大な瑕疵がある無効なものというべきである。

＊　招集通知において、委任状に委任する者の氏名の記入がない場合は議長への委任として取り扱う旨を注意書きし、提出された白紙委任状を実際にそのように取り扱ったことにより決議が無効とはならない旨判断した事案として、**東京地判平成30.10.29**がある。

本人確認　平成23年改正では、代理人の総会出席における本人確認などの手続きに関する規定の追加が検討されました。例えば、代理人は、総会の出席にあたっては、身分を証明する書類（身分証）を常に

携行しなければならないこと、理事長は、総会に出席する代理人に対し、必要に応じて身分証の提示を求めることができ、代理人は、提示を求められたときは、理事長に対して身分証を提示しなければならないこと、理事長は、身分証の提示を拒否された場合または出席した者が代理人であることの確認が取れなかった場合には、その者を代理人として認めないことなどの規定です。もっとも、現在に至るまで、本人確認方法の明文化の採用は見送られています。

WEB会議システム等による出席組合員　令和3年改正において、組合員がWEB会議システム等を用いて総会に出席することがある旨が明示されました＊。このような方法で総会に出席している組合員が議決権を行使する場合の取扱いは、書面による議決権の行使とは異なりますので、規約の定めや集会決議に基づく必要はありません。なお、WEB会議システム等による総会については、「第三者が組合員になりすました場合やサイバー攻撃や大規模障害等による通信手段の不具合が発生した場合等には、総会の決議が無効となるおそれがあるなどの課題に留意する必要がある」と指摘されています（コメント46条関係⑧）。

＊　もっとも、従前の規定のままでもWEB会議システムのようなITを活用した総会の開催ができないわけではなく、明確化の観点から改正されたものである。

第47条（総会の会議及び議事）

総会の会議（WEB会議システム等を用いて開催する会議を含む。）は、前条第1項に定める議決権総数の半数以上を有する組合員が出席しなければならない。

2　総会の議事は、出席組合員の議決権の過半数で決する。

3　次の各号に掲げる事項に関する総会の議事は、前項にかかわらず、組合員総数の4分の3以上及び議決権総数の4分の3以上で決する。

一　規約の制定、変更又は廃止

二　敷地及び共用部分等の変更（その形状又は効用の著しい変更を伴わないもの及び建築物の耐震改修の促進に関する法律第25条第2項に基づく認定を受けた建物の耐震改修を除く。）

三　区分所有法第58条第1項、第59条第1項又は第60条第1項の訴えの提起

四　建物の価格の2分の1を超える部分が滅失した場合の滅失した共用部分の復旧

五　その他総会において本項の方法により決議することとした事項

4　建替え決議は、第2項にかかわらず、組合員総数の5分の4以上及び議決権総数の5分の4以上で行う。

5　マンション敷地売却決議は、第2項にかかわらず、組合員総数、議決権総数及び敷地利用権の持分の価格の各5分の4以上で行う。

〔※管理組合における電磁的方法の利用状況に応じて、次のように規定〕

(ア) 電磁的方法が利用可能ではない場合

6　前5項の場合において、書面又は代理人によって議決権を行使する者は、出席組合員とみなす。

(イ) 電磁的方法が利用可能な場合

6　前5項の場合において、書面、電磁的方法又は代理人によって議決権を行使する者は、出席組合員とみなす。

7 第3項第一号において、規約の制定、変更又は廃止が一部の組合員の権利に特別の影響を及ぼすべきときは、その承認を得なければならない。この場合において、その組合員は正当な理由がなければこれを拒否してはならない。

8 第3項第二号において、敷地及び共用部分等の変更が、専有部分又は専用使用部分の使用に特別の影響を及ぼすべきときは、その専有部分を所有する組合員又はその専用使用部分の専用使用を認められている組合員の承諾を得なければならない。この場合において、その組合員は正当な理由がなければこれを拒否してはならない。

9 第3項第三号に掲げる事項の決議を行うには、あらかじめ当該組合員又は占有者に対し、弁明する機会を与えなければならない。

10 総会においては、第43条第1項によりあらかじめ通知した事項についてのみ、決議することができる。

（令和3年改正前47条）

1 総会の会議は、前条第1項に定める議決権総数の半数以上を有する組合員が出席しなければならない。

2～10 変更なし

（令和3年改正の要点）
　総会の会議をWEB会議システム等を用いて開催する場合を明記

定足数　　　定足数とは、会議を行うために必要とされる最小限度の出席者数をいいます。区分所有法は集会の定足数を定めていませんが、標準管理規約は、総会の定足数を議決権総数の半数と定めています（1項）。

　したがって、例えば、総会の議決権総数が100とすると、議決権数におい

216

て50の組合員が出席しなければ、総会は成立しません。

　出席者数のカウントにおいては、書面または代理人による議決権行使者(電磁的方法が利用可能な場合には、書面、電磁的方法または代理人による議決権行使者）も出席組合員とされます（6項）。

　なお、総会はWEB会議システム等（2条11号）を用いて開催することも可能です。WEB会議システム等を用いて開催する総会において、議決権を行使することができる組合員がWEB会議システム等を用いて出席した場合は、これらの組合員は定足数の算出にあたっては出席組合員に含まれると考えられます。他方、議決権を行使することができない者が、WEB会議システム等により議事を傍聴していても、出席組合員には当然含まれません（コメント47条関係①）。

事前の通知と決議事項　　総会では、43条1項によりあらかじめ通知した事項についてのみ、決議することができます（10項）。たとえ動議が出された場合であっても、審議事項があらかじめ通知した事項にかかわらない場合には、採決することはできません。

特別決議事項　　3項〜5項では、❶規約の制定、変更または廃止、❷敷地および共用部分等の変更（その形状または効用の著しい変更を伴わないものおよび耐震改修促進法25条2項に基づく認定を受けた建物の耐震改修を除く）、❸法58条1項、法59条1項または法60条1項の訴えの提起、❹建物の価格の2分の1を超える部分が滅失した場合の滅失した共用部分の復旧、❺その他総会において本項の方法により決議することとした事項＊、❻建替え決議、❼マンション敷地売却決議が特別決議事項とされています。

　区分所有法では、3項〜5項に掲げる6つの事項以外にも、❽管理組合の法人化（法47条1項）、❾管理組合法人の解散（法55条1項3号・2項）、❿団地内の区分所有建物に関し団地の規約を定めることの承認（法68条1項2号）の3項目について、特別決議事項としていますが、標準管理規約は、法

人化や団地の関係を前提としないマンションを想定していますので、❽〜❿の３項目の定めを設けませんでした。

普通決議と特別決議　　区分所有法は、重要事項（特別決議事項）の決議要件を厳しくしたうえで、それ以外の決議事項（普通決議事項）には一般的な多数決の方法を採用し、「集会の議事は、この法律又は規約に別段の定めがない限り、区分所有者及び議決権の各過半数で決する」と定めています（法39条１項）。

　本条２項は、この区分所有法の考え方を踏襲し、普通決議について、会議運営の一般原則である多数決原理を取り入れるものです（コメント47条関係③）。

　もっとも、区分所有法は、決議について区分所有者および議決権の各過半数で決するとして（法39条１項）、出席者の数と決議要件を関連づけていないのに対し、標準管理規約では、出席組合員の議決権の過半数で決すると定め、決議を出席者と関連させています。このように区分所有法の原則とは異なる定め方をした理由は、総会欠席者が少なくない現状を考え、決議要件に区分所有者数の過半数を付加するならば、決議が成立せず管理実務が滞る事態が多くなると懸念されるため、定足数を定めて区分所有者の一定割合の意思を決議に反映することを確保しつつ、意思決定が円滑に行われるよう配慮したからです。

　例えば、２項によれば、議決権総数が100（組合員総数100、議決権は各組合員とも同一割合）の場合には、最低限度、出席組合員数50で集会が成立し、その過半数である26の賛成があれば、普通決議が成立することになります。

　２項は、法39条１項との関係でみると、規約によって、別段の定めをした規定であるという意味を持ちます。

　特に慎重を期すべき重要事項は特別決議が必要です（47条3項～5項）。特別決議事項の前記❶～❺は、組合員総数の4分の3以上および議決権総数の4分の3以上で決します。❻の建替え決議は、組合員総数の5分の4以上および議決権総数の5分の4以上で決し、❼のマンション敷地売却決議は、組合員総数、議決権総数および敷地利用権の持分の価格の各5分の4以上で決します。3項・4項は、区分所有法の定めを、確認的に明文化した規定です（コメント47条関係④）＊。

　区分所有法に定められた事項の特別決議要件は、共用部分の変更について区分所有者の人数の要件を過半数にまで引き下げることが認められていること（法17条1項ただし書）を除き、規約変更によっても緩和することはできません。

　特別決議が必要であった議案（管理規約の改正）に関し、決議に賛成した議決権数が区分所有者の議決権数の4分の3を超えないことが明らかであったにもかかわらず、区分所有者の議決権数の4分の3以上の賛成があるとして可決承認されたものと扱われていた事案では、決議の無効が確認されています（**東京地判平成25.9.5**）。

＊　耐震改修促進法25条の規定により、要耐震改修認定区分所有建築物の耐震改修については、区分所有法の特例として、敷地および共用部分等の形状または効用の著しい変更に該当する場合であっても、過半数の決議で実施可能となっている（コメント47条関係④）。

組合員としての議長の賛否表明と採決における賛否のカウント

　普通決議につき、総会の議事を出席組合員の議決権の過半数で決するということは、議長を含む出席組合員の議決権の過半数の賛成を得られれば可決、過半数の賛成を得られなかった議案は否決となることを意味します（コメント47条関係②）。議長の賛成票を加えて可否同数になったときも、否決です。

　平成16年改正前には、議長は採決に加わらないという前提に立って、決議において賛否同数の場合は、議長が議事を決する旨の定めがありました（改正前の45条2項）。しかし、議長が採決時に一度議決権を行使し可否同数の

場合にもう一度議決権を行使できると誤解されたり*1、議長に委任された議決権を採決時に行使できるか否かが問題にされるなど、この定めが、混乱を招くことがありました。

　そこで平成16年改正により、議長も他の区分所有者と同じように議決権を行使できることとしたうえで、採決は議長を含む出席組合員の過半数で決議すると改正され、現在の２項の規定となりました*2。

　特別決議についても、普通決議と同様、議長も議決権を行使することを前提として、賛否がカウントされます。

*1　議長といえども、１人の組合員が議決権を２回にわたって行使することはあり得ない。
*2　議長が採決に加わったうえで、賛否の数が同数であれば、否決となる。

特定の者について利害関係が及ぶ事項の決議

普通決議と特別決議とのいずれについても、特定の者について利害関係が及ぶ事項を決議する場合には、その特定の少数者の意見が反映されるよう留意する必要があります（コメント46条関係④）。

　本条では規約の制定・変更・廃止（３項１号）、敷地・共用部分等の変更（３項２号）について、組合員の権利、あるいは専有部分または専用使用部分の使用に特別の影響を及ぼすべきときは、影響を受ける者の承諾を得なければならない旨が明文化されています。影響を受ける組合員等は、正当な理由がなければ承諾を拒否してはなりません（47条７項・８項）。

特別決議を必要とするかどうかの判断

総会決議事項について、敷地や共用部分等の変更を行う場合、形状または効用の著しい変更を伴うならば、特別決議が必要です（３項２号）*1。例えば、階段室部分を改造してエレベーターを新設し、あるいは、緑地である敷地の一部にすべり台やブランコを設置して子供の遊び場に変更することは、いずれも特別決議が必要な敷地・共用部分の変更となります*2。

　他方で、敷地や共用部分等の変更であっても、形状または効用の著しい変更を伴わないものについては、特別決議は不要です。

　ところで、マンションを管理するうえで、バリアフリー、耐震改修、防犯化、ＩＴ化のため、あるいは計画修繕のためなど、様々な工事が必要となりますが、工事を行うために、普通決議で足りるのか、特別決議が必要なのかの判断は、容易ではありません。

　そこで、標準管理規約では、工事に必要な総会の決議に関して、次のとおりコメントされています（コメント47条関係⑥）＊3

❶　バリアフリー化の工事に関し、建物の基本的構造部分を取り壊す等の加工を伴わずに階段にスロープを併設し、手すりを追加する工事は普通決議により実施可能であるが、階段室部分を改造したり、建物の外壁に外付けしたりして、エレベーターを新たに設置する工事は特別多数決議が必要である。

❷　耐震改修工事に関し、柱やはりに炭素繊維シートや鉄板を巻き付けて補修する工事や、構造躯体に壁や筋かいなどの耐震部材を設置する工事で基本的構造部分への加工が小さいものは普通決議により実施可能である。

❸　防犯化工事に関し、オートロック設備を設置する際、配線を、空き管路内に通したり、建物の外周に敷設したりするなど共用部分の加工の程度が小さい場合の工事や、防犯カメラ、防犯灯の設置工事は普通決議により、実施可能である。

❹　ＩＴ化工事に関し、光ファイバー・ケーブルの敷設工事について、その工事が既存のパイプスペースを利用するなど共用部分の形状に変更を加えることなく実施できる場合や、新たに光ファイバー・ケーブルを通すために、外壁、耐力壁等に工事を加え、その形状を変更するような場合でも、建物の躯体部分に相当程度の加工を要するものではなく、外観を見苦しくない状態に復元するのであれば、普通決議によ

り実施可能である。

❺ 計画修繕工事に関し、鉄部塗装工事、外壁補修工事、屋上等防水工事、給水管更生・更新工事、照明設備、共聴設備、消防用設備、エレベーター設備の更新工事は、普通決議で実施可能である。

❻ その他、集会室、駐車場、駐輪場の増改築工事などで、大規模なものや著しい加工を伴うものは特別多数決議が必要であるが、窓枠、窓ガラス、玄関扉等の一斉交換工事や、すでに不要となったダストボックスや高置水槽等の撤去工事は普通決議により実施可能である。

＊1　法17条1項本文。

＊2　敷地に存し、共有に属する楠（大木である場合）を伐採するには、総会の特別決議に基づく必要がある（**東京地判平成20.8.29Ａ**）。2管式排水システムから単管式排水システムへの変更については、効用に著しい変更を伴うものと認めることはできないとされた（**東京地判平成26.7.10**）。

＊3　実際に工事を行うについては、各工事の具体的内容に基づく個別の判断が必要である（コメント47条関係❻）。

建替え決議、マンション敷地売却決議

建替え決議があったときは、集会を招集した者は、建替え決議に賛成しなかった区分所有者に対し、建替え決議の内容により建替えに参加するか否かを回答すべき旨を書面で催告しなければなりません（法63条1項）。建替え決議の賛成者は、建替え決議に賛成しなかった者などに対し、区分所有権および敷地利用権を時価で売り渡す旨の請求をすることができます（法63条5項）。

また、マンション敷地売却決議があったときは、マンション敷地売却組合が設立され（建替え円滑化法120条）、この組合は、マンション敷地売却に参加するかどうかの催告に対して参加しない旨を回答した区分所有者に対し、区分所有権および敷地利用権を時価で売り渡すべきことを請求することができることになっています（同法124条）。

建替え決議およびマンション敷地売却決議の賛否は、これらの売渡し請求

の相手方になるかならないかに関係します。そのために、建替え決議および
マンション敷地売却決議については、後日、組合員それぞれにつき、賛成し
たのか、賛成しなかったのかが明確にわかるような方法により決議をしてお
く必要があります（コメント47条関係⑦）。それぞれの組合員の賛否がわか
るようにする方法としては、例えば、各組合員の記名入り投票用紙に、建替
えに賛成か反対か、どちらかに○を付けさせるなどの方法が考えられます。

第48条 （議決事項）

次の各号に掲げる事項については、総会の決議を経なければならない。

一　規約及び使用細則等の制定、変更又は廃止

二　役員の選任及び解任並びに役員活動費の額及び支払方法

三　収支決算及び事業報告

四　収支予算及び事業計画

五　長期修繕計画の作成又は変更

六　管理費等及び使用料の額並びに賦課徴収方法

七　修繕積立金の保管及び運用方法

八　適正化法第5条の3第1項に基づく管理計画の認定の申請、同法第5条の6第1項に基づく管理計画の認定の更新の申請及び同法第5条の7第1項に基づく管理計画の変更の認定の申請

九　第21条第2項に定める管理の実施

十　第28条第1項に定める特別の管理の実施並びにそれに充てるための資金の借入れ及び修繕積立金の取崩し

十一　区分所有法第57条第2項及び前条第3項第三号の訴えの提起並びにこれらの訴えを提起すべき者の選任

十二　建物の一部が滅失した場合の滅失した共用部分の復旧

十三　円滑化法第102条第1項に基づく除却の必要性に係る認定の申請

十四　区分所有法第62条第1項の場合の建替え及び円滑化法第108条第1項の場合のマンション敷地売却

十五　第28条第2項及び第3項に定める建替え等に係る計画又は設計等の経費のための修繕積立金の取崩し

十六　組合管理部分に関する管理委託契約の締結

十七　その他管理組合の業務に関する重要事項

（令和 3 年改正前48条）

八・十三　新設

一〜七、九〜十二、十四〜十七　順番の入れ替えのみ

（令和 3 年改正の要点）

　適正化法に基づく管理計画認定の申請、建替え円滑化法による要除却認定の申請を総会決議事項として明記した。

総会議決事項　本条は、総会議決事項を列挙しています。普通決議で足りる場合と、特別決議が必要な場合とのいずれをも含んでいます。

規約および使用細則等の制定・変更または廃止（1号）　規約については、**特別決議事項**、使用細則等については、**普通決議事項**＊。使用細則等とは、使用細則その他細則を指します（37条、70条）。平成16年改正において、70条で使用細則以外の細則を定めることができるとされたことから、本号の文言も「使用細則の…」から「使用細則等の…」に変更されました。

　使用細則等の制定、変更にあたっては、規約の内容に抵触しないよう定めなければなりません。

＊　特別決議によらずに普通決議によって制定された使用細則を有効とした例として、**東京地判令和2.6.2**がある。

役員の選任および解任（2号）　**普通決議事項**。役員の選任および解任は総会の議決事項です。理事会で役員を解任することはできません。解任にあたって正当な理由は不要ですし、解任の対象者にあらかじめ解任の議案を告知する必要もありません（**東京地判令和元.7.22**）。

　なお、役員から理事会で選任された役職（理事長・副理事長および会計担当理事）を解く（解任する）ことは理事会決議により行うことができます（35条 3 項）。

なお、理事長は、法に定める管理者とされるところ（38条2項）、管理者については、集会の決議によって、いつでも解任することができるというのが法の定めなので（法25条1項）、理事長についてみると、本号は、法の定めを確認したものということができます＊1＊2。

＊1　管理者について、解任の時期に制約はなく、管理者に任期が定められている場合であっても、任期中に解任することも可能である。解任に理由は問われない。ただし、民法により、相手方のために不利な時期に解任をした場合には、やむを得ない事由がない限り、損害を賠償しなければならないとされている。したがって、管理者が任期中に解任された場合には、解任についてやむを得ない事由がある場合を除いて、管理組合は管理者に対して損害賠償をしなければならない（法28条、民法651条2項）。
　　なお、民法により、受任者からの契約解除も可能であり、管理者から辞任することもできる。管理者が辞任し、区分所有者の側に損害が発生した場合にも、やむを得ない事由がない限り、管理者は管理組合に対して損害を賠償しなければならないことになる。
＊2　管理者に不正な行為その他その職務を行うに適しない事情があるときには、解任請求をすることができる（法25条2項）。解任請求を行うことができるのは、個々の区分所有者であり、訴えによって請求を行う。訴え以外の方法では請求をすることはできない。解任の議案が集会で否決されていたとしても、個々の区分所有者は訴えによる解任請求をすることができる。
　　解任は、解任を命ずる判決の確定によって効力を生じる（形成の訴え）。解任の訴えにおいて区分所有者が勝訴した場合、ほかの区分所有者に対して、その共有持分割合に応じて、裁判費用の償還を請求できる。
　　解任請求が認められた事例として、**東京地判昭和53.1.26**、解任請求が認められなかった事例として、**大阪地判昭和61.7.18**、**東京地判平成20.1.17**、**東京地判平成21.2.16**、**東京地判平成21.2.24**、**東京地判平成21.9.24**、**東京地判平成22.1.15**がある。

| 収支決算・事業報告、収支予算・事業計画（3号・4号） | **普通決議事項**。収支決算・事業報告、収支予算・事業計画は、総会の最も基本的な |

議決事項であり、管理組合業務の根幹となるものです。
　理事長は、標準管理規約によって、

❶　通常総会において、前会計年度における管理組合の業務の執行に関する報告をしなければならない（38条3項）
❷　毎会計年度の収支予算案を通常総会に提出し、その承認を得なければならない（58条1項）

❸　毎会計年度の収支決算案を通常総会に報告し、その承認を得なければ ならない（59条）

とされています。

　このうち、収支決算案については、監事の会計監査を経ていなければなりません（59条、41条1項）。

長期修繕計画の作成 または変更（5号）　**普通決議事項**。長期修繕計画については、国土交通省が「長期修繕計画標準様式」「長期修繕計画作成ガイドライン及び同コメント」「マンションの修繕積立金に関するガイドライン」を策定し、公表しています（32条の解説➡144頁）＊。

　なお、長期修繕計画を策定する議案と、計画に基づく工事を実施する議案とは別のものです。長期修繕計画が議決されているからといって、そのまま工事を実施できるものではなく、計画に基づく工事を実施するには、工事の実施に関する決議が必要です。工事の実施は、28条1項に定める特別の管理であれば本条10号の決議、21条2項に定める管理の実施であれば本条9号の決議となります。

＊　国土交通省は、平成20年6月17日に「長期修繕計画標準様式」「長期修繕計画作成ガイドライン及び同コメント」を、平成23年4月18日に「マンションの修繕積立金に関するガイドライン」をそれぞれ策定・公表している。

管理費等および使用料の額 ならびに賦課徴収方法（6号）　**普通決議事項**。管理費等＊の具体的な金額は、規約で決められていない限り、総会で決めなければなりません。臨時に要する費用として特別に管理費等を徴収する場合にも、総会決議を要します（60条1項ただし書）。

　1階に面する庭、駐車場などの使用料も、その額は総会で決定すべき事項です（14条2項、15条2項）。

　本号にいう「管理費等及び使用料の額並びに賦課徴収方法」には、管理費等の支払猶予も含みますから、管理費等の支払いを猶予する場合も、総会の

決議を経る必要があります（**東京地判平成20.4.24**）。

　東京地判平成21.12.14は、修繕維持積立金の額の一覧表が規約の別表として添付される一方、「管理費等及び専用使用料の額並びに賦課徴収方法、規約の変更及び使用細則の制定又は変更については、総会の決議を経なければならない」との規約の条項となっている事案において、『管理規約が、規約の変更とは別に修繕維持積立金の額について規定していることからすると、修繕維持積立金の額の一覧表が管理規約の別表として添付されているとしても、修繕維持積立金の額の変更が規約の変更に当たるとは解されない』として、規約変更の形をとらず、総会において修繕維持積立金を増額した決議を有効としました。

＊　管理費等とは、管理費および修繕積立金を意味する（25条1項。➡116頁）。

**修繕積立金の
運用（7号）**　　**普通決議事項**。修繕積立金の運用は、もともと管理組合の業務と規定されてはいたものの、以前はその決定方法が具体的に明記されていなかったことから、総会決議を経ないで修繕積立金の運用方法の変更がなされ、トラブルとなることが少なくありませんでした。

　そのため、総会議決事項として、具体的に「修繕積立金の保管及び運用方法」と明記されています。例えば、修繕積立金の保管および運用方法を普通預金から「マンションすまい・る債」＊に変更することは、修繕積立金の保管および運用方法の変更に該当しますので、総会の決議が必要です。

＊　「マンションすまい・る債」は、国の認可を受けて独立行政法人住宅金融支援機構が発行する債券である。マンション管理組合が積み立てている修繕積立金によって定期的に購入し、修繕積立金の計画的な積立て・適切な管理に資することを目的として、制度が組み立てられている（http://www.jhf.go.jp/customer/kanri/smile_point.html）。

**管理計画の
認定申請等（8号）**　　**普通決議事項**。令和2年の適正化法改正により、マンション管理適正化推進計画を作成した地方公共団体が、適切な管理計画を有するマンションを認定する制度として管理計画認定制度が創設されました。この制度では、管理組合の管理者等が都道府県知事

等に認定を申請することになりますが（適正化法5条の3第1項）、本号により、この申請を行うには総会の議決が必要になります。認定の更新の申請（同法5条の6第2項）、認定を受けた管理計画の変更の申請（同法5条の7第1項）も同様です。

専有部分の一体管理（9号） **普通決議事項**。21条2項には、「専有部分である設備のうち共用部分と構造上一体となった部分の管理を共用部分の管理と一体として行う必要があるときは、管理組合がこれを行うことができる」と定められ、管理組合が、専有部分の管理を共用部分の管理と一体的に行う場合があることが定められています。

本号により、管理組合が専有部分の一体管理を実施することは総会議決事項であると明記されました。

特別の管理の実施、資金の借入れ、修繕積立金の取崩し（10号） **普通決議事項**または**特別決議事項**。28条1項には、特別の管理として、❶一定年数の経過ごとに計画的に行う修繕、❷不測の事故その他特別の事由により必要となる修繕、❸敷地および共用部分等の変更、❹建物の建替えおよびマンション敷地売却に係る合意形成に必要となる事項の調査、❺その他敷地および共用部分等の管理に関し、区分所有者全体の利益のために特別に必要となる管理が定められています。

これらの管理の実施、それに充てるための資金の借入れ、修繕積立金の取崩しには、総会決議を要します。

63条には、管理組合は、28条1項に定める業務を行うため必要な範囲内において、借入れをすることができると定められています。

義務違反者に対する訴えの提起、訴えを提起すべき者の選任（11号） **普通決議事項**または**特別決議事項**。本号は、義務違反者に対する訴えとして、

❶ 行為差止め（停止）請求の訴え（法57条 2 項）

❷ 使用禁止の訴え（法58条 1 項）、競売請求の訴え（法59条 1 項）、占有者に対する賃貸借契約の解除・専有部分の引渡しの訴え（法60条 1 項）

の 2 つの分類に属する訴えの提起と訴えを提起すべき者の選任を、総会決議事項としています。このうち、訴えの提起の決議については、❶の訴えの提起は普通決議事項、❷に属する訴えの提起は特別決議事項であり、訴えを提起すべき者の選任については、いずれの訴えも普通決議事項となります。

復旧（12号）　　**普通決議事項**または**特別決議事項**。建物の一部が滅失した場合の滅失した共用部分の復旧については、小規模滅失の場合には普通決議（法61条 1 項本文・ 3 項）、大規模滅失の場合には特別決議となります（法61条 5 項）＊。

＊　小規模滅失は、建物の価格の 2 分の 1 以下に相当する部分の滅失（法61条 1 項本文）、大規模滅失は、建物の価格の 2 分の 1 を超える部分の滅失である。

要除却認定の申請（13号）　　**普通決議事項**。建替え円滑化法102条の要除却認定＊がなされることは、建替え円滑化法に基づくマンション敷地売却事業の対象となったり、容積率の緩和特例の適用を受ける要件です。この認定の申請は管理組合の管理者等が行うことになりますが（建替え円滑化法102条 1 項）、本号により、この申請を行うには総会の決議が必要になります。

＊　要除却認定の対象は従来耐震性不足のみであったが、令和 2 年の建替え円滑化法改正により、火災に対する安全性不足、外壁等の剥落により周辺に危害を生ずるおそれが加えられた（令和 4 年 4 月施行予定）（➡194頁）。

建替えおよびマンション敷地売却（14号）　　**特別決議事項**。集会においては、建物を取り壊し、かつ、建物の敷地もしくはその一部の土地または建物の敷地の全部もしくは一部を含む土地に新たに建物を建築する旨の

決議をすることができます（法62条1項）。これが、建替え決議です。また、建替え円滑化法によるマンション敷地売却（➡135頁）を行う場合も、総会決議によることになります（建替え円滑化法108条1項）。建替え決議と敷地売却決議には、区分所有者および議決権の各5分の4以上という特別の多数が必要とされています。

建替え等に係る計画・設計等の経費のための修繕積立金の取崩し（15号）

普通決議事項。建替え等*決議後も修繕積立金を一定の条件の下で取り崩すことが可能とされたことを受け（28条2項・3項）、この取崩しが、総会の議決事項と定められました。

* 「建替え等」とは、建替えとマンション敷地売却である（28条1項4号）。

組合管理部分に関する管理委託契約の締結（16号）

普通決議事項。組合管理部分（32条1号）の管理は、専門的知識と多くの労力が必要であるため、多くの場合に、管理会社に委託されています。組合管理部分に関し、管理会社と管理委託契約を締結するには、総会決議が必要です。

管理会社にマンションの管理を委託する契約については、かつては「管理業務委託契約」と表現されていましたが、平成16年改正で、マンション標準管理委託契約書の表現に合わせて、「管理委託契約」に変更されました。

その他管理組合の業務に関する重要事項（17号）

普通決議事項または**特別決議事項**。1号から14号までに掲げられていなくとも、これらの事項に準じる重要な事項については、総会決議を要します*。総会において特別決議により定めることとされた事項（47条3項5号）、および、区分所有法上特別決議が必要とされている事項であって、本条に掲げられていない事項（管理組合の法人化（法47条1項）など）は特別決議事項です。

* 共用部分への防犯カメラの設置について「管理組合の業務に関する重要事項」に該当するとし、理事会決議では足りず総会決議が必要であると判断された事案に**東京地判平成28.12.13**がある。

231

総会運営実務の留意事項

　以下、総会を運営するにあたっての実際上の留意事項につき、第1に総会設営・総会出席、第2に委任状、第3に総会の議事進行と分けて解説します。

第1　総会設営、総会出席

❶ 総会の会日・場所の設定

　総会の会日・場所の設定には、区分所有法や管理規約による制限はありません。

　ただし、区分所有者が集まりやすい設定が必要です。平日の昼間や、早朝・深夜に総会を開催することは不適当ですし、遠隔地を会場とすることも妥当とはいえません。客観的にみて区分所有者の出席が困難な場合には、総会の招集手続に瑕疵があるものと判断されることになりましょう。WEB会議システム等を用いて総会を開催する場合は、組合員が映像および音声での通信により接続することが可能な方法をとる必要があります。

　また、会場の広さの点においても、客観的に出席者数を予測し、余裕をもった人数を収容できる会場を準備しなければなりません。仮に、出席者が会場に入れないような事態が生ずることになれば、総会は成立せず、決議が行われても、効力が認められないことにもなります。

❷ 区分所有者であることの照合

　総会会場の受付では、出席者の照合をしなければなりません。一般的には、部屋番号と氏名を述べてもらい、名簿に出席である旨をチェックしておけば足ります。

　しかし、本人ではない者が、本人であると称して、総会に出席することがあってはなりません。状況に応じ、免許証や社員証など、区分所有者本人であることの確認も必要です。

❸　代理権を証する書面（委任状）

代理人には出席の資格がありますが、代理人が総会に出席するためには、代理権を証する書面（委任状）を提出しなければなりません。委任状の提出がなく、代理人であることを主張する者に対しては、出席を拒むことができます。もっとも、書面（委任状）の提出がなくても、顔見知りである家族が代理人として出席するなどの場合には、代理人であることが明確であるものとして、議長の権限において、代理人と認めて総会への出席と議決権の行使を認めることもできます。

平成23年改正によって、委任状は、あらかじめ総会開催までに組合員または代理人から理事長に提出しなければならないものとされました（46条6項）。電磁的方法により委任状を提出できるように定めることも可能です。

❹　役員の出席、次期役員の出席

役員（理事・監事）は、組合員のため、誠実にその職務を遂行する義務があり（37条1項）、総会にも出席しなければなりません。もっとも、冠婚葬祭や体調の不良など、合理的な理由があれば、出席しなくてもかまいません。

総会では、次期役員を選任しますが、次期役員については、総会開催の段階では役員の候補者にすぎず、出席の義務はありません。もっとも、役員就任には本人の承諾が必要であること、また、次期の役員としては、総会における議論を踏まえた管理組合運営を行う必要があることを考えれば、次期役員の候補者も可能な限り、総会に出席するべきです。

❺　占有者（賃借人）の出席

占有者（賃借人）が、総会の出席権・意見陳述権を行使しようとするときは、あらかじめ通知をしておかなければなりませんが（45条2項）、通知をしていない占有者（賃借人）が総会への出席・意見陳述を求めることも考えられます。

標準管理規約が占有者（賃借人）に通知を義務づけているのは、会場の設定や議事の進行のため、前もって出席者を把握しておく実務的な配慮です。占有者（賃借人）の集会出席・意見陳述の権利が、区分所有法によって認め

られている権利である以上（法44条1項）、仮に通知がなくても、占有者（賃借人）が総会に出席して意見を述べたいという希望があるときには、これを拒むことはできません。

❻ 共有者の議決権行使者の届出

住戸が数人の共有に属する場合、議決権を行使する者1名を選任し、その者の氏名をあらかじめ総会開会までに理事長に届け出なければなりません（46条3項）。議決権行使者の届出は、それぞれの総会ごとに別々に届け出なくともかまいません。いったん包括的に議決権行使者の届出を行っておけば、これと異なる届出がなされるまでは、当初の届出の効力が継続するとして取り扱うことができます。

第2　委任状

❶ 捺印の必要性

委任状は、捺印がなく、署名だけのものであっても、その効力は否定されません。委任状への捺印は、本人の意思確認などのため、慣行となっている方式です。もっとも、デジタル社会形成整備法を受け、標準管理規約では令和3年改正に当たり各種書面の押印義務が廃止されており、委任状についても今後は捺印を求められなくなることも予想されます。

❷ 白紙委任状

委任の相手方も、委任の内容も、いずれの記載もない委任状が、白紙委任状です。白紙委任状は、その提出先（一般的には理事長）に対し、受任者として誰を選択するのか、議案に対して賛成するのか否かなどを、一任したものと解されます。白紙委任状も、委任状としての効力を有します（高層住宅法研究会『改訂新版マンション管理組合総会運営ハンドブック』大成出版社、172頁）*1*2。

❸ 委任状取付けの勧誘

管理組合運営に無関心な組合員が少なくない現状において、役員が、委任

状の取付けを勧誘し、委任状を集めることが、一般的に行われています。委任状の提出を強制することがあってはなりませんが、そうではない限り、委任状の取付けも、差し支えはありません。

　また、総会当日の出席が不確実な組合員との関係において、一応委任状を提出してもらっておき、総会当日に組合員が欠席した場合には、代理人が議決権を行使し、総会当日に組合員が出席した場合には、委任状を返還して本人出席として扱うという方法が採られることもあります。このような方法も、円滑な総会の運営のための1つの手段です。

❹ 異なる代理人を選任する複数の委任状の提出

　組合員が、異なる代理人を選任する複数の委任状を提出した場合、その効力が問題になりますが、このような複数の委任状提出は認められないと考えられます。なぜならば、複数の代理人がいる場合には、複数の代理人の間で意見が異なる可能性があるところ、組合員が1つの住戸を持っている場合には、複数の代理人が異なる意見を表示することはできませんし、組合員が複数の住戸を持っている場合にも、議決権の不統一行使は許されないと解されているからです（46条の解説➡204頁）。

　したがって、組合員の代理人選任は、1人の代理人を選任するものでなければなりません。

❺ 1人の代理人が複数の組合員から委任状を受け取っている場合

　代理人は、委任者からの委任の趣旨に従って、代理権を行使しなければなりません。1人の代理人が、複数の組合員からの委任状を受け取っており、委任者によって依頼の内容が異なる場合には、個々の組合員の依頼内容に従って、議決権を行使することになります。そのために、1人の代理人が、議決権行使において、賛成と反対の両方の意思を示すことにもなりますが、代理の性格にかんがみれば、そのような議決権の行使も可能です。

❻ 延会・続行会における委任状

　総会が延期・続行された場合の後日の総会（延会・続行会）と当初の総会のための委任状との関係については、延会・続行会が当初の総会と同一性を

235

有することから、当初の総会の委任状は、延会・続行会においても、有効と解されています。

＊1　白紙委任状について、平成23年改正において、46条にコメントが追加されている（⇒212頁）。
＊2　議長あての委任状も有効である（高層住宅法研究会『改訂新版マンション管理組合総会運営ハンドブック』大成出版社、172頁）。

第3　総会の議事進行

❶ 議長の権限

総会の議長は、理事長が務めます（42条5項）。

区分所有法や標準管理規約には明文化されていませんが、議長には、議事整理権と議場の秩序維持権があります*1。

議事整理権とは、議事進行の順序を決め、出席者の発言を許し、審議を尽くしたと判断したときに採決を行うなどの権限であり、議場の秩序維持権とは、整然とした会議が可能となるように、不規則発言を制止し、議事を混乱させる者を退場させ、あるいは、出席資格の有無を判断する権限です。

議長には、これらの事項について裁量権がありますから、総会の現場においては、関係者は、議長の判断に従わなければなりません。例えば、議案の説明や質疑応答を議長から委任を受ける形で他の理事が行うことは何ら違法ではありません（**東京地判平成21.2.25**）。ただし、議長に裁量権があるといっても、自ずから限度があり、その判断は、円滑な総会運営を実現するための、根拠のある合理的なものでなければなりません。議長の議事運営がその権限を逸脱すれば違法であり、決議がなされたとしても、決議の効力が認められないことにもなります。

❷ 総会の延期・続行

議題の審議に入らずに総会を後日に変更することを延期といい、議題の審議には入ったけれども審議未了のまま総会を後日継続することを続行といい

ます。議事進行に関する事項は、基本的に議事進行権に基づき議長が決める
ことができますが、総会の延期・続行は、総会当日に採決をせず、後日に改
めるという重要な判断事項ですので、議長独自で判断をすることはできず、
議場に諮り、採決をするべきであると考えられています*2。

　これに対し、議事進行を一時的に停止することが、休憩です。休憩は、議
長が決めることができます。

❸ 動議の取扱い

　会議中に、予定された議題以外に審議・採決を求める事項を提案すること
を動議といいます。

　総会における動議には、実質的な内容を含む提案と議事進行に関する提案
とがあります。このうち、実質的な内容を含む提案については、あらかじめ
通知された事項についてのみ決議できるという制約があります(47条10項)。
議事進行に関する提案（例えば、総会の延期・続行、採決方法の提案、休憩
など）については、動議が提出された場合には、これを審議・採決する必要
があります*3。

❹ 質問の取扱い

　議長には、議事整理権がありますから、議長が、質問の順序を決め、質問
者の発言を許し、これに対して誰がどのように回答するかを判断します。質
問がすでに説明のなされた事項に対するものであったり、議題に関連しない
ものであったりするときは、質問を打ち切ることができますし、必要な審議
が尽くされたと判断されれば、質疑を終え、採決に入ることもできます。

　もっとも、総会での発言は、組合員にとって最も重要な権利の1つであり、
この権利を奪うことはできません。希望者がいるのに一切発言の機会を与え
ないなどの事情があれば、議長の議事進行が、裁量権の範囲を超えて違法と
なります。

❺　委任状と議決権行使書面の同時提出

　委任状と議決権行使書面が一葉となっていて、これを一緒に提出していた
区分所有者が総会に欠席した場合、取扱いに迷うことがあります。この点に

ついては、次のように説明されています（高層住宅法研究会『改訂新版マンション管理組合総会運営ハンドブック』大成出版社、165頁）。

> ⑴　2つの書面が共に明確で矛盾のない場合は、これに従う（双方共有効）。
> ⑵　2つの書面に内容不明または矛盾があるときは、区分所有者本人に確かめ、本人の意思に従って決する（したがって、総会前に提出書面をチェックし、必要があれば本人に確認しておくべきである）。
> ⑶　本人の意思が確認できないときは、2つの書面の形式・内容に従って本人の意思を推測し、最も本人の意思に合致すると考えられるもの、または本人の意思に近いと考えられるものによる。

❻ 委任状未提出の場合は賛成とみなすとの取扱い

委任状未提出の場合は賛成とみなすとの取扱いは許されないと考えられています。そのような通知も、そのような取扱いも違法であり、効力はありません。規約で定めたとしても、同様です（上記『改訂新版マンション管理組合総会運営ハンドブック』、171頁）。

❼ 採決の方法

採決の方法は、議案の可否を確認できるのであれば、どのような方法をとることも可能です。決議結果が判定し得るのであれば、挙手や拍手で採決することもありますし、他方、決議結果を慎重に判断しなければならないときには、投票用紙による投票が必要ということにもなります。

東京地判平成23. 7. 6は、『管理組合法人の総会における決議の方法については、規約に別段の定めがない限り、議案の賛否について判定できる方法であれば、いかなる方法によるかは総会の円滑な運営の職責を有する議長の合理的な裁量に委ねられていると解すべきである』と判示しています。

東京地判平成20. 7. 4 Bでは、複数の要決議事項の一括決議の効力が肯定されています。

＊1　会社法315条1項・2項を参照。
＊2　会社法317条を参照。
＊3　動議を提案したにもかかわらずこれについて決議せずに議案を採決したことは、動議を提案した区分所有者の法的利益を侵害するものであるとした事案に**東京地判平成29. 1. 27**がある。

第49条（議事録の作成、保管等）

〔※管理組合における電磁的方法の利用状況に応じて、次のように規定〕

㋐ 電磁的方法が利用可能ではない場合

（議事録の作成、保管等）

第49条 総会の議事については、議長は、議事録を作成しなければならない。

2 議事録には、議事の経過の要領及びその結果を記載し、議長及び議長の指名する2名の総会に出席した組合員がこれに署名しなければならない。

3 理事長は、議事録を保管し、組合員又は利害関係人の書面による請求があったときは、議事録の閲覧をさせなければならない。この場合において、閲覧につき、相当の日時、場所等を指定することができる。

4 理事長は、所定の掲示場所に、議事録の保管場所を掲示しなければならない。

㋑ 電磁的方法が利用可能な場合

（議事録の作成、保管等）

第49条 総会の議事については、議長は、書面又は電磁的記録により、議事録を作成しなければならない。

2 議事録には、議事の経過の要領及びその結果を記載し、又は記録しなければならない。

3 前項の場合において、議事録が書面で作成されているときは、議長及び議長の指名する2名の総会に出席した組合員がこれに署名しなければならない。

4 第2項の場合において、議事録が電磁的記録で作成されているときは、当該電磁的記録に記録された情報については、議長及び議長の指名する2名の総会に出席した組合員が電子署名（電子署名及び認証業務に関する法律（平成12年法律第102号）第2条第1項の「電子署名」

をいう。以下同じ。）をしなければならない。

5　理事長は、議事録を保管し、組合員又は利害関係人の書面又は電磁的方法による請求があったときは、議事録の閲覧（議事録が電磁的記録で作成されているときは、当該電磁的記録に記録された情報の内容を紙面又は出力装置の映像面に表示する方法により表示したものの当該議事録の保管場所における閲覧をいう。）をさせなければならない。この場合において、閲覧につき、相当の日時、場所等を指定することができる。

6　理事長は、所定の掲示場所に、議事録の保管場所を掲示しなければならない。

議事録に関する区分所有法の定め　　区分所有法には、集会の議事録について、

❶ 議長は、書面または電磁的記録により、議事録を作成しなければならない（法42条1項）

❷ 議事録には、議事の経過の要領およびその結果を記載し、または記録しなければならない（法42条2項）

❸ 議事録が書面で作成されているときは、議長および集会に出席した区分所有者の2人がこれに署名 ※1 しなければならない（法42条3項）

❹ 議事録が電磁的記録で作成されているときは、電磁的記録に記録された情報については、議長および集会に出席した区分所有者の2人が行う法務省令で定める署名に代わる措置が必要である（法42条4項）

❺ 保管と閲覧には、規約に関する条項が準用される（法42条5項）

と定められています。

　本条は、これらの区分所有法の定めに沿い、管理組合における電磁的方法の利用状況に応じて場合分けして、議事録の作成、保管等について定めるも

のです＊2。

＊1　令和3年改正前は、署名だけでなく押印も必要としていた。デジタル社会の形成による国民の利便性向上を期して各法令における“脱ハンコ”を進める改正を行うデジタル社会形成整備法により、集会議事録への署名押印を求める区分所有法42条3項が令和3年9月1日に改正されたことに伴い、標準管理規約においても押印義務が廃止された。

＊2　総会の議事録が区分所有法あるいは規約にのっとって作成されていないとしても、総会の手続きに瑕疵がなければ、総会の決議の有効性に影響することはない（**東京地判平成20.4.11、東京地判平成26.7.10、福岡簡判平成27.5.19**）。

議事録の作成

❶ 議事録の作成者

　議事録は議長が作成します（1項）。

　管理会社に管理業務を委託している場合、管理会社を議事録作成の補助者として利用することは一般的に行われていますが、議事録の作成すべてを管理会社にゆだねることはできません。

❷ 議事録の記載事項

　議事録には、議事の結果を記載・記録しますが、それだけでは足りません。どのような議論がなされたかという議論の内容も、後の議論や管理運営にあたり必要となりますので、議事の結果に加え、議事の経過の要領も、記載・記録しておかなければなりません（2項）。

　議事の結果とは、可決されたか、可決されなかったかを指します。議事の結果については、根拠も示しておかなければなりません。総会当時の区分所有者総数、総議決権数、出席区分所有者数、その議決権数、書面投票や電子投票があったときはその区分所有者数、その議決権数等も記載・記録を要します。

　議事の経過とは、開会・議題・議案・討議の内容・票決方法・閉会などです。討論の状況などは逐一内容を記載・記録しなくとも、要約しておけば足ります。

　大規模滅失の場合の復旧決議や建替え決議、マンション敷地売却決議では、売渡し請求・買取り請求などが問題になりますから、決議について、組

合員それぞれについての賛否も記載・記録しておかなければなりません（法61条6項、法62条8項）。

　管理者、管理組合の理事の報告も法律上の義務なので、管理者、管理組合の理事の報告も記載・記録すべき事項です。

❸ 議事録への署名

　議事録が書面で作成されているときには、議事の経過および結果の正確な記載を担保するため、議長および集会に出席した区分所有者のうちの議長の指名する2人の署名が必要です（(ｱ)2項、(ｲ)3項）。

　署名とは、自署することをいいます。区分所有者の代理人が集会に出席したときは、区分所有者の代理人の署名でも差し支えありません。また、出席した区分所有者が2人に満たなければ、1人の出席者が署名すれば足りると解されます。

　平成16年改正前は、署名押印を行う者について、議長および総会に出席した2名の理事となっていましたが、平成16年改正により、理事という限定がなくなり、理事ではない出席者の署名押印でも足りることとされました＊。

❹ 議事録作成の時期

　議事録をいつ作成すべきかについて明文の定めはありませんが、集会が終了した後できるだけ速やかに作成しなければならないのは当然です。管理ガイドブックも「総会終了後、早期に議事の内容について整理、確認し、議事録を作成すること」としています。

❺ 罰則

　議事録作成義務には罰則規定があります。議長が、議事録を作成せず、または議事録に記載・記録すべき事項を記載・記録せず、もしくは虚偽の記載・記録をしたときは、20万円以下の過料に処されます（法42条1項～4項、法71条3号）。

＊　平成16年改正前の方式では、署名押印者は3名とも理事となるため、理事だけの署名押印で議事録が確認されることが、トラブルの原因になることもあった。そこで、公平性・

242

透明性を確保するため、平成16年改正において、議長が指名すれば、理事でない者が署名押印をしてもよいことにした（令和3年改正で押印義務は廃止されている）。なお、現行の条項の下でも、理事を署名者として指名することも差し支えはない。

議事録の電子化 平成14年法改正により、区分所有法に電磁的記録による議事録作成の条項が定められました（法42条）。これに対応し、標準管理規約においても、電磁的記録により議事録を作成することができる旨の規定が設けられています。

電磁的記録の具体例には、磁気ディスク、磁気テープ等のような磁気的方式によるもの、ICカード、ICメモリーのような電子的方式によるもの、CD-Rのような光学的方法を利用してファイルに情報を記録するものがあります（コメント49条関係②）。

議事録が電磁的記録で作成されるときには、議長および集会に出席した区分所有者の2人による署名に代わる措置が必要です（（イ）4項）。署名に代わる措置については、「電子署名及び認証業務に関する法律2条1項の電子署名」と定められていますので（同項）、電磁的記録により議事録を作成するには、所定の電子署名が必要です。

電子署名とは、電磁的記録(電子的方式、磁気的方式その他人の知覚によっては認識することができない方式で作られる記録であって、電子計算機による情報処理の用に供されるもの)に記録することができる情報について行われる措置であって、次の❶および❷のいずれにも該当するものです（コメント49条関係③)。

❶ 当該情報が当該措置を行ったものの作成に係るものであることを示すためのものであること

❷ 当該情報について改変が行われていないかどうかを確認することができるものであること

電子署名としては、数百桁の数字を羅列した公開鍵という暗号を使用する方式（公開鍵暗号方式）を利用したデジタル署名が用いられています。

❶ 議事録の保管・閲覧と利害関係人

　区分所有者はもちろん、同居人も総会の決議を遵守しなければならず（3条）、区分所有者の特定承継人（5条1項）、占有者（5条2項）にも、総会決議の効力が及ぶなど、総会の決議は、利害関係者に広く影響を及ぼします。

　そこで、理事長は、議事録を保管し、組合員または利害関係人の書面による請求があったときは、閲覧をさせなければならないこととされています（(ｱ)3項、(ｲ)5項）。

　ここで利害関係人とは、専有部分や敷地の担保権者、差押え債権者、占有者（賃借人）、組合員から媒介の依頼を受けた宅地建物取引業者等、法律上の利害関係がある者です。単に事実上利益・不利益を受けたりする者、親族関係にあるだけの者等は含まれません（コメント49条関係①）。

　閲覧の対象は、議事録です。**東京地判平成26.9.18**では、会計書類や帳票類については、管理規約の議事録の関連資料として閲覧を求められるものではない、とされました。

　理事長は、原則として、利害関係人の請求があったときは閲覧を拒むことはできず、正当な理由がある場合に限って、これを拒むことができます*1。

　利害関係人からの請求があった場合に、正当な理由がなくても議事録の閲覧を拒むことができるなどの規約を定めることはできません。仮に規約にそのような条項を設けても無効です。

❷ 閲覧の手続き

　閲覧の請求については、書面（または電磁的方法による請求）を必要とします*2。もっとも、書面（または電磁的方法による請求）による請求があれば足り、閲覧の理由が付されていなくても、差し支えはありません*3。

　議事録の閲覧につき、理事長は、相当の日時、場所等を指定することができます（(ｱ)3項、(ｲ)5項）。

　議事録が電子化されて保管されている場合、その保管場所における議事録の閲覧は、具体的には、定められた保管場所において、電子化された情報内

容を、紙面に表示するか、あるいはモニターなどの出力装置の映像面に表示
することとなります（(イ)5項かっこ書）。

❸ 議事録の保管場所

議事録の保管場所は、所定の掲示場所に掲示しておく必要があります（(ア)
4項、(イ)6項）。掲示場所は、あらかじめ定められていなければなりません。
エントランスホールの掲示板などに保管場所を掲示することが多いと考えら
れます。

請求に応じて閲覧させるためには、議事録が整然と整理され、求められた
総会の議事録を速やかに取り出せる状態となっていることが必要です。

❹ 議事録の保管期間

議事録の保管期間については、特段の定めはありません。

しかし、規約の変更が総会において行われたときは、変更後の規約につい
て議事録がその原本としての役割を持つことを考えると、規約を変更した場
合の議事録は、管理組合が存続する限り、保管をする必要があります。

他方、すべての議事録を永久に保管するというのも、非現実的です。株主
総会の議事録の保管期間が10年間であること（会社法318条2項）などを考
慮し、マンションごとに保管期間をルール化しておくべきでしょう。

❺ 罰則

理事長（管理者）が集会の議事録を保管せず、または利害関係人からの請
求に対して正当な理由がないのに閲覧を拒んだときは、20万円以下の過料に
処せられます（法33条1項本文・2項前段、法42条5項、法71条1号・2号）。

＊1　閲覧を拒むことができる正当な理由としては、深夜に請求する場合、いやがらせを目
　　　的として繰り返し請求が行われる場合などが考えられる。
＊2　区分所有法上は、規約の閲覧請求に書面が必要とはされていない（法42条5項、法33
　　　条2項）。
＊3　帳票類等の閲覧については、理由を付したうえでの書面による請求が必要とされる（64
　　　条1項）。

第50条 （書面による決議）

〔※管理組合における電磁的方法の利用状況に応じて、次のように規定〕

(ア) 電磁的方法が利用可能ではない場合

（書面による決議）

第50条　規約により総会において決議をすべき場合において、組合員全員の承諾があるときは、書面による決議をすることができる。

2　規約により総会において決議すべきものとされた事項については、組合員全員の書面による合意があったときは、書面による決議があったものとみなす。

3　規約により総会において決議すべきものとされた事項についての書面による決議は、総会の決議と同一の効力を有する。

4　前条第3項及び第4項の規定は、書面による決議に係る書面について準用する。

5　総会に関する規定は、書面による決議について準用する。

(イ) 電磁的方法が利用可能な場合

（書面又は電磁的方法による決議）

第50条　規約により総会において決議をすべき場合において、組合員全員の承諾があるときは、書面又は電磁的方法による決議をすることができる。ただし、電磁的方法による決議に係る組合員の承諾については、あらかじめ、組合員に対し、その用いる電磁的方法の種類及び内容を示し、書面又は電磁的方法による承諾を得なければならない。

2　前項の電磁的方法の種類及び内容は、次に掲げる事項とする。

一　電磁的方法のうち、送信者が使用するもの

二　ファイルへの記録の方式

3　規約により総会において決議すべきものとされた事項については、組合員の全員の書面又は電磁的方法による合意があったときは、書面

又は電磁的方法による決議があったものとみなす。

4　規約により総会において決議すべきものとされた事項についての書
　面又は電磁的方法による決議は、総会の決議と同一の効力を有する。

5　前条第5項及び第6項の規定は、書面又は電磁的方法による決議に
　係る書面並びに第1項及び第3項の電磁的方法が行われた場合に当該
　電磁的方法により作成される電磁的記録について準用する。

6　総会に関する規定は、書面又は電磁的方法による決議について準用
　する。

集会を開催しない決議方法　　本条は、集会を開催しない決議方法について
定めた条項です。集会を開催しない決議方法に
関する法45条1項・2項の内容を反映し、これを確認する規定となっていま
す。

全員の承諾があるときの
特別の方法による決議　　集会を開催しないで決議をする方法には、まず、
全員の承諾があるときの特別の方法による決議
（書面による決議〈持ち回り決議〉・ネット決議〈電磁的方法による決議〉）
があります（(ア)1項、(イ)1項・2項）＊。これらの決議に必要となる承諾に
ついては、法律上は書面は求められていませんが、承諾があったかどうかを
明らかとするために、書面により承諾を得ておくべきでしょう。

　これらの決議に効力を認める仕組みは、集会を開かないでも決議があった
とみなすものであって、集会が開かれることを前提として、議決権を書面で
行使する書面投票の制度とは異なります。

　決議があったときには、総会が開催されて採決された決議と同一の効力が
あります（(ア)3項、(イ)4項）。

＊　この場合の承諾は、決議内容の承諾ではなく、決議をすることについての承諾である。

　次に、組合員の全員の書面による合意（全員書面合意）・組合員全員の電磁的方法による合意（全員ネット合意）があったときは、全員の承諾があるときの特別の方法による決議（書面による決議またはネット決議）があったものとみなされます（(ア)2項、(イ)3項)＊。この合意があったときにも、総会が開催されて採決された決議と同一の効力があります（(ア)3項、(イ)4項)。

＊　この場合の合意の対象は、決議すべき事項である（決議内容）。

　理事長は、書面による決議（持ち回り決議）に係る書面・電磁的方法による決議（ネット決議）に係る電磁的記録を保管し、組合員または利害関係人の書面による請求があったときは、閲覧をさせなければなりません。この場合において、閲覧につき、相当の日時、場所等を指定することができます。また、所定の掲示場所に、保管場所を掲示しなければなりません（(ア)4項、(イ)5項)。

　総会に関する規定は、書面による決議・電磁的方法による決議について準用されます（(ア)5項、(イ)6項))＊。

【集会を開催しない決議方法】

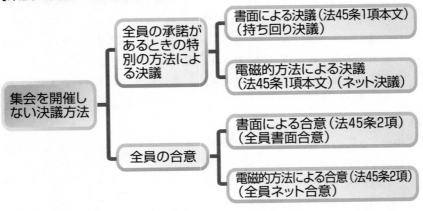

＊　準用されるのは、招集通知、代理人、共有などに関する規定である。

5　理事会

第51条（理事会）

理事会は、理事をもって構成する。

2　理事会は、次に掲げる職務を行う。

　一　規約若しくは使用細則等又は総会の議決により理事会の権限として定められた管理組合の業務執行の決定

　二　理事の職務の執行の監督

　三　理事長、副理事長及び会計担当理事の選任及び解任

3　理事会の議長は、理事長が務める。

（令和3年改正前51条）

1　変更なし

2　はしら書・一号・二号　変更なし

　三　理事長、副理事長および会計担当理事の選任

（令和3年改正の要点）

　役職の選任のみならず、解任も、理事会の職務であることを明記

理事会の意義　　　管理組合の最高議決機関は総会であり、総会で決議された事項を理事長が執行します。

　しかし、総会は、通常、年に1回しか開かれません。理事長が総会で決議された事項しか執行できないとすれば、管理組合の運営は硬直的で、機動性を欠いたものになってしまいます。

　他方、理事長の権限を広くすれば、管理組合運営の柔軟性、機動性は確保できますが、理事長の権限が大きくなりすぎ、誤った判断に基づく業務が執

行される懸念も大きくなります。

　そこで、標準管理規約では、管理組合運営の柔軟性・機動性を確保しつつ、誤った判断に基づく業務が行われる弊害を防止するため、理事をもって理事会を構成するものとし（1項）、理事会に、一定の事項についての議決権限、承認権限を付与しています。理事会は、複数の理事による検討の機会を確保し、管理組合運営を適正化するための審議・決議機関です*1。**東京地判平成24.3.28**は、『総会は、管理組合における最高の意思決定機関であり、総会で選任される理事、ひいては、その理事により構成される理事会は、総会の議決に基づく組合業務を執行することが求められている』と判示しています*2。

　平成28年改正では、2項において、理事会の職務を条文化しました。『管理組合の業務執行の決定だけでなく、業務執行の監視・監督機関としての機能を理事会が有することを明確化するとともに、第35条第3項の規定に基づく理事長等の選任を含め、理事会の職務について明示した』とコメントが付けられました（コメント51条関係）。

　令和3年改正では、さらに、理事長等の役職の解任も理事会の職務であることが明記されました（コメント51条関係①）。理事長・副理事長および会計担当理事は理事の互選により選任されており（51条2項3号）、その解任も同様に、理事による会議体の決議で実行できるとするのが自然です。ただし、このような役職の解任にとどまらず、理事としての地位自体を解くには、35条2項および48条2号に基づき総会の決議を経る必要があります（コメント51条関係②）。

　理事会では、理事長が議長を務めます（3項）。

　理事会の運営にあたって安定性、公正性、自律性を確保するためには、理事会運営のルールとしての理事会運営細則を定める必要があります。

　管理標準指針は、理事会の開催頻度について、少なくとも2か月に1回の定期的な開催を標準的な対応、毎月1回の定期的な開催を望ましい対応としています。

＊1　区分所有法には、理事会という概念はない。理事会は、規約が自主的自立的に設置する区分所有者の団体（法3条、管理組合）における組織である。

＊2　**東京地判平成24.3.28**は、これに加えて、『本件修繕工事については、総会が実施することを議決したが、理事会は、すべてにおいてその執行（実施）が義務付けられたというものではなく、執行（実施）する権限が授与されたものというべきであり、理事会が本件修繕工事を実施するにあたっては、理事会に一定の裁量が認められているというべきである』として、理事会に裁量を認めている。

理事会の権限の限界　　理事会では、規約・総会決議等で理事会の権限として定められた管理組合の業務執行の決定が可能です（本条2項1号）。逆に、規約等で委任された範囲を超えた業務執行等を行うことは無効となるのであり、規約の定めに反する内容を細則で定めることも認められません。

大阪高判令和元.10.3は、規約の委任により理事会決議で定められた理事の選任に関する規則の有効性が問題となったケースです。この管理組合では、規約で「管理組合の役員は、区分所有者の中から選任する」「本件管理規約及び集会の決議に著しく違反する行為があると認められる区分所有者について、あらかじめ理事会の決議があった場合は、当該区分所有者を管理組合の役員に選任することができない」「役員及び理事会について必要な事項は、理事会の決議に基づいて定める」という規定がありましたが、理事会規則で、「理事が管理組合に対し、原告又は被告となったときは、その日をもって理事の資格を失い、…（中略）…任期中は復帰しないものとする」と規定しており、この理事会規則の無効が主張されました。裁判所は、次のとおり判断して、理事会規則の無効を認めています＊。

　本件管理規約においては、理事は、区分所有者の中から選任するとされ…（中略）…、原則として全ての区分所有者に被選挙権が与えられているが、ただ本件管理規約及び集会の決議に著しく違反する行為があると認められる区分所有者について、あらかじめ理事会の決議があった場合は、当該区分所有者を管理組合の役員に選任することができないとされ（以下、これを「本件管理規約上

の制限規定という。…（中略）…）、本件管理規約には、本件管理規約が当然に予定している上記のようなことを超えて役員の資格喪失事由を定めることを本件理事会規則に委任する旨の規定は存在しない。例外的に理事の被選挙権が制限されることが定められているに過ぎない。

　理事の資格制限事由を理事会で決めるには、本件管理規約による明文の委任が必要であると解されるところ、本件管理規約…（中略）…は、「役員及び理事会について必要な事項」は理事会の決議に基づいて定めると定めているが、これは、本件管理規約の定める趣旨の範囲内で内容又は手続を具体化することを念頭に置いたものであって、本件管理規約に定められていない理事の資格喪失事由を新たに定めることを理事会に委任したものと解することはできず、他に、本件管理規約には、本件管理規約に定められていない理事の資格喪失事由を新たに定めることを理事会に委任した定めは存在しない。

　そうすると、本件理事排除条項は、本件管理規約による委任の範囲を逸脱した、無効なものといわざるを得ない。

＊　原審である**大阪地判平成31.4.9**は、本件理事排除条項を有効と判断していたが、控訴審においてこれが覆されたものである。

第52条（招集）

理事会は、理事長が招集する。

2　理事が○分の1以上の理事の同意を得て理事会の招集を請求した場合には、理事長は速やかに理事会を招集しなければならない。

3　前項の規定による請求があった日から○日以内に、その請求があった日から○日以内の日を理事会の日とする理事会の招集の通知が発せられない場合には、その請求をした理事は、理事会を招集することができる。

4　理事会の招集手続については、第43条（建替え決議又はマンション敷地売却決議を会議の目的とする場合の第1項及び第4項から第8項までを除く。）の規定を準用する。この場合において、同条中「組合員」とあるのは「理事及び監事」と、同条第9項中「理事会の承認」とあるのは「理事及び監事の全員の同意」と読み替えるものとする。ただし、理事会において別段の定めをすることができる。

理事会開催の手続き

理事会は、理事長が招集します（1項）。また、理事会の必要があるのに理事長が理事会を招集しない場合をおもんぱかって、一定数以上の理事の同意を得れば、理事長以外の理事が、理事会の招集を理事長に請求できることにしています。この請求がなされたときは、理事長は速やかに理事会を招集しなければなりません（2項）。同意が必要とされる理事の数については、条文上具体的には示されていませんが、全理事の4分の1、あるいは3分の1とされるのが、一般的です。

平成28年改正で、各理事の理事会の招集についてのコメントが加えられました*1。理事会の招集手続には、総会の招集手続の規定（43条）が準用されます（52条4項）。したがって、原則として、開催期日の2週間前までに、会議の日時、場所および目的を示して、通知をする必要があります。もっとも、招集のルールについては、理事会の決議によって、別段の定めをするこ

ともできます。総会と異なり、構成員が少数であり、迅速な対応が必要なことも多いことを勘案すれば、招集通知の時期を1週間前に短縮することなどが可能です*2。

*1　各理事は、それぞれ単独で、理事長に対し、理事会の目的である事項を示して、理事会の招集を促すこともできる。ただし、理事長が招集しない場合には、第2項の手続により招集を請求することとなる。それでも理事長が招集の通知を発出しない場合には、招集を請求した理事が、理事会を招集できることとなる。（コメント52条関係）。
*2　監事も、理事会に出席して意見を述べることができる（監事の意見陳述権、41条4項。
➡179頁）。監事については、明文による義務づけはないが、その意見陳述権にかんがみれば、理事会の招集を通知するべきである。

理事会開催手続きの不備　　　　　理事会開催手続きの不備に関する裁判例として、**東京高判平成26.10.1**があります。

　本件管理規約上、理事長は会議開催日の1週間前までに理事会を招集するものとされているものの、理事会において別段の定めをすることができると定められ、例外の場合があることを想定した規定となっているところ、…（中略）…その騒音及び振動による強いストレスによって母体及び胎児の生命、身体に対する回復困難な被害が生ずることが強く懸念される状況にあったため、緊急に上記騒音及び振動を伴う本件工事を中止させる措置を採る必要があったことは明らかである。もし本件管理規約所定の1週間前までの招集手続を踏み理事会を開催したとすれば、上記回復することのできない、極めて深刻な被害が生じる可能性が高かったと認められる。加えて、理事会は、本件決議の後に本件管理規約所定の招集手続を経て開催され、本件決議を追認する決議をしている。これらの事情を総合して考慮すれば、条理上、本件決議に瑕疵があると評価することはできず、また、本件管理規約上の手続的な瑕疵があったとしても、その追認決議により治癒されたというべきである。

第53条（理事会の会議及び議事）

理事会の会議(WEB 会議システム等を用いて開催する会議を含む。)は、理事の半数以上が出席しなければ開くことができず、その議事は出席理事の過半数で決する。

2　次条第１項第五号に掲げる事項については、理事の過半数の承認があるときは、書面又は電磁的方法による決議によることができる。

3　前２項の決議について特別の利害関係を有する理事は、議決に加わることができない。

〔※管理組合における電磁的方法の利用状況に応じて、次のように規定〕

(ア) 電磁的方法が利用可能ではない場合

4　議事録については、第49条（第４項を除く。）の規定を準用する。ただし、第49条第２項中「総会に出席した組合員」とあるのは「理事会に出席した理事」と読み替えるものとする。

(イ) 電磁的方法が利用可能な場合

4　議事録については、第49条（第６項を除く。）の規定を準用する。ただし、第49条第３項中「総会に出席した組合員」とあるのは「理事会に出席した理事」と読み替えるものとする。

理事会の議長・定足数・決議　標準管理規約は、理事会にも、定足数を設けました。理事の半数以上が出席しなければ理事会の開催はできません（１項）。また、決議では一般の多数決原理が採用されており、議事は、出席理事の過半数で決します（同項）。決議に参加できるのは、特別の利害関係を有する理事を除く（３項）、すべての理事です。

書面または電磁的方法による決議　平成28年改正で、２項が追加されました。「次条第１項第５号に掲げる事項」とは、17条（専有部分の修繕等）、21条（敷地及び共用部分等の管理）、22条（窓ガラス等の改良）

の工事の承認・不承認の決議(54条1項5号)を行うために必要な事項です。これらの事項については、『理事会には理事本人が出席して相互に議論することが望ましいところ、例外的に、第54条第1項第5号に掲げる事項については、申請数が多いことが想定され、かつ、迅速な審査を要するものであることから、書面又は電磁的方法（電子メール等）による決議を可能とするもの』（コメント53条関係⑥）であり、理事が会議の場に集まり、そこで実際に話合いを行って検討したうえで、決議を行わなければならないという原則に対して、書面・電磁的方法という簡易な手続きによって決議することを認めています。

特別の利害関係を有する理事　平成28年改正では、3項も追加され、特別の利害関係を有する理事は、議決に加わることができないものとされました。

　役員は、その業務を遂行するにあたって、管理組合の利益を犠牲にして自己または第三者の利益を図ることがあってはなりません。外部の専門家の役員就任を可能とする選択肢を設けたことに伴い、このようなおそれのある取引に対する規制の必要性が高くなっています。

　そこで、平成28年改正では、役員が利益相反取引（直接取引または間接取引）を行おうとする場合には、理事会での承認を必要とし（37条の2）、管理組合と理事長との利益が相反する事項については、監事またはその理事以外の理事が管理組合を代表することとする（38条6項）とともに、特別の利害関係を有する場合には、理事が決議に加わらないこととしたものです（コメント53条関係⑦、コメント37条の2関係）。

　これまでは、利害関係を有する理事の決議への参加については、必ずしも否定されていませんでした。**東京地判平成22.3.4**では、管理組合法人の理事会決議について、区分所有法51条を根拠として、利害関係がある理事が加わった決議は無効との主張がなされましたが、『同条は、理事会における理事の議決権行使を制限する規定ではなく、他に利害関係を有する理事が議決に加

わった理事会決議の効力を否定する法律上の根拠は存しない』として、決議無効の主張は否定されていました。3項を設けることによって、決議の公平性が担保されています。

理事会議事録の作成・保管・閲覧　理事会の議事録には、総会の議事録の規定が準用されます（53条(ｱ)4項、(ｲ)4項）。

　すなわち、まず理事会においても、議事録を作成する必要があります＊。議事録を作成するのは、議長（理事長）です。議事録には、議事の経過の要領およびその結果を記載し、議長および議長の指名する2名の出席者がこれに署名しなければなりません。

　また、理事会の議事録は、理事長が保管し、組合員または利害関係人の書面による請求があったときは、議事録の閲覧をさせなければなりません（閲覧については、相当の日時、場所等を指定することができる）。もっとも、53条(ｱ)4項・(ｲ)4項においては、保管場所の掲示義務に関する49条(ｱ)4項あるいは(ｲ)6項は、準用対象から除外されており、理事会の議事録の保管場所の掲示は、法律上の義務とはなっていません。これは理事会の議事録が特定の場所に保管されないことがあるという事情に配慮し、保管場所を掲示することまでの必要性は認められないという考え方に立つものです。ただし、保管場所は掲示しないとしても、円滑で継続的な組合運営を実現するため、実務上は、保管方法のルールを確立しておくべきであることは当然です。

＊　議事録と別に作成されている「議事次第」の閲覧請求を認めなかった事案に、**東京地判令和2.8.31**がある。

理事会決議がなされずに総会に発議された場合の総会決議　標準管理規約では、総会提出議案は、理事会決議を経て総会に発議するとされています（54条1号～4号）。適法な理事会決議がない場合の総会決議の効力が争われることがありますが、**東京地判平成22.8.27**では、次のように判断さ

れました。

> 　区分所有法上、理事会は必須の機関ではなく、区分所有者の財産権に影響する事項はすべて集会（総会）決議事項とされていることにも照らすと、理事会は、集会（総会）提出議案の準備をするための機関にすぎず、ここにおいて区分所有者の財産権に影響を及ぼす事項を実質的に決定することは、区分所有法上も規約上も、予定されていないものというべきである。以上にかんがみると、適法な理事会の議決を欠いたまま理事長が招集した総会の決議は、そのことをもって直ちに無効ということはできない。

　また、**東京地判平成17.11.4**でも、『総会決議の重要な瑕疵であるとしてこれを無効とする理由はないというべきである』とされており、いずれの事案でも、総会決議の効力に影響はないと判断されています。

　東京地判平成21.5.13B では、管理組合から区分所有者（店舗側区分所有者）に対する費用支払いの訴えにおいて、総会提出議案は理事会で決議するものであるところ、理事に欠員を生じて総会提出議案を理事会で決議することができない状態となっていることから、管理組合を適法に代表する理事長が存在せず、訴えは訴訟要件を欠くと反論されましたが、次のとおり判断されています。

> 　管理組合が訴えを提起することができないとすれば、訴訟により（すなわち適法に）徴収することができなくなってしまうことは明らかであり、店舗側区分所有者らが管理組合の運営に協力しない場合には、マンションの管理が不可能となってしまう。このような状況を考慮すれば、信義則上、理事会が定足数を満たしていないことを理由に訴訟要件を欠くとの主張をすることができない。

最高裁平成2年判決　　和歌山県白浜町のリゾートマンション*1において、『理事に事故があり、理事会に出席できないときは、その配偶者または一親等の親族に限り、これを代理出席させることができる』

と定められていた規約につき、法律上理事の代理は個別的代理のみが認められるのであり（改正前の法49条 7 項、改正前の民法55条）＊2、この規約は包括的代理に該当するから、効力は認められないと主張された事件がありましたが、最高裁は、『理事会を設けた場合の出席の要否及び議決権の行使の方法について、法は、これを自治的規範である規約に委ねているものと解するのが相当である。すなわち、規約において、代表権を有する理事を定め、その事務の執行を補佐、監督するために代表権のない理事を定め、これらの者による理事会を設けることも、理事会における出席及び議決権の行使について代理の可否、その要件及び被選任者の範囲を定めることも、可能というべきである。…（中略）…この条項が管理組合の理事への信任関係を害するものということはできない』として、この規約の効力を肯定しました（**最判平成2.11.26**）。

＊1　複数の理事が選任され、理事会が構成されてはいたものの、マンションに定住していない理事が多かったために、理事会を開催しても理事の出席率が低いという事情があったようである。

＊2　平成18年の民法および区分所有法の改正前には、区分所有法49条 7 項（改正前）で復代理を特定の行為に限定する民法55条（改正前）が準用されていた。なお、この改正によって、民法55条を準用するという区分所有法49条 7 項が削除され、「理事は、規約又は集会の決議によって禁止されていないときに限り、特定の行為の代理を他人に委任することができる」とする条文（法49条の 3 ）が新設されている。

理事会における代理人の出席　理事会は、理事が自ら理事会に出席し、その場で組合運営について互いに意見を出し合い、実際の議論を行う場であり、現実の議論の結果に基づき議決されることが求められます。理事は、総会において、このような議論と議決を行うにふさわしいとして、承認された人物です＊1。

そこで本来、理事会には代理人が出席することは適当ではなく、理事会には本人が出席して、議論に参加し、議決権を行使することが求められます（コメント53条関係①）。したがって、理事の代理出席（議決権の代理行使を含

む）を、規約において認める旨の明文の規定がない場合には、理事の代理出席を認めることは適当ではありません（コメント同②）。

　なお、平成28年改正で、「『理事に事故があり、理事会に出席できない場合は、その配偶者又は一親等の親族（理事が、組合員である法人の職務命令により理事となった者である場合は、法人が推挙する者）に限り、代理出席を認める』旨を定める規約の規定は有効であると解される」とのコメントが追加されました（コメント53条関係③）。理事会では理事自ら出席して議論を行うことがあるべき姿であるとはいえ、マンション役員の現状を考えると、代理を認めないことには躊躇を感じざるを得ません。このため、標準管理規約においても、必ずしも一貫したスタンスがとられていないところです。

　ただし、コメントは、この代理出席はあくまでやむを得ない場合の代理出席を認めるものであると釘を刺しています。また、代理出席を認める場合は、あらかじめ、総会において、それぞれの理事ごとに、理事の職務を代理するにふさわしい資質・能力を有するか否かを審議の上、その職務を代理する者を定めておくことが望ましいといえます。

　なお、外部専門家など当人の個人的資質や能力等に着目して選任されている理事については、親族関係により理事の資質・能力が代替されることは期待できませんし、選任の趣旨にも反しますので、代理出席を認めることは適当ではありません。

　理事がやむを得ず欠席する場合、このような代理出席によるのではなく、事前に議決権行使書または意見を記載した書面を出せるようにすることが考えられます。これを認める場合には、理事会に出席できない理事が、あらかじめ通知された事項について、書面をもって表決することを認める旨を、規約の明文の規定で定めることが必要です（コメント53条関係④）。

　さらに、理事会に出席できない理事に対しては、理事会の議事についての質問機会の確保、書面等による意見の提出や議決権行使を認めるなどの配慮をする必要があります。WEB会議システム等を用いた理事会を開催する場合は、その理事会における議決権行使の方法等を、規約や細則（70条）にお

いて定めることも考えられます＊2。

　なお、1項の定足数について、理事がWEB会議システム等を用いて出席した場合については、定足数の算出において出席理事に含まれると考えられます（コメント53条関係⑤）。

＊1　会社法に基づく株式会社では取締役会で他の取締役に議決権の代理行使をすることを認めないとされ、また、一般社団・財団法人法に基づいて設置され、認定を受けた公益法人においては、理事会における議決権の代理行使が認められないとされている（内閣府「新たな公益法人制度への移行等に関するよくある質問（FAQ）平成25年6月版」問Ⅱ-6-①（代理人の出席等））。
＊2　WEB会議システム等を用いた理事会においても、規約や使用細則等に則り理事会議事録を作成することが必要である（コメント53条関係⑤）。

第54条（議決事項）

　理事会は、この規約に別に定めるもののほか、次の各号に掲げる事項を決議する。
　　一　収支決算案、事業報告案、収支予算案及び事業計画案
　　二　規約及び使用細則等の制定、変更又は廃止に関する案
　　三　長期修繕計画の作成又は変更に関する案
　　四　その他の総会提出議案
　　五　第17条、第21条及び第22条に定める承認又は不承認
　　六　第58条第3項に定める承認又は不承認
　　七　第60条第4項に定める未納の管理費等及び使用料の請求に関する訴訟その他法的措置の追行
　　八　第67条に定める勧告又は指示等
　　九　総会から付託された事項
　　十　災害等により総会の開催が困難である場合における応急的な修繕工事の実施等
　　十一　理事長、副理事長及び会計担当理事の選任及び解任
　2　第48条の規定にかかわらず、理事会は、前項第十号の決議をした場

261

合においては、当該決議に係る応急的な修繕工事の実施に充てるための資金の借入れ及び修繕積立金の取崩しについて決議することができる。

（令和3年改正の要点）
　理事の役職の選任・解任は、理事会決議により行うことを明記

理事会の議決事項
（54条の定め）

　本条は理事会の議決事項の定めです。

　収支決算案、事業報告案、収支予算案および事業計画案（本条1項1号）については、理事会が案を決めた後、総会の議決を経なければなりません（48条3号・4号）。長期修繕計画の作成または変更に関する案（本条1項3号）もまた、総会の決議を経てはじめて、長期修繕計画として成立します（48条5号）。

　規約の案（本条1項2号）は、総会の特別決議によって、制定、変更または廃止となり（47条3項1号、48条1号、法31条1項本文）、使用細則等の案（本条2号）については、総会の普通決議によって、制定、変更または廃止となります（47条2号、48条1号、法39条1項）。

　理事会は、1項1号～3号に定めるものの他、総会提出議案全般を決議することとされています（本条1項4号）＊1。

　本条1項5号における「17条、21条及び22条に定める承認又は不承認」は、区分所有者から理事長に対する工事の承認申請があったときに、どのように対応するかの問題です。これらの承認または不承認について、理事会がその理事長の判断を基礎づける決議を行います。

　17条は、専有部分の修繕等、21条は区分所有者の行う敷地および共用部分等の管理、22条は区分所有者の行う窓ガラス等の改良工事を定めています。本条1項5号には、平成28年改正前から定めのあった17条に加え、平成28年

改正によって、21条および22条に定めるものが加わりました。

　本条1項6号では、総会における予算の承認前に支出することがやむを得ない経常的な経費の支出の承認または不承認、本条1項7号では、未納の管理費等の請求等の法的措置の追行が、理事会の議決事項とされます。この本条1項6号と7号は、理事会の権限の明確化を図る観点から、平成23年改正で新たに追加になった項目です＊2。

＊1　「その他の総会提出議案」を理事会で決議する旨の規約の定めをもって、役員選任議案の提出権限および役員選任議案の提出の前提としての立候補者の選定権限が理事会にあると判断した事案に、**東京地判平成29.5.9**がある。
＊2　理事会決定事項は、総会で決める事項とは異なり、区分所有者に予告された後に行うものではないから、十分な周知が求められる。

災害等のための応急的な修繕工事の実施　　　　平成28年改正で、理事会の決議事項に、「災害等により総会の開催が困難である場合における応急的な修繕工事の実施等」が加えられました（1項10号）。具体的内容は次のとおりです（コメント54条関係①）。

ア）災害の範囲としては、地震、台風、集中豪雨、竜巻、落雷、豪雪、噴火などが考えられる。なお、「災害等」の「等」の例としては、災害と連動してまたは単独で発生する火災、爆発、物の落下などが該当する。

イ）「総会の開催が困難である場合」とは、避難や交通手段の途絶等により、組合員の総会への出席が困難である場合である。

ウ）「応急的な修繕工事」は、保存行為に限られるものではなく、二次被害の防止や生活の維持等のために緊急対応が必要な、共用部分の軽微な変更（形状または効用の著しい変更を伴わないもの）や狭義の管理行為（変更および保存行為を除く、通常の利用、改良に関する行為）も含まれ、例えば、給水・排水、電気、ガス、通信といっ

> たライフライン等の応急的な更新、エレベーター附属設備の更新、炭素繊維シート巻付けによる柱の応急的な耐震補強などが「応急的な修繕工事」に該当する。また、「応急的な修繕工事の実施等」の「等」としては、被災箇所を踏まえた共用部分の使用方法の決定等が該当する＊。

＊　理事会の開催も困難な場合の考え方については、コメント21条関係⑪を参照のこと。

応急的な修繕工事の実施に伴い必要となる資金の借入れおよび修繕積立金の取崩し　理事会は、災害等のための応急的な修繕工事の実施（１項10号）の決議をした場合は、決議に係る応急的な修繕工事の実施に充てるための資金の借入れおよび修繕積立金の取崩しについて決議することができます（２項）。

　２項も、１項10号とともに、本来は、48条の規定によれば総会の決議事項であるところ、修繕工事の緊急性にかんがみて、理事会で決議することができるとするものです（コメント54条関係②）。平成28年改正で定められました。

理事長等の選任・解任　令和３年改正で、理事のなかから理事長・副理事長・会計担当理事という役職に選任すること、解任することが理事会の職務であることが明記されました（51条２項３号）。これを受けて、54条では、選任と解任を理事会の議決事項としています（１項11号）。

理事会の権限の明確化　理事会は機動的な組合運営を可能にするための機関です。個々のマンションの実態に応じて、機動的な組合運営を行うために必要な事項については、本条および標準管理規約のほかの条項に明示されるもの以外についても、理事会の議決事項にすることが考えられます。

　理事会の権限を明確化する観点から、本条コメントに、原則的な総会決議事項である共用部分の軽微な変更や狭義の管理行為のうち特定の事項について、理事会の決議事項として規約に定めることも可能であるとして、次のとおり、記述されています（コメント54条関係③）。

> 　共用部分の軽微な変更及び狭義の管理行為については、大規模マンションなど、それぞれのマンションの実態に応じて、機動的な組合運営を行う観点から、これらのうち特定の事項について、理事会の決議事項として規約に定めることも可能である。その場合には、理事の行為が自己契約、双方代理など組合員全体への利益に反することとならないよう監事による監視機能の強化を図るなどの取組み、理事会活動の事前・事後の組合員に対する透明性の確保等について配慮することが必要である。

【理事会の議決事項（54条に定めるもの以外）】

❶　理事長の職務（38条1項1号）
❷　職員の採用、解雇（38条1項2号）
❸　理事長職務のほかの理事への委任（38条5項）
❹　理事の業務分掌（40条1項）
❺　臨時総会の招集（42条4項）
❻　総会の招集手続の期間短縮（43条9項）
❼　組合員以外の者の総会出席（45条1項）
❽　理事会の招集手続（52条4項ただし書）

第55条（専門委員会の設置）

　理事会は、その責任と権限の範囲内において、専門委員会を設置し、特定の課題を調査又は検討させることができる。

2　専門委員会は、調査又は検討した結果を理事会に具申する。

専門委員会の設置　管理組合運営のなかで、技術的な調査検討が必要な事項については、専門分野に詳しい組合員や、専門分野に対して熱心で関心がある組合員が担当することが望まれます。また、調査検討に長期間を必要とする事項については、短期間で交代する理事会だけではなく、理事会のメンバーが交代してもメンバーが代わらない組織が活動を続けることによって、充実した成果を期待できます。

　このように調査検討対象に専門性や継続性が求められる場合には、専門委員会を設置することが適当です。55条では、理事会はその責任と権限の範囲内において、専門委員会を設置することができ（1項）、専門委員会は、調査検討した結果を理事会に具申する（2項）と定められました。

　専門委員会の例としては、大規模修繕工事の検討を行う修繕委員会、管理規約の改正検討委員会、ペット問題の検討委員会などが考えられます。

　もっとも、修繕委員会などの場合には、専門委員会が、長期にわたり、管理にかかわる重要事項を実質的に検討することになり、場合によっては、検討対象が理事会の責任と権限を越えるようなケースも考えられるなど、理事会決議でどのような専門委員会も設置できるわけではありません。検討対象が理事会の責任と権限を越えていたり、検討のために理事会活動の予算を超えた費用が必要になったり、さらには、運営細則の制定が必要になる場合には、総会の決議が必要になります（コメント55条関係①）。

　管理標準指針では、大規模修繕工事の実施、管理規約の改正等、必要に応じて専門委員会を設置するのが標準的な対応であり、委員会（委員）の位置づけ、設置期間、任期等が運営細則等で明確となっていることが望ましいと

しています。

専門委員会の意義　管理標準指針コメントでは、専門委員会について、次のとおり解説されています。

> 専門委員会を設置する意義は、次のようなことであると考えられます。
> 例えば、大規模修繕工事を実施する場合を考えてみますと、構想から工事実施まで、必要な工事内容の調査・診断、区分所有者全員への情報提供、意識付け、工事施工者の選定、工事実施等と2～3年要するとともに、その内容は専門的です。理事会は管理組合の業務執行機関として通常業務でも多忙な状況にあること、理事は1年ないし2年で交替するのが通例であること、大規模修繕工事を実施する時期にその分野に詳しい人が必ずしも理事に就任しているとは限らないこと等の理由から、大規模修繕工事の実施に関する実務を円滑に進めるためには、興味等のある人が他の管理組合業務に忙殺されることなく、継続的に従事することが有効であると考えられます。
> このように、管理組合の業務について、長期的に検討を要する場合、重要な案件、専門性を要するものがある場合に、必要に応じて専門委員会の設置が必要となることから、「大規模修繕工事の実施、管理規約の改正等、必要に応じて設置している。」を「標準的な対応」としています。
> なお、小規模なマンションなど、理事会とは別に専門委員会を組織することが必ずしも適切ではないマンションもあると考えられますので、大規模修繕工事の実施や管理規約の改正を検討する場合には、必ず専門委員会を設置すべきという趣旨ではありません。マンションの規模等も踏まえ、その必要性・合理性が高い場合に設置すべきとういう趣旨です。
> また、1年ないし2年で交替する理事と長期間継続する専門委員との関係が不明確なことが起因してトラブルになることもあります。した

がって、この専門委員会（委員）の位置付け、設置期間、任期等も、総
会決議による運営細則等で定めることが望まれます。

専門委員会の構成と機能　専門委員会は、検討対象について関心を持つ組合員を中心
に構成されるもので、専門的知識を有している者に参加を限
定する性質のものではありません。また、必要に応じて、外部の専門的知識
を有する者（組合員以外も含む）の参加を求めることもできます（コメント
55条関係②）。

　専門委員会は理事会の下部組織としての諮問機関であり、決議機関として
の役割はありません。

複層的な組織体制　管理組合の規模が大きく、役員の人数も多い場合には、
理事会のみで、実質的な検討を行うのが難しくなりま
す。

　そこでまず、理事会の中に部会を設け、各部会が理事会の業務を分担して、
実質的な検討を行うことができるように、複層的な組織構成や役員の体制を
構築することが考えられます。

　また、複層的な組織体制としては、理事会の運営方針を決めるため、理事
長、副理事長等による幹部会を設けることも有効です。部会と幹部会の両方
を設ける場合は、幹部会の各幹部が各部会の部長・部会長を兼任するような
組織構成とするのがよいでしょう。

　なお、部会や幹部会を設ける場合は、理事会運営細則を別に定め、理事会
の決議事項につき決定するのは、あくまで、理事全員による理事会であるこ
とを明確にしておく必要があります（コメント35条関係③）。

専門委員会と部会・幹部会　専門委員会と部会・幹部会を比べると、専門委員会も複層
的な組織体制における部会・幹部会も、いずれも実質的に効

率的な検討を行う目的において共通します。しかし、部会・幹部会が理事会の内部組織であるのに対し、専門委員会は、理事会からみると外部組織です。したがって、部会・幹部会は、役員が交代することによって理事会が新しくなると、これとともに従前の部会・幹部会も新しくならざるを得ないのに対し、専門委員会は、理事会の同一性いかんにかかわらず、継続的に活動を行う点に特色があります。

【専門委員会】

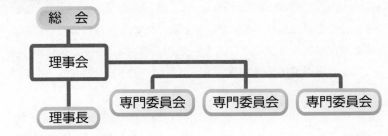

【複層的な組織体制】

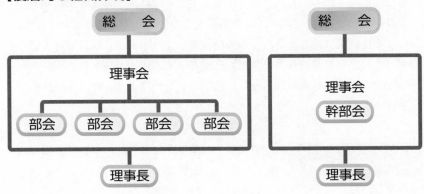

第56条（会計年度）

管理組合の会計年度は、毎年○月○日から翌年○月○日までとする。

第57条（管理組合の収入及び支出）

管理組合の会計における収入は、第25条に定める管理費等及び第29条に定める使用料によるものとし、その支出は第27条から第29条に定めるところにより諸費用に充当する。

会計年度

会計年度とは、管理組合の業務に関し、収入支出を区切り、区切りごとに財産状況を取りまとめて確認するために設けられる期間です。管理組合は、会計年度を定めなければなりません（56条）。

会計年度の定め方については、1年間を1つの期とする必要はありますが、このほかに制限はありません。一般の年度（4月1日から3月31日まで）や暦年（1月1日から12月31日まで）とするほか、建物が竣工し、区分所有関係が成立する時点を基準としたり、最初の総会が開かれる時点を基準とするなど様々な方法がとられています。

管理組合の収入と支出・
収支予算の作成と変更

57条は、25条以下の各規定によって負担方法が定められた各費用について、収入と支出の観点から整理した規定です。健全な管理組合会計の確保を図るために、管理費、修繕積立金、使用料という各費目ごとに規約の定めに従って費用に充当することとしています。

第58条（収支予算の作成及び変更）

　理事長は、毎会計年度の収支予算案を通常総会に提出し、その承認を得なければならない。

2　収支予算を変更しようとするときは、理事長は、その案を臨時総会に提出し、その承認を得なければならない。

3　理事長は、第56条に定める会計年度の開始後、第1項に定める承認を得るまでの間に、以下の各号に掲げる経費の支出が必要となった場合には、理事会の承認を得てその支出を行うことができる。

一　第27条に定める通常の管理に要する経費のうち、経常的であり、かつ、第1項の承認を得る前に支出することがやむを得ないと認められるもの

二　総会の承認を得て実施している長期の施工期間を要する工事に係る経費であって、第1項の承認を得る前に支出することがやむを得ないと認められるもの

4　前項の規定に基づき行った支出は、第1項の規定により収支予算案の承認を得たときは、当該収支予算案による支出とみなす。

5　理事会が第54条第1項第十号の決議をした場合には、理事長は、同条第2項の決議に基づき、その支出を行うことができる。

6　理事長は、第21条第6項の規定に基づき、敷地及び共用部分等の保存行為を行う場合には、そのために必要な支出を行うことができる。

予算案の承認　　1項は、管理組合の予算について、理事長が、毎会計年度の収支予算案を通常総会に提出し、その承認を得なければならないものとしています。

　収支予算を変更しようとするときは、理事長が、その案を臨時総会に提出し、承認を得なければなりません（2項）。

　　　　通常総会は新会計年度開始後２か月以内に招
　　　　集されますが（42条３項）、新会計年度開始か
ら通常総会（総会における58条１項に定める収支予算案承認＝新年度予算成
立）まで一定の期間があります。その間の日常的経費支出や、総会決議は済
んでいるものの支払いが翌年度の予算成立前となって会計年度をまたがるよ
うな工事費用の支出につき、規約上支払可能なのかどうかが明示されていな
かったために、混乱を招くことがありました。

　そこで平成23年改正では、３項に、新たに、会計年度の開始後、１項に定
める承認を得るまでの間に、一定の経費の支出が必要となった場合には、理
事会の承認を得てその支出を行うことができるとの明文をおいて、新年度予
算成立までの間の経費の支出も可能であることを明示しました＊。この間の
支出が可能なのは、「第27条に定める通常の管理に要する経費のうち、経常
的であり、かつ、第１項の承認を得る前に支出することがやむを得ないと認
められるもの」（３項１号）および「総会の承認を得て実施している長期の
施工期間を要する工事に係る経費であって、第１項の承認を得る前に支出す
ることがやむを得ないと認められるもの」（３項２号）です。

　これらの支出は、収支予算案の承認を得たときは、収支予算案による支出
とみなされます（４項）。

　３項・４項による取扱いは、新会計年度開始から通常総会までの期間に支
出することがやむを得ない経費についての取扱いを明確化することにより、
迅速かつ機動的な業務の執行を確保するものです。公益法人における実務運
用を参考として、手続きの簡素化・合理化を図っています（コメント58条関
係①）。

　コメントでは、さらに、『第３項第１号に定める経費とは、第27条各号に
定める経費のうち、経常的であり、かつ、第１項の承認を得る前に支出する
ことがやむを得ないと認められるものであることから、前年の会計年度にお
ける同経費の支出額のおよその範囲内であることが必要である』（コメント
同②）。『第３項第２号に定める経費は、総会の承認を得て実施している工事

であって、その工事の性質上、施工期間が長期となり、二つの会計年度を跨ってしまうことがやむを得ないものであり、総会の承認を得た会計年度と異なる会計年度の予算として支出する必要があるものであって、かつ、第１項の承認を得る前に支出することがやむを得ないと認められるものであることが必要である』（コメント同③）と、新会計年度開始から通常総会までの期間に支出可能な経費について、解説が加えられています。

＊　平成23年改正では、本条３項が新設されるとともに、理事会の議決事項に関する54条１項６号に「総会における予算の承認前に支出することがやむを得ない経常的な経費の支出の承認・不承認」が加えられている。

5項・6項の追加　　5項は、54条２項の決議に基づき、理事長が支出を行うことができることを定めています（コメント58条関係④）。

　6項は、21条６項の規定に基づき、災害等の緊急時において敷地および共用部分等の保存行為を行う場合に、理事長が支出を行うことができることについて定めています（コメント同⑤）。

第59条（会計報告）

　理事長は、毎会計年度の収支決算案を監事の会計監査を経て、通常総会に報告し、その承認を得なければならない。

管理組合会計　　管理組合は、建物・敷地・附属施設の管理を行うための団体です。管理のための経費の原資を集め、集めた原資によって必要な対処を行い、その役割を果たします。会計は、この管理組合の目的達成のための対処についてのマスタープランであり、手段であり、全体像のレポートでもあります。理事長が管理組合業務を執行するにあたって、会計処理とその報告が適切になされることには、極めて重要な意味があります。

　しかし、どのように会計処理を行うべきなのかについては、明示的なルー

273

ルがあるわけではありません。株式会社など営利を目的とする企業の場合、会計基準が定められています。これに対し、非営利の団体では、法人などの形態ごとに個別に公正妥当と考えられる方法によって、会計処理を行わざるを得ません。企業会計基準や公益法人のための会計基準をベースにして、それぞれの管理組合ごとに、自らの判断と責任によって、ルールが設定されています。

　管理組合の会計は、管理組合を構成する組合員に管理組合の財政状況を伝えることが、その主目的です。管理規約における会計報告は、その主目的を達成するための、最も重要な手段です。

会計報告と通常総会における承認　本条は、理事長に、毎会計年度の収支決算案につき、通常総会に報告し、その承認を得ることを義務づけました。法43条は、管理者（理事長）に業務執行の報告を義務づけており、会計処理の報告もその具体的な内容となりますが、法律上は単に報告で足りるのに対し、標準管理規約上は、本条によって、単に報告をするだけではなく、総会での承認までを必要としたわけです。

　また、通常総会に報告するにあたっては、監事の会計監査を経なければなりません。これも、法律上の要請ではなく、本条によって理事長の会計処理の義務を加重する意味をもちます。

　会計年度の収支決算案の報告は、管理組合の業務の執行に関する理事長の報告の一部です（38条3項、法43条）ので、理事長が、会計報告をせず、または虚偽の報告がなされたときには、20万円以下の過料に処せられます（法71条4号、法43条）。

第60条（管理費等の徴収）

管理組合は、第25条に定める管理費等及び第29条に定める使用料について、組合員が各自開設する預金口座から口座振替の方法により第62条に定める口座に受け入れることとし、当月分は別に定める徴収日までに一括して徴収する。ただし、臨時に要する費用として特別に徴収する場合には、別に定めるところによる。

2　組合員が前項の期日までに納付すべき金額を納付しない場合には、管理組合は、その未払金額について、年利○％の遅延損害金と、違約金としての弁護士費用並びに督促及び徴収の諸費用を加算して、その組合員に対して請求することができる。

3　管理組合は、納付すべき金額を納付しない組合員に対し、督促を行うなど、必要な措置を講ずるものとする。

4　理事長は、未納の管理費等及び使用料の請求に関して、理事会の決議により、管理組合を代表して、訴訟その他法的措置を追行することができる。

5　第2項に基づき請求した遅延損害金、弁護士費用並びに督促及び徴収の諸費用に相当する収納金は、第27条に定める費用に充当する。

6　組合員は、納付した管理費等及び使用料について、その返還請求又は分割請求をすることができない。

管理費等および使用料の徴収方法

管理組合の収入は、管理費等および使用料です（57条）。その徴収方法としては、62条によって開設した管理組合の預金口座に、各組合員の口座から口座振替する方法が採用されています（1項）。集金の手間がかからず、一定の期日に確実に管理組合の口座に入金されるメリットがあります。管理費等を、管理組合の預金口座にそのつど振り込むことは、60条違反であり、理事長は、理事会の決議を経てその区分所有者に対し、口座振替の方法によるよう勧告することができます（67条）。

平成28年改正では、１項における管理費等・使用料の徴収日を、「前月の〇日」から、「別に定める徴収日」に変更しました。徴収日を別に定めることとしているのは、管理業者や口座（金融機関）の変更等に伴う納付期日の変更に円滑に対応できるようにするためです（コメント60条関係②）。

　もっとも、住戸の数が少ない場合や、近くに適当な金融機関がない場合など各マンションの事情によっては、１項による徴収方法を採ることが難しい場合もあります。そのようなときは、他の方法を採用することになります。最近では、集金代行会社が間に入るシステムも導入されています。

返還請求・分割請求の禁止　いったん受け入れた管理費等・使用料について、これを返還し、あるいは区分所有者に対して分割することを認めると、円滑な組合運営に多大の支障が生じます。特に修繕積立金につき、区分所有者が転出する際に、それまで積み立てていた修繕積立金を返却すると、修繕積立金制度を設けた意味がなくなってしまいます。そこで、６項では、組合員は、いったん納入した管理費等および使用料について、その返還請求または分割請求をすることができないことを明文化しました。

　居住目的以外の事務所使用の場合に特別管理費を一般管理費に付加して支払うものとされていたマンションにおいて、事務所使用を中止した後も特別管理費を支払っていた区分所有者から、管理組合に対して返還が求められた事案があります。裁判所は『管理規約によれば一旦納付した管理費について、返還請求できないと定められており、このことは、管理組合の会計処理が毎会計年度毎に処理され、各居住者の利益に供されていることと表裏の関係にあるのであって、特別悪質な徴収等でない限り、管理組合としての管理費受領は、正当な権利に基づく受領であった』として、返還請求を認めませんでした（**東京簡判平成23. 4. 25**）。

管理経費の収納方式　多くのマンションでは、マンション管理会社に委託して管理費等や使用料の徴収・収納が行われています。この場合、

財産の分別管理は、適正な管理のための枢要であり、管理経費収納には、厳格なルールが求められます。

　従来は、管理経費収納について、原則方式、収納代行方式、支払一任方式の３通りの方式がありました。しかし、平成22年５月の適正化法施行規則改正によって、この分類が見直され、財産の分別管理の方式が整理されました。現在認められる管理経費収納は、次の３つの方式（イ方式、ロ方式、ハ方式）です（適正化法施行規則87条２項１号）。

イ方式	収納口座と保管口座の２つの口座を開設し、管理費と修繕積立金を同じ口座（収納口座）で収納する方法（同号イ）
ロ方式	収納口座と保管口座の２つの口座を開設し、管理費と修繕積立金をそれぞれ別の口座で収納する方法（同号ロ）
ハ方式	収納保管口座（管理組合名義）という１つの口座を開設し、管理費と修繕積立金をその口座で収納する方法（同号ハ）

　60条１項は、このうち、イ方式またはハ方式を前提としています。

　平成23年改正では、標準管理規約のコメントにも、『管理費等に関し、組合員が各自開設する預金口座から管理組合の口座に受け入れる旨を規定する第１項の規定は、マンション管理適正化法施行規則第87条第２項第１号イの方法（収納口座の名義人を管理組合又は管理者とする場合に限る。）又は同号ハの方法を前提とした規定であり、これ以外の方法をとる場合には、その実状にあった規定とする必要がある。その際、管理費等の管理をマンション管理業者に委託する場合には、適正化法施行規則第87条第２項に定める方法に則した管理方法とする必要がある』（コメント60条関係①）、『預金口座に係る印鑑等の保管にあたっては、施錠の可能な場所（金庫等）に保管し、印鑑の保管と鍵の保管を理事長と副理事長に分けるなど、適切な取扱い方法を検討し、その取扱いについて総会の承認を得て細則等に定めておくことが望ましい』とのコメントが追加されています（コメント62条関係）。

　管理費等の確実な徴収は、管理組合がマンションの適
正な管理を行ううえでの根幹です。管理費等の滞納は、
管理組合の会計に悪影響を及ぼすのはもちろんのこと、他の区分所有者への
負担転嫁等の弊害もあることから、管理費等の滞納者に対する必要な措置を
講じることは、管理組合（理事長）の最も重要な職務の一つです。平成28年
改正では、3項に、管理組合は、必要な措置を講ずるよう努めるものとする、
との規定が設けられました。管理組合が滞納者に対して取り得る各種の措置
について段階的にまとめたフローチャートおよびその解説が、別添3（➡400
頁）に掲げられています（コメント60条関係③）。

　東京地判平成26.7.16では、管理組合法人が管理費等を督促するについて、
長期滞納者の部屋番号と名称を館内に掲示したことの適法性が問われました
が、次のとおり、違法ではないと判断されました。

> 　マンションの管理組合法人である X が、共用部分等の管理を十全ならしめ
> るため、管理費等の自発的な支払を事実上促すための措置として、長期滞納者
> の部屋番号と名称を館内に掲示することが違法とまでいうことはできず、X が
> Y 社の社名等を掲示したことは、Y 社に対する不法行為を構成するものではな
> い。

　2項は、組合員が管理費等を納付しない場合の規定です。ここでは遅延損
害金だけでなく未納金額回収のための弁護士費用、督促および徴収の諸費用
も請求できることとしています[*1]。

　弁護士費用請求の法的性格を明らかにする意味において、違約金という文
言を入れています[*2]。

　督促および徴収に要する費用とは、次のような費用です（コメント同⑤）。

> ア）配達証明付内容証明郵便による督促は、郵便代の実費および事務手
> 　　数料
> イ）支払督促申立その他の法的措置については、それに伴う印紙代、予

> 　　納切手代、その他の実費
> ウ）その他督促および徴収に要した費用

　「請求できる」という規定は、請求を義務づけるのではなく、状況に応じ、臨機応変な対応を可能にする趣旨です。支払期日が経過した後であっても、未納金に利息を付さない対応をすることも可能です。もっとも、平成28年改正では、『第2項では、遅延損害金と、違約金としての弁護士費用並びに督促及び徴収の諸費用を加算して、その組合員に対して請求することが「できる」と規定しているが、これらについては、請求しないことについて合理的事情がある場合を除き、請求すべきものと考えられる』とのコメントが付け加えられました（コメント同⑥）。

*1　弁護士費用、督促および徴収の費用の規定は、平成16年改正で追加されたものである。この定めに基づき弁護士費用の支払いが認められた事案として、**東京地判平成31.3.22**などがある。
*2　弁護士費用の請求については、67条の解説を参照（➡304頁）。

遅延損害金　　遅延損害金については「年利○％」となっており、各マンションの事情に応じて社会通念上相当な範囲内で定めることになります。平成28年改正で、『滞納管理費等に係る遅延損害金の利率の水準については、管理費等は、マンションの日々の維持管理のために必要不可欠なものであり、その滞納はマンションの資産価値や居住環境に影響し得ること、管理組合による滞納管理費等の回収は、専門的な知識・ノウハウを有し大数の法則が働く金融機関等の事業者による債権回収とは違い、手間や時間コストなどの回収コストが膨大となり得ること等から、利息制限法や消費者契約法等における遅延損害金利率よりも高く設定することも考えられる』とのコメントが加えられました（コメント60条関係④）＊。

　東京地判平成20.1.18では、管理費および修繕積立金の未払いに対する遅延損害金について年30％と定められたことが、消費者契約法に違反すること

もなく、公序良俗に反するものでもないとされました。この訴訟では、『マンションの管理規約は対等当事者で構成された団体の自治規範であり、非対等な契約当事者間の消費者契約とは異なるから、消費者契約法の適用対象とならないことはもとより、同法の趣旨を及ぼすべき対象とならないこともまた明らかである』と判示されています。

　東京地判平成26.4.8では、『1か月につき1,000円の延滞損害金を加算して、その組合員に請求するものとする』との定めに関し、年率に換算すると80パーセントの高利となることから、公序良俗に違反し無効であると主張されましたが、『本件細則が定める延滞損害金が著しく過大であるとはいえず、これを公序良俗に違反し無効であるということはできない』とされました。

＊　税金の延滞利率を参考にして、年14.6%あるいは年7.3%と定められる事例が多い。

未納の管理費等に関する法的措置　　4項は、理事長が理事会の決議によって未納に関する法的措置をとることができる旨を定めています＊1。この条項がないと、未払管理費等の支払請求訴訟を提起するには、総会の決議が必要になります（法26条4項）。しかし、管理費等の滞納への対応は迅速に行う必要があり、総会を開く手間をかけていると時機を失することもあります。そこで、管理費等の未納に対する法的措置を機動的に行えるようにするために、管理規約により、理事会の決議があれば、理事長が法的措置をとることができるとの定めを設けたわけです＊2＊3。

　東京地判平成25.11.26では、管理組合が、管理費等の徴収を目的とする和解無効確認の訴えを提起することができるかどうかが争われ、以下のとおり、肯定されています。

> 　規約55条5項及び60条によれば、管理組合Xは、総会決議により、管理費等を納入しない組合員に対してその徴収を目的とした訴訟を提起することが可能とされており、XはYの管理費等を徴収することを目的として本件和解が

無効である旨主張して訴訟を提起しているのであるから、規約に和解無効確認の訴えの提起に関する明文規定がないとしても、Ｘが和解無効確認を含む本件訴えについて訴訟追行権を有することは明らかである。

＊1　　4項（平成28年改正前は3項）は、平成16年改正で追加された条項である。
＊2　　区分所有法は、「管理者は、規約又は集会の決議により、その職務に関し、区分所有者のために、原告又は被告となることができる」と定めている（法26条4項）。本条4項は、規約によって、管理者が原告となることができることを認めた規定である。
＊3　　4項は「未納の管理費等及び使用料の請求に関して」、法的措置の追行権を定めているが、すでに多額の未納に及んで今後も支払わない状態の継続が予想される区分所有者に対し、将来にわたって管理費等の支払いを命じる判決を求める訴えもあり得る。**東京地判平成31.2.27**は、規約で「期日までに所定の管理費等及び使用料を支払わない組合員に対し、管理組合は必要な措置をとることができる」と定めていた事案において、このような将来の管理費等の請求を認めている。他方、将来請求が否定された事案に、**東京高判平成30.9.12**がある。

収納金の充当等　　60条5項では、同条2項に基づいて請求した遅延損害金、弁護士費用、督促および徴収の諸費用という収納金は、管理費に充当するものとしました。なお、弁護士費用等は、収納金入金前に費用として発生します。理事会の決議で機動的に法的措置をとれるよう、予算化しておく必要があります。

駐車場使用細則、駐車場使用契約等に、管理費、修繕積立金の滞納等の規約違反の場合は、契約を解除できるか、または次回の選定時の参加資格をはく奪することができる旨の規定を定めることもできます（コメント15条関係⑦）。

第61条（管理費等の過不足）

　収支決算の結果、管理費に余剰を生じた場合には、その余剰は翌年度における管理費に充当する。

2　管理費等に不足を生じた場合には、管理組合は組合員に対して第25条第２項に定める管理費等の負担割合により、その都度必要な金額の負担を求めることができる。

第62条（預金口座の開設）

　管理組合は、会計業務を遂行するため、管理組合の預金口座を開設するものとする。

第63条（借入れ）

　管理組合は、第28条第１項に定める業務を行うため必要な範囲内において、借入れをすることができる。

管理費等の過不足

　収支決算の結果、管理費に余剰を生じた場合には、その余剰は翌年度における管理費に充当します（61条１項）。

　他方、管理費等に不足を生じた場合には、管理組合は組合員に対して25条２項に定める管理費等の負担割合により、そのつど必要な金額の負担を求めることができます（61条２項）。ここで必要な金額の負担を求めるについては、総会の決議や理事会の決議は必要とされていません。

　なお、61条２項は、例えば、予算の範囲で行えると見込んで総会に諮ったうえで工事を始めたところ、結果的に予算の範囲を超えてしまって、見込んだ予算を超過してしまったような場合の規定です。当初から予算の範囲で行えることが見込まれないような工事については、そもそも当初の総会決議に

含まれず、新たな総会決議が必要です。

　大規模修繕のため、修繕積立金を取り崩しても資金が足りない場合にも、不足分を別途徴収することになりますが（60条1項ただし書）、この場合の徴収金額および徴収方法も、総会決議で定められる必要があります。

　必要な積立金の不足分の負担が認められた事案として**東京地判平成19.9.25**があります。

借入れ　　管理組合が、計画修繕を行うには、本来、資金計画を立てて修繕積立金を徴収しておき、計画修繕に必要な資金が蓄積された段階で、工事を行うべきです。しかし現実的には、経済状況の変化等によって、計画どおりに資金が蓄積されなかったり、あるいは積立金では修繕が実施できなくなったり、または突発的な必要で大規模な修繕を行わなければならないこともあります。また、計画的に修繕のための資金を積み立てていない管理組合も、ないわけではありません。そこで管理組合が資金の借入れを行わなければならないケースが起こってきます。

　そのため63条は、管理組合は、28条1項に定める業務を行うため必要な範囲内において、借入れをすることができると定めました。

　もっとも実際に借入れを行うには、そのつど、総会の決議が必要です（48条10号）。総会で借入れが決議されたときは、決議に基づいて理事長が金融機関との間で金銭消費貸借契約を締結し、資金を受け入れます。

　借入金の償還については、修繕積立金を充てることができます(28条4項)。

第64条（帳票類等の作成、保管）

〔※管理組合における電磁的方法の利用状況に応じて、次のように規定〕

㋐ 電磁的方法が利用可能ではない場合

（帳票類等の作成、保管）

第64条 理事長は、会計帳簿、什器備品台帳、組合員名簿及びその他の帳票類を作成して保管し、組合員又は利害関係人の理由を付した書面による請求があったときは、これらを閲覧させなければならない。この場合において、閲覧につき、相当の日時、場所等を指定することができる。

2 理事長は、第32条第三号の長期修繕計画書、同条第五号の設計図書及び同条第六号の修繕等の履歴情報を保管し、組合員又は利害関係人の理由を付した書面による請求があったときは、これらを閲覧させなければならない。この場合において、閲覧につき、相当の日時、場所等を指定することができる。

3 理事長は、第49条第３項（第53条第４項において準用される場合を含む。）本条第１項及び第２項並びに第72条第２項及び第４項の規定により閲覧の対象とされる管理組合の財務・管理に関する情報については、組合員又は利害関係人の理由を付した書面による請求に基づき、当該請求をした者が求める情報を記入した書面を交付することができる。この場合において、理事長は、交付の相手方にその費用を負担させることができる。

㋑ 電磁的方法が利用可能な場合

（帳票類等の作成、保管）

第64条 理事長は、会計帳簿、什器備品台帳、組合員名簿及びその他の帳票類を、書面又は電磁的記録により作成して保管し、組合員又は利害関係人の理由を付した書面又は電磁的方法による請求があったと

きは、これらを閲覧させなければならない。この場合において、閲覧につき、相当の日時、場所等を指定することができる。

2　理事長は、第32条第三号の長期修繕計画書、同条第五号の設計図書及び同条第六号の修繕等の履歴情報を、書面又は電磁的記録により保管し、組合員又は利害関係人の理由を付した書面又は電磁的方法による請求があったときは、これらを閲覧させなければならない。この場合において、閲覧につき、相当の日時、場所等を指定することができる。

3　理事長は、第49条第5項（第53条第4項において準用される場合を含む。）本条第1項及び第2項並びに第72条第2項及び第4項の規定により閲覧の対象とされる管理組合の財務・管理に関する情報については、組合員又は利害関係人の理由を付した書面又は電磁的方法による請求に基づき、当該請求をした者が求める情報を記入した書面を交付し、又は当該書面に記載すべき事項を電磁的方法により提供することができる。この場合において、理事長は、交付の相手方にその費用を負担させることができる。

4　電磁的記録により作成された書類等の閲覧については、第49条第5項に定める議事録の閲覧に関する規定を準用する。

帳票類等の作成、保管の定めの充実　　帳票類、長期修繕計画書、設計図書、修繕等の履歴情報は、管理組合のあり方の基盤をなします。

　これまで、標準管理規約には、帳票類の閲覧に関する定めだけが置かれていましたが（1項）、平成28年改正によって、長期修繕計画書、設計図書、修繕等の履歴情報の閲覧の定めが設けられました（2項）。閲覧の手続き、および管理組合からの書面交付についても、規定が置かれています（3項）。

　また、帳票類等が、デジタル情報によって作成され、あるいは整理されていることが一般化しているとはいえ、デジタル情報を利用している管理組合と利用していない管理組合がありますので、(ｱ)電磁的方法が利用可能ではな

285

い場合と、㋑電磁的方法が利用可能な場合に分けて、定めを設けています。

帳簿類の意味・閲覧　　1項は、理事長には、会計帳簿、什器備品台帳、組合員名簿その他の帳票類を作成、保管し、組合員または利害関係人の閲覧請求に応じる義務があることを定めています*1。

　会計帳簿は、総勘定元帳、金銭出納帳、預金出納帳などを指し、什器備品台帳は、机やいす、ロッカーやキャビネット、清掃用具などの備品について、購入年月日、購入金額、品名と数量、設置場所などを記載しておく台帳を指します。

　その他の帳票類には、領収書、請求書、管理委託契約書、修繕工事請負契約書、駐車場使用契約書、保険証券などがあります(コメント64条関係②)*2。

　閲覧の権利がある利害関係人とは、法律上の利害関係がある者をいいます。敷地、専有部分に対する担保権者、差押え債権者、賃借人、組合員からの媒介の依頼を受けた宅地建物取引業者等がこれに該当します。単に事実上利益や不利益を受けたりする者、親族関係にあるだけの者等は含まれません（コメント64条関係①、コメント49条関係①）。会計帳簿等の閲覧・謄写の請求について、専有部分の共有持分を譲渡して区分所有者でなくなった者は、利害関係人に該当しないとされました（**東京高判平成14.8.28**）。

　1項が明文をもって組合員または利害関係人に認めている権利は閲覧です。謄写を求める権利までを明文をもって認めているわけではありません。**東京地判平成26.9.18**では、デジタルカメラによって画像を撮影する方法により謄写をすることができる権利も否定されています（ほかに、謄写については、謄写の権利を否定した裁判例として**東京地判平成18.3.19**、**名古屋高判令和2.3.27**があるが、他方、**東京地判平成21.3.23Ａ**、**東京地判平成23.3.3**では、謄写の権利を肯定している）。

　帳簿類の引渡しまでは認められません（**東京地判平成20.7.23**）。

　1項に定める帳票類は、規約や議事録と比べて、内部の書類という性格を強く持っています。区分所有法上、閲覧が認められているものでもありませ

ん*3。そのため、組合員または利害関係人が請求をするには、理由を付した書面による請求を必要としています。また、管理組合運営に支障を生じないよう、閲覧につき、相当の日時、場所等を指定することができます。直ちに閲覧することを求められても、これを拒むことができます。

　東京地判平成19. 3. 19は、閲覧場所の指定について、組合員名簿、会計帳簿および管理組合管理者名義の通帳に関し、管理会社の本店応接室において、閲覧させることが相当であるという判断を下しています。

* 1　**東京地判平成26. 9. 18**では、閲覧請求の妨害に対し、損害賠償請求が肯定された。
* 2　**東京地判平成23. 3. 3**は、組合員または利害関係人からの閲覧請求に関し、『閲覧の対象となる文書は、理事長が自ら作成した上で保管している書類に限定されるべきではなく、また、ここには、会計帳簿のほかにその記録の基礎となった書類も含まれると解するのが相当である』と判断している。
* 3　規約および総会の議事録については、区分所有法上、利害関係人に閲覧の権利があり（法33条 2 項、法42条 5 項）、標準管理規約も、これを受けて、定めを設けている（49条(ア) 3 項・(イ) 5 項、72条 2 項・ 4 項）。他方、会計帳簿、什器備品台帳、組合員名簿その他の帳票類については、組合員や利害関係人に法律上の権利が認められているわけではなく、本条によって、組合員や利害関係人の権利が創設されたものである。

長期修繕計画書・設計図書・修繕等の履歴情報の保管・閲覧

　平成28年改正で、2 項が追加されました。理事長は、長期修繕計画書（32条 3 号）、設計図書（同条 5 号）、修繕等の履歴情報（同条 6 号）を保管し、組合員または利害関係人の理由を付した書面による請求があれば、閲覧させなければなりません。閲覧については、相当の日時、場所等を指定することができます。

　2 項は、32条で管理組合の業務として掲げられている各種書類等の管理について、1 項の帳票類と同様に、その保管および閲覧に関する業務を理事長が行うことを明確にしたものです。なお、理事長は、理事長の責めに帰すべき事由により 1 項の帳票類や 2 項に掲げる書類が適切に保管されなかったため、帳票類または書類を再作成することを要した場合には、その費用を負担する等の責任を負います（コメント64条関係④）。

　平成28年改正で、3項が追加されました。理事長は、閲覧の対象とされる管理組合の財務・管理に関する情報（本条1項・2項、72条2項・4項）については、書面を作成し、交付することができるものとされました。この場合において、理事長は、交付の相手方にその費用を負担させることができます。

コメント64条関係⑤では、次の解説がなされています。

　　第3項は、組合員又は利害関係人が、管理組合に対し、第49条第3項（第53条第4項において準用される場合を含む。）、本条第1項、第2項並びに第72条第2項及び第4項の閲覧ではなく、管理組合の財務・管理に関する情報のうち、自らが必要とする特定の情報のみを記入した書面の交付を求めることが行われている実態を踏まえ、これに対応する規定を定めるものである。書面交付の対象とする情報としては、大規模修繕工事等の実施状況、今後の実施予定、その裏付けとなる修繕積立金の積立ての状況（マンション全体の滞納の状況も含む）や、ペットの飼育制限、楽器使用制限、駐車場や駐輪場の空き状況等が考えられるが、その範囲については、交付の相手方に求める費用等とあわせ、細則で定めておくことが望ましい。「標準管理規約 別添4」（⇒407頁）は、住戸の売却予定者（組合員）から依頼を受けた宅地建物取引業者が当面必要とすると考えられる情報を提供するための様式の一例に記載のある主な情報項目であり、上述の細則を定める場合の参考とされたい。

　書面交付の対象者に住戸の購入予定者を含めて規定することも考えられます。一方で、開示には防犯上の懸念等もあることから、各マンションの個別の事情を踏まえて検討することも必要です（コメント同⑥）。

　なお、民法645条の規定を類推適用して閲覧対象文書の写真撮影を認めた事案に、**大阪高判平成28.12.9**があります。

組合員名簿と
プライバシー

　一般に、管理組合業務においては、総会の招集通知を送付したり、緊急時の連絡先を準備しておいたりする目的で、組合員名簿が作成されます。1項・3項も組合員名簿の作成が前提となる定めです。

　もっとも、組合員名簿については、管理組合によっては、コミュニティの形成や緊急時の対応のために、組合員および家族の個人情報等がかなり詳細に記載されている場合もあります。そのような場合、名簿の閲覧請求に対して、これらを公開してしまうと、プライバシーの権利が侵害されたとして、トラブルとなるケースがあります。組合員名簿の閲覧は、利害関係人の閲覧請求理由に対して必要な範囲での情報開示をもって足りるのであり、組合員名簿の閲覧に際しては、組合員のプライバシーに十分留意しなければなりません（コメント64条関係③）*1。

　また、各組合員の氏名、部屋番号、電話番号、勤務先の記載された名簿を各組合員の同意なく全戸に配布することは、組合員のプライバシーを侵害するものとして許されないと考えておくべきでしょう*2。

＊1　なお、組合員名簿の閲覧請求を受けた管理組合が、閲覧の範囲を組合員の氏名、部屋番号および送付先住所に限定すべきであると主張した事案で、**東京地判平成29.10.26**は、「本件閲覧請求は、組合員による総会招集権の行使という被告全体の利益に資する重要な権利の行使を準備するためにされており、その目的の重要性に照らすと、本件名簿に個人情報が記載されているとしても、その閲覧の範囲を限定することには慎重な検討が必要である」と述べ、具体の事案に基づき、範囲を限定することなく閲覧させるよう命じた。

＊2　**東京地判平成20.9.24Ｂ**は、区分所有者が管理業務の委託を受けている管理会社に対して、区分所有者全員の直近の住所・氏名・電話番号等、その特定ならびに連絡に必要な一切の事項を開示することを請求したが、請求の根拠が明らかでなく、区分所有者であることから開示を直接請求できる権利が当然導かれるものではないとして、否定された。

第65条（消滅時の財産の清算）

　管理組合が消滅する場合、その残余財産については、第10条に定める各区分所有者の共用部分の共有持分割合に応じて各区分所有者に帰属するものとする。

　老朽化したマンションの増加に伴い、建替えが重要な社会問題となってきたことに対応し、標準管理規約でも、建替えに関連する業務についての定めを設ける必要が生じました。本条はそのために、平成16年改正によって新たに設けられた規定です。

　管理組合が消滅する場合には、組合員の財産が、組合員に配分されることは当然ですが、標準管理規約は、「管理組合の消滅時における残余財産の清算」を管理組合の業務と定めたうえ（32条14号）、本条によって、その清算時の取扱いを定めました。

　管理組合の財産の原資は、管理費等であるところ、管理費等の負担は各区分所有者の共用部分の共有持分割合によるとされていますので(25条2項)、納めたときと同じ割合で返還するために、「10条に定める各区分所有者の共用部分の共有持分割合に応じて」清算されるものとしています。

　なお、共有持分割合と管理費等の負担額とを、異なるものとする定めをしている場合もあります。そのような場合は、負担額に応じた清算の仕方にするよう、実態に合った衡平な規定を定めておく必要があります。

第**8**章	雑　　則

第66条（義務違反者に対する措置）

　区分所有者又は占有者が建物の保存に有害な行為その他建物の管理又は使用に関し区分所有者の共同の利益に反する行為をした場合又はその行為をするおそれがある場合には、区分所有法第57条から第60条までの規定に基づき必要な措置をとることができる。

本条の趣旨（法の規定に基づく義務違反者に対する措置）　本条は、法の規定に基づく義務の違反者に対する措置を確認する規定です。

法の措置には、次の 4 つがあります。

❶ 行為差止め（停止）の請求（法57条）
❷ 専有部分の使用禁止の請求（法58条）
❸ 区分所有権および敷地利用権の競売の請求（法59条）
❹ 賃貸借契約の解除および専有部分の引渡しの請求（法60条）

　法は、これらの訴えの提起の判断には慎重を要するものとして、集会の決議を必要としています(法57条 2 項、法58条 1 項、法59条 1 項、法60条 1 項)。

　実際に区分所有法の規定に基づく措置がとられることは必ずしも多くはありませんが、これらの規定があることにより、抑止力として働き、義務違反を防止する効果も期待できます*1*2*3。

【4つの手段の一覧表】

	条文	相手方	権利の内容	要件・手続き
行為差止め（停止）請求	法57条	区分所有者および占有者（賃借人）	行為の停止、行為の結果除去、行為予防の措置	共同の利益違反行為・そのおそれ⇒訴訟と訴訟外とのいずれも可
使用禁止請求	法58条	区分所有者	相当の期間専有部分の使用禁止	行為差止め（停止）請求では、共同生活維持が困難⇒訴訟
競売請求	法59条	区分所有者	区分所有権と敷地利用権の競売	行為差止め（停止）または使用禁止では、共同生活維持が困難⇒訴訟
解除・引渡し請求	法60条	占有者（賃借人）	契約解除および専有部分の引渡し	他の方法では共同生活維持が困難⇒訴訟

＊1 **東京地判平成20.6.30**では、管理組合に属する権限を個々の区分所有者が代位行使することができるかどうかが問題とされたが、『管理組合に属する権限を個々の区分所有者が代位行使することは予定されていない』として、代位行使は否定された。**大阪地判平成30.9.19**は、数名の区分所有者が原告となって法57条に基づき行為差止を請求した事案で、『訴訟を提起することができるのは、当該共同利益背反行為をした者を除く区分所有者全員又は管理組合法人、あるいは、管理者又は集会において指定された区分所有者である』として請求を認めなかった。

＊2 区分所有者が共用部分に動産を放置する行為に関連して、**東京地判平成22.6.8**は『法6条1項に規定する「区分所有者の共同の利益に反する行為」に該当するか否かについては、区分所有建物を使用するために必要な行為であるか否か、これによって他の区分所有者が被る不利益の態様、程度等の諸事情を比較して考量すべきである』としている。

＊3 **東京地判平成17.6.23**は、住戸部分を住居専用とするマンションにおいて、自らが用途違反をしている区分所有者の賛成によって治療院としての使用禁止を求める行為は、「クリーン・ハンズの原則」に反し、権利の濫用に当たるとして、使用禁止の請求が認められなかった。

❶ 行為差止め（停止）請求　　義務違反者に対する措置には、まず、共同の利益に反する行為をした者またはその行為をするおそれがある者に対する行為差止め（停止）請求があります（法57条1項）。例えば、敷地内駐車を繰り返す区分所有者に対し駐車違反をやめるよう求めることが行為差止め（停止）の請求です。

　この権利は、裁判外で行使することもできますし、裁判上で行使することもできますが、いずれの場合であっても、区分所有者の共同の利益のために行われることを要します。規約に権利行使方法が決められている場合には規約に従わなくてはなりません。

　行為差止め（停止）請求が認められた裁判例として、ペットの飼育の禁止（東京高判平成29.12.20、東京地判平成14.11.11、東京地判平成19.1.30、東京地判平成19.10.4、東京地判平成19.10.9、福岡地裁平成28.10.13、東京地判平成28.3.18）、賃借人に悪臭を発生させる店舗営業をさせることの禁止（東京地判平成29.2.22）、ドアを解放した専有部分内で大声で怒鳴り叫ぶ行為・専有部分内で故意に床を踏み鳴らす、または壁をたたくなどにより騒音を発生させる行為の禁止（東京地判平成28.3.23）、住居専用のマンションでの、託児所としての使用の禁止（東京地判平成18.3.30）、保育室としての使用の禁止（横浜地判平成6.9.9）、法律事務所としての使用禁止（東京地判平成25.9.19）、バルコニー上のサンルームの撤去（東京地判平成24.1.25）、居酒屋のダクト撤去（神戸地裁尼崎支部判平成13.6.19）、夜間の騒音発生停止（東京地判平成26.11.5）、工事施工の妨害禁止（東京地判平成26.8.29）、暴力団事務所としての使用禁止（東京地決平成10.12.8）があります。

❷ 専有部分の使用禁止の請求　　区分所有者が危険物の室内持込みを繰り返し、事故を起こしてもまだ危険物持込みを続けているケースなどは、共同の利益に反する行為が、ほかの区分所有者の生活に対し重大な脅威となります。このような場合には建物の存続および建物内での生活自体が危険にさらされ、ほかの区分所有者が共同生活から離脱を余儀なくされるお

それもあります。一部の区分所有者の重大な義務違反により、区分所有者の生活に対する重大な脅威が発生している場合には、法57条の行為差止め（停止）請求だけでは、共同生活の維持を図ることができません。

そのため区分所有法では、一定の行為の差止めや停止を求めるだけの行為差止め（停止）請求を超えて、区分所有者の使用自体を禁止する請求が認められています（法58条1項）。

使用禁止請求は、義務違反者による専有部分の使用を一時的に禁止して、建物における共同生活を維持する制度です。

使用禁止請求は、単に規約に違反する行為や共同の利益に反する行為があっただけでは、これを求めることはできません。共同生活上の障害の程度が著しく、法57条の行為差止め（停止）請求権行使だけでは、障害を除去して共同生活の維持を図ることが困難であることが要件です。差止め（停止）請求によってその目的を達することができる場合には使用禁止請求はできません。

通常は、差止め（停止）請求の裁判に従わない場合に、使用禁止の請求をすることになると考えられます。ただし、実際に差止め（停止）請求の訴訟まではしていなくても、違反者の態度からみて、差止め（停止）請求では共同生活の維持が図れないと認められる場合や、回復しがたい危険が差し迫っている場合にも、使用禁止の請求を行うことができます。

また使用禁止は、区分所有者に対する極めて強い制約ですので、差止め（停止）請求に従わない場合であっても、区分所有者の違反の程度が軽微であるときには、使用禁止を求めることはできません。違反行為が共同生活に対する著しい障害となっている場合に、はじめて使用禁止が認められます。

使用禁止が想定される事例としては、

（イ）　一度ガス爆発事故を発生させながら、事故防止対策を怠っている

ため、再度ガス爆発が起こる可能性のある場合

（ロ）　専有部分を売春行為、賭博開帳などの犯罪行為や著しい公序良俗違反の行為に使用している場合

（ハ）　騒音、悪臭を発するなどほかの区分所有者に著しく迷惑を及ぼす営業行為を行い、再三の警告にもかかわらず、違反行為を停止しない場合

（ニ）　性格に異常があり、ほかの区分所有者に刃物を突き付けるなど、他人に危害を及ぼし、または及ぼすおそれのある行為をする場合

（ホ）　暴力団構成員が専有部分をその事務所として使用し、あるいはほかの区分所有者に恐怖を与えるなどの顕著な振る舞いがある場合

（ヘ）　駐車中の車のタイヤの空気を抜くなど、ほかの区分所有者の使用等に対して悪質な妨害行為を繰り返す場合

などがあります。

　東京地判平成23.1.25では、専有部分に大量のゴミを放置する者に対する専有部分の使用禁止（3か月）が、東京地判平成24.12.14Aでは、バルコニーに雑多な物を放置したうえに、野鳥用の給水器等を設置してこれにより同所やその周辺に野鳥が飛来し、他の区分所有者や管理員、清掃員等を一方的に怒鳴りつけ、あるいは暴力を振るう者に対する専有部分の使用禁止（1年間）が、それぞれ認められています＊。

　区分所有者が管理経費を長期間にわたり滞納している場合に法58条の使用禁止請求ができるかどうかが争われることがあります。地裁では、法58条の使用禁止が認められましたが（大阪地判平成13.9.5）、高裁ではこの判断が覆り、専有部分の使用を禁止しても他の区分所有者に何らかの利益がもたらされるというわけではなく、管理費等の滞納と専有部分の使用禁止とは関連性がないとして、法58条の使用禁止請求をすることはできないと判断されました（大阪高判平成14.5.16）。

＊ 東京地判平成24.12.14Ａでは、専有部分の使用禁止（１年間）とともに、競売請求も肯定されている。

❸ 区分所有権および敷地利用権の競売の請求　　区分所有者が共同の利益に反する行為をした場合、またはその行為をするおそれがある場合であって、共同生活上の障害が著しく、他の方法によってはその障害を除去して共用部分の利用の確保、その他の区分所有者の共同生活の維持を図ることが困難であるときは、集会の決議に基づき、訴えをもって、区分所有権および敷地利用権の競売請求をすることができます（法59条１項）。競売請求以外の方法によっては共同生活上の障害を除去することが困難であることが競売請求権の要件です（＝補充性の要件）。

⑴　反社会的勢力の占有使用

　暴力団事務所あるいは暴力団組長が占有使用していることから競売が認められた事例として、**福岡地判昭和62.5.19**、**名古屋地判昭和62.7.27**、**京都地判平成4.10.22**、**福岡地判平成24.2.9**＊1、暴力団組織関係者の行動が、ほかの区分所有者の共同生活の障害となっているとして競売請求が認められた事例として、**札幌地判昭和61.2.18**があります＊2。

⑵　管理費不払い等による競売請求

　近年、管理経費不払いに対し、法59条の競売請求を行う例が増えています。管理費を長期にわたって滞納するなどの態度を取り続けていた場合に競売が認められます。

【管理費不払い等によって競売請求が肯定された事例】

> 東京地判平成13.8.30、東京地判平成17.5.13、東京地判平成17.10.12、
> 東京地判平成17.9.13、東京地判平成18.7.12、東京地判平成19.11.14、
> 東京地判平成20.5.8、東京地判平成20.8.29Ｂ、仙台地判平成20.11.25、

東京地判平成21.2.13、東京地判平成21.3.18、東京地判平成21.5.13Ｃ、東京地判平成21.7.15、東京地判平成22.1.26、東京地判平成22.2.10、東京地判平成22.4.27Ｂ、東京地判平成22.10.21、東京地判平成22.11.17、東京地判平成24.3.2、東京地判平成24.9.5、東京地判平成24.9.18、東京地判平成25.5.8、東京地判平成25.10.15、東京地判平成26.3.27、東京地判平成26.4.22、東京地判平成26.7.7、東京地判平成26.7.15、東京地判平成26.10.27、東京地判平成27.2.20、東京地判平成27.7.8、東京地判平成27.8.3

　東京高判平成14.1.23では、管理組合法人が管理費を滞納している区分建物所有者の専有部分を競売により買い受けることができるとされています。

　他方、賃料不払いがあり、競売請求の申立てがなされても、補充性などの要件を充足しなければ、競売は認められません。競売請求が否定された事例として、**東京高判平成18.11.1**（原審が**東京地判平成18.6.27**）、**東京地判平成20.6.20**、**東京地判平成22.5.21**、**東京地判平成26.3.25**があります。

(3)　剰余が生ずる見込みのない場合

　民事執行法63条には剰余が生ずる見込みのない場合には競売手続を取り消す旨が定められていますが、法59条1項に基づく競売については、区分所有者の区分所有権の剥奪を目的とし、配当を全く予定していないことから、民事執行法63条の適用はないとされています（**東京高決平成16.5.20**）。区分所有法59条1項に基づく競売請求については、剰余が生ずる見込みがなくとも、競売手続は取り消されません。

(4)　迷惑行為等による競売請求

　横浜地判平成22.11.29では、雑排水管改修工事やテレビ端子交換などのために必要な立入りを拒み、民間事業者の設備を使って電気料金を削減する高圧一括受電方式の導入についてほかの区分所有者が賛成しているのに一人だ

け反対するなど、他の住民と協調して住環境の保全と向上を図ることに目を向けないという姿勢が顕著であり、今後もマンションの維持管理に関し、合理的な理由なく反対し続ける可能性が高く、競売以外の方法では障害の除去が困難であると判断されました*3。また、**東京地判平成17. 9. 13**は、管理費等の滞納に加え、区分所有者の子が奇声、騒音、振動を発するなどの異常な行動を取り続け、管理組合の設備清掃点検を拒絶していたという事情があったケースで、競売が認められています。迷惑行為による競売請求を肯定した事例として、ほかに、粗暴行為やバルコニーの不当使用がなされていた**東京地判平成24. 12. 14 Ａ**、細則に定めるペット飼育ルールに反し共用部分に私物を放置する状況が長期間続いていた**東京地判平成30. 3. 2**があります。

＊1 **福岡地判平成24. 2. 9**では、競売請求とともに、専有部分の使用禁止が求められたが、専有部分の使用禁止の請求は、否定された。
＊2 以前に暴力団事務所として使用されていたとしても、口頭弁論終結時においてすでに組事務所としての使用が中止され空室となっているならば、競売請求は否定される（**東京地判平成25. 1. 23**）。
＊3 高圧一括受電方式への変更のため区分所有者に個別契約の解約申入れを義務づける決議・細則に反し、個別契約を締結しない区分所有者に対して管理組合が不法行為に基づく損害賠償請求をした事案で、最高裁は、このような規約・決議は区分所有法に反し無効であると判断した（**最判平成31. 3. 5**）。このため、本文で引用した**横浜地判平成22. 11. 29**において現在も同様の判断が妥当と言えるかは注意が必要である。

❹ 占有者（賃借人）に対する解除・引渡し請求　占有者（賃借人）に重大な義務違反行為がある場合、賃貸借契約を解除し、引渡を請求することによって、占有者（賃借人）をマンションから排除することができます（法60条1項）（以下、この請求を「解除・引渡し請求」という）＊。

解除・引渡し請求は、❶占有者（賃借人）が、共同の利益に反する行為を行ったか、または、行うおそれがあり、❷その行為による共同生活上の障害が著しく、❸ほかの方法によっては、その障害を除去することが困難である場合（＝補充性の要件）に認められます。ここで、「ほかの方法」とは、占有者（賃借人）に対する行為の差止め（停止）請求や、規約に定めた制裁措

置などの民事上の方法をいいます。行為の差止め（停止）請求、規約上の措置によって、共同生活上の障害を取り除くことができるならば、補充性の要件を満たさず、解除・引渡し請求をすることはできません。

　区分所有者からマンションの一室を借りていた占有者Aが、数年間にわたり野鳩の餌付け、飼育をして、おびただしい数の野鳩が飛来するようになったため、管理組合が使用貸借契約の解除と占有者の退去を請求したという事件がありました（**東京地判平成7.11.21**、野鳩訴訟判決）。

　裁判所は次のように判断し、管理組合からAに対する、法に基づく解除・引渡し請求（法60条1項、法6条1項・3項、法46条2項）が認められました。

　Aが数年間にわたり専有部分において野鳩の餌付け及び飼育を反復継続していること、Aのこれらの行為を原因としてマンション及びその付近におびただしい数の野鳩が毎日一定の時刻ころに飛来し、そのまき散らす糞、羽毛、羽音等によりマンションにおける共同生活に著しい障害が生じていること、マンションの他の区分所有者及び管理組合は何とかAとの交渉により本件餌付け等をやめさせようと努力したがAにおいては話合いを頑なに拒んだ上、餌付け等を続行していることが認められ、これらの事実からすると、Aの餌付け等は、区分所有者の共同の利益に反する行為であり、その行為による区分所有者の共同生活上の障害が著しく、他の方法によってはその障害を除去して共用部分の利用の確保その他の区分所有者の共同生活の維持を図ることが困難な場合に当たるものといわざるを得ない。

　ほかに法60条に基づく解除・引渡し請求が認容された裁判例として、賃借人が宗教団体の教団施設として使用し、他の区分所有者に不安感や恐怖感を感じさせていた事案（**大阪高判平成10.12.17、横浜地判平成12.9.6**）、賃借人が住居専用のマンションを会社事務所としていた事案（**東京地裁八王子支部判平成5.7.9**）、賃借人が暴力団組長であり、傍若無人な振る舞いによりほかの入居者に恐怖感・不快感を与えていた事案（**最判昭和62.7.17**）、賃借人

が暴力団事務所として利用していた事案（横浜地判昭和61.1.29、福岡地判昭和62.7.14）があります。

* 占有者（賃借人）に対しても、行為差止め（停止）請求が認められる（法57条4項）。占有者（賃借人）に対する行為差止め（停止）請求が認められた事案として、カラオケスタジオの夜間営業禁止に関する東京地決平成4.1.30がある。

第67条（理事長の勧告及び指示等）

区分所有者若しくはその同居人又は専有部分の貸与を受けた者若しくはその同居人（以下「区分所有者等」という。）が、法令、規約又は使用細則等に違反したとき、又は対象物件内における共同生活の秩序を乱す行為を行ったときは、理事長は、理事会の決議を経てその区分所有者等に対し、その是正等のため必要な勧告又は指示若しくは警告を行うことができる。

2　区分所有者は、その同居人又はその所有する専有部分の貸与を受けた者若しくはその同居人が前項の行為を行った場合には、その是正等のため必要な措置を講じなければならない。

3　区分所有者等がこの規約若しくは使用細則等に違反したとき、又は区分所有者等若しくは区分所有者等以外の第三者が敷地及び共用部分等において不法行為を行ったときは、理事長は、理事会の決議を経て、次の措置を講ずることができる。

一　行為の差止め、排除又は原状回復のための必要な措置の請求に関し、管理組合を代表して、訴訟その他法的措置を追行すること

二　敷地及び共用部分等について生じた損害賠償金又は不当利得による返還金の請求又は受領に関し、区分所有者のために、訴訟において原告又は被告となること、その他法的措置をとること

4　前項の訴えを提起する場合、理事長は、請求の相手方に対し、違約金としての弁護士費用及び差止め等の諸費用を請求することができる。

5　前項に基づき請求した弁護士費用及び差止め等の諸費用に相当する収納金は、第27条に定める費用に充当する。

6　理事長は、第3項の規定に基づき、区分所有者のために、原告又は被告となったときは、遅滞なく、区分所有者にその旨を通知しなければならない。この場合には、第43条第2項及び第3項の規定を準用する。

理事長の勧告・指示等の意義*1　　1項は、法令や規約、使用細則等に違反したり、共同生活の秩序を乱す行為を行う区分所有者等に対して、理事長は、勧告、指示、警告を行うことができるものとしています。勧告、指示、警告の内容としては、違反状態の是正、違反行為の中止、原状への回復などです。例えば、車輪がパンクしている自転車を駐輪場に長期間放置している区分所有者に対しては、期限を指定して自転車を撤去するよう勧告することができます。

2項は、区分所有者に対し、同居人、占有者（賃借人）、占有者（賃借人）の同居人が前項の行為を行った場合には、その是正等のため必要な措置を講じなければならないことを義務づけています。

3項では、区分所有者等が法令や規約、使用細則等に違反したり、区分所有者等や第三者が敷地、共用部分等において不法行為を行った場合にとることができる法的措置について定めています*2。

裁判例において、管理組合からの請求が肯定されたものとして、

(1)　ルーフバルコニー、フェンスとサンルーム撤去（東京地判平成26.1.16)

(2)　広告物掲出（東京地判平成26.1.23)

(3) 総会の議事妨害となる言動、文書配布等、訴訟中、訴訟外での会計
帳簿等の閲覧請求、大規模修繕工事関係者に対する接触について、そ
れぞれの禁止（東京地判平成26.3.6）

があります（法57条ではなく、(1)総会決議、(2)(3)規約に基づくもの）。

＊1　67条のうち、共同の利益に反する行為に対する行為差止め（停止）の請求の部分につ
いては、66条と重複する。
＊2　**東京地判平成22.10.27**は、敷地内に無断で駐車を続けている区分所有者に対する管理
者からの自動車の撤去請求、駐車をしてはならないとの命令を求める請求を肯定し、**福岡
地判平成23.3.24**は、マンションの構造計算を行った建築士が法令に反する構造計算を行っ
たためにマンションに建物としての基本的な安全性を損なう瑕疵を生じさせたとして、管
理者から建築士に対する補修工事費用等の損害賠償請求を肯定している。

標準管理規約と区分所有法の改正　　平成16年改正の前は、違反者に対する対処方法として、
理事長は、理事会の決議を経たうえで、「その差止め、
排除若しくは原状回復のため必要な措置又は費用返還若しくは損害賠償の請
求を行うことができる」とするのみで、裁判上の請求までは規定していませ
んでした。そのような規定になっていたのは、訴訟の提起には総会の決議が
必要と考えられていたためでしたが、理事長が訴訟の提起等の裁判手続を行
うことは、現実的には容易なことではありませんでした。

しかし、違反行為に対する機動的な対応の必要があることは当然であり、
現実的に迅速な裁判手続を行わなければならない局面も生じます。

そこで平成16年改正により、3項1号に、理事長は理事会決議で「行為の
差止め、排除又は原状回復のための必要な措置を請求し、管理組合を代表し
て、訴訟その他法的措置を追行すること」ができると明記されました。

また、区分所有法では、平成14年改正前は、「敷地及び共用部分等につい
て生じた損害賠償金及び不当利得による返還金の請求及び受領」については、
各区分所有者がその持分に応じて権利を行使しなければなりませんでした
が、法改正により、管理者が区分所有者を代表できるようになりました（法

26条 2 項）。

そこで標準管理規約でも、これらの事項について、3 項 2 号に、理事長が理事会の決議を経て「区分所有者のために、訴訟において原告又は被告となること、その他法的措置をとること」ができる旨が規定されました。例えば、敷地内にごみを不法投棄する近隣の住人がいる場合には、その近隣住人に対し、ごみの撤去費用に係る損害賠償金を訴訟によって請求するに際し、理事長は、区分所有者のために原告になることができます。理事会の決議のみで理事長が行える措置の範囲が拡大され、強力な措置を迅速に行えるようになったわけです*。

6 項では、理事長が原告または被告になった場合は、遅滞なく、区分所有者にその旨を通知しなければならないとしました。この通知は、法26条 5 項の定めを確認的に規定したものです。

---

* 　**宮崎地判平成24.11.12**は、区分所有者が規約に違反して管理組合に損害が生じた場合には、管理組合は、民法415条に基づいて損害の賠償を求めることができると判断した。

野良猫訴訟判決　組合員の共同の利益に反する行為により、管理組合から、違反者に対する損害賠償請求が肯定された例として、タウンハウスでの室内の猫飼育と屋外の猫への餌やりに関する**東京地裁立川支部判平成22.5.13**（野良猫訴訟判決）があります。規約に「他の居住者に迷惑を及ぼすおそれのある動物を飼育しないこと」との定め（動物飼育禁止条項）があったにもかかわらず、組合員 C が、室内で白色の猫 1 匹を飼育し、加えて、屋外で複数の猫に継続的に餌やりを行い、住みかまで提供していたため、組合員 A らと管理組合 B から、糞尿等による被害を受け、損害を被ったとして、C に対し、損害賠償が請求された事案でした。

裁判所は、まず屋内飼育行為について、次のとおり判断しています。

> 管理組合の動物飼育禁止条項は、一律に動物の飼育を禁止しているものでは

なく、「他の居住者に迷惑を及ぼすおそれのある」動物を飼育しないことと定めているものではあるが、このような限定は、小鳥や金魚の飼育を許す趣旨は含んでいるとしても、小型犬や猫の飼育を許す趣旨も含むものとは認められない。

　確かに、動物は家族の一員、人生のパートナーとしてますます重要となっている時代趨勢にあるが、他方、区分所有法の対象となるマンション等には、アレルギーを有する人も居住し、人と動物の共通感染症に対する配慮も必要な時代であるから、時代の趨勢に合わせて犬や猫の飼育を認めるようにすることは、マンション等の規約の改正を通じて行われるべきである。

　したがって、白色の猫1匹の屋内飼育であっても、動物飼育禁止条項に違反すると認められる。

続いて屋外での餌やり行為についても、次のように述べ、糞尿、ゴミの散乱、猫の抜け毛などによる被害が認められ、損害賠償が肯定されています。

　Cが行っている4匹の猫への餌やりは、住みかまで提供する飼育の域に達しているのに、北側玄関に現れることの多い猫2匹についてのトイレの配慮が十分でなく、糞のパトロールの回数も不十分であることに加え、餌やりの点でも、風で飛んでしまう可能性のある新聞紙等を使用する方法や餌やり終了後の始末が遅い点で更に改善を要する点があるなど、猫への餌やりによるAらに対する被害は依然として続いているものであり、現時点での活動であっても、受忍限度を超え、Aらの人格権を侵害するものと認められる。

**規約の定めに基づく
弁護士費用の請求**　区分所有者が、管理経費支払いやペット飼育など、マンションの管理にかかわる義務を履行せず、管理組合が、訴訟外で義務の履行を請求してもその是正がなされない場合には、裁判手続をとらざるを得ません。

　裁判手続をとることは、専門的な知識が必要であるために、手続きに不慣れな一般の人々にとっては容易ではありません。そのため裁判手続は、多くの場合、弁護士に委任して行われることになります。

　しかし、弁護士に委任するには費用が必要になります。

　そこで、4項では、違約金としての弁護士費用および差止め等の諸費用を請求することができると定めています＊1。民法420条により、違約金の定めは賠償額の予定として有効であり、弁護士費用を違約金として請求することが可能となっているので、同項は、区分所有者相互間の約束（管理組合すなわち所有者全員の組織体と組合員との間の約束）としてそのような合意が成立しているものということができます。4項は弁護士費用等を請求「できる」という規定となっていますが、同じく弁護士費用等の請求を定めた60条4項（管理費等の徴収）では、弁護士費用等を請求しないことに合理的事情のある場合を除き、基本的には請求するべきであるとコメントされています（コメント60条関係⑥。平成28年改正により、コメントが追加された）。

　裁判例でも、違約金としての弁護士費用の定めは、『建物の管理に関する区分所有者間の事項について定めたもの』とされ（**東京地判平成19.4.17**）、**東京地判平成20.4.25**では『被告は、管理規約72条4項が公序良俗に違反すると主張する。しかしながら、同条は、国土交通省が平成16年1月23日に公表した「マンション標準管理規約（単棟型）」67条に則ったものであり、社会に通用しているものと推測されるから、公序良俗に違反するとは認められない』としています。

　ほかに規約に定めがあることに基づいて弁護士費用が認められた例として、管理経費支払請求に関し、**東京高判平成26.4.16、福岡地裁小倉支部判平成6.8.4、東京地判平成19.4.17、東京簡判平成20.3.25、東京地判平成20.4.25、東京地判平成21.3.23Ｂ、東京地判平成21.5.22、名古屋地判平成22.8.27、東京地判平成24.4.27、東京地判平成24.5.29、東京地判平成24.7.3、東京地判平成25.5.17、福岡地判平成28.10.13、東京地判平成31.4.24、東京地判令和元.5.17、東京地判令和元.7.18**、管理費不払いによる競売請求に関し、**東京地判平成27.8.3**、管理組合の水道料金の立替金請求に関して、**福岡簡判平成13.6.5**など多数の例があります＊2。

違約金として支払義務を負う弁護士費用は、管理組合が弁護士に支払義務を負う一切の費用です（**東京高判平成26.4.16**）＊3。着手金と成功報酬（成功報酬は、判決言渡しの時点ではまだ現実化していない弁護士報酬債務）の両方が含まれます（**東京地判平成20.4.25**、**東京地判平成24.5.29**、**東京地判平成30.4.17A**、**東京地判平成30.4.17B**、**東京地判平成30.12.7**、**東京地判令和2.12.16**）＊4。

東京高判平成26.4.16は、『違約金としての弁護士費用は、上記の趣旨からして、管理組合が弁護士に支払義務を負う一切の費用と解される（その趣旨を一義的に明確にするためには、管理規約の文言も「違約金としての弁護士費用」を「管理組合が負担することになる一切の弁護士費用（違約金）」と定めるのが望ましいといえよう）』と述べています。

なお、規約の合理的解釈として、請求が認められなかった場合（組合の請求が棄却された場合）には、弁護士費用を請求することはできません（**東京地判平成30.7.12**）＊5。また、一部勝訴した場合は勝訴割合に応じた弁護士費用の支払いを求めることができると考えられます（**東京地判平成28.9.26**、**東京地判令和2.3.24**）。

訴訟上規約に基づく弁護士費用が請求できるのは、口頭弁論終結時に規約が存在する場合です。訴え提起の時点では規約の定めがなかったとしても、口頭弁論終結時までに規約が設定されることをもって足ります。**東京地判平成24.5.29**は、次のように判断しました。

> Xが管理規約57条2項に基づいて弁護士費用の支払を請求しているのに対し、Yは、管理規約57条2項は、本件訴訟提起後に新設されたものであるから、本件訴訟において、XがYに弁護士費用等を請求する根拠とすることはできないと主張しているが、民事訴訟においては口頭弁論終結時における権利ないし法律関係の存否を判断するものであるから請求根拠は口頭弁論終結時に存在すれば足りると解するのが相当であり、Yの主張は採用できない。

本条により弁護士費用の支払い義務が認められるのは、「この規約若しくは使用細則等に違反したとき、又は…（中略）…敷地及び共用部分等において不法行為を行ったとき」に行為の差止め等を求めたり、損害賠償請求を行ったりする場合の法的措置に要する弁護士費用です。これに対して、規約違反の根拠とされた規約の設定承認決議の無効を主張して元区分所有者が管理組合を訴えた訴訟に管理組合が応訴し、その応訴に要した弁護士費用を請求することは、本条の対象ではありません（**東京地判令和2.6.24**）。

＊1　4項は、平成16年改正において追加された条項である。
＊2　逆に、弁護士費用請求が否定された裁判例として、**東京高判平成7.6.14**がある。弁護士費用を管理経費不払者の負担とする決議は『その意に反して一方的に義務なき負担を課し、あるいは、他の組合員に比して不公正な負担を課するものであり、無効というべきである』として、弁護士費用の請求は認められなかった。
＊3　**東京地判平成30.4.17A**は、未払管理費を請求する際の弁護士費用全額相当額の違約金支払義務の合理性が争われ、裁判所は「不合理であるということはできない」として支払義務を認めた。
＊4　他方、**東京地判平成19.7.31**は、"管理規約に違反した者に対し、法的措置を執った場合、弁護士費用その他法的措置に要する費用の実費全額を請求することができる"旨の定めがあったケースで、「上記定めの趣旨は、本件のように訴訟が提起された場合には、裁判所が相当と認定した額を支払う義務が発生するという趣旨と解するのが相当である」として実際の弁護士報酬全額の支払義務を認めなかった。
＊5　なお、区分所有者に対する行為差止請求が、被告が専有部分を譲渡して区分所有権を失ったことを理由に棄却された事案において、**東京地判平成29.1.13**は、譲渡前に行われていた民泊営業（差止請求の対象行為）により訴訟提起せざるを得なかったとして差止請求訴訟に要した弁護士費用の支払いを命じている。

規約に定めがない場合の弁護士費用の請求　一般に裁判所では、義務の違反者に対する請求が不法行為に基づく場合には、弁護士費用を請求できるという考え方がとられています（**最判昭和44.2.27**）。仮に、違約金としての弁護士費用の定めがなくても、管理費不払いやペット飼育禁止違反などが不法行為に当たるとすれば、多くの場合、弁護士費用の請求が可能です。

不法行為に基づき弁護士費用の請求を認めた事案として、管理経費の不払いに関する**東京地判平成4.3.16**、ペットの飼育禁止に関する**東京地判平成**

19.10. 4 、東京地判平成19.10. 9 、バルコニー防水工事に対する妨害に関する横浜地判昭和60.9.26、店舗の深夜営業禁止に関する東京地判平成21.12.28、構築物の撤去請求に関する東京地判平成26.1.16があります。他方、看板の撤去請求に関する東京地判平成28.7.4は、「規約に基づく義務の具体的内容及び規約違反行為の特定及び立証が殊更困難であるとは考えられず、弁護士に委任することなく本件訴訟を追行することが特段困難であるともいえない」として、不法行為との相当因果関係を否定して弁護士費用の請求を認めませんでした。

なお、規約に定めがなく、不法行為に基づく損害賠償請求でもない金銭債務の不履行を問う場合には、弁護士費用は否定されます(最判昭和48.10.11、東京地判平成14.2.27、東京地判平成21.12.16、東京地判平成21.12.21、東京地判平成26.9.22)。

第68条（合意管轄裁判所）

　この規約に関する管理組合と組合員間の訴訟については、対象物件所在地を管轄する○○地方（簡易）裁判所をもって、第一審管轄裁判所とする。
2　第48条第十一号に関する訴訟についても、前項と同様とする。

第69条（市及び近隣住民との協定の遵守）

　区分所有者は、管理組合が○○市又は近隣住民と締結した協定について、これを誠実に遵守しなければならない。

❶ マンション完成前の協定

　マンション分譲事業者が、マンション建設に際して、工事完成前に自治体や近隣住民と協定を締結し、区分所有者がこれを引き継ぐことにする場合も、少なくありません。この場合には、一般に、売買契約において、買主である

個々の区分所有者について、協定の遵守義務が定められますが、協定遵守の義務は個々の区分所有者のレベルにとどまるものであり、当然に、管理組合が協定遵守の義務を負うものではありません。

　そこで、分譲会社が締結した協定については、管理組合が再締結するか、あるいは、附則で承認する旨を規定するかの、いずれかの方策がとられます（コメント69条関係①）。いずれの場合であっても、協定書を規約に添付する必要があります（コメント69条関係②）。

❷ マンション完成後の協定

　マンション完成後、管理組合が協定を締結することは、協定の内容がマンション管理に関するものである限り、「その他管理組合の業務に関する重要事項」（48条17号）として、総会の議決事項と考えられます。総会決議は、決議に反対した組合員や、その後の特定承継人などにも、効力が及びます（5条1項）。いずれのケースにおいても、区分所有者は協定を遵守しなければなりません。本条は、このことを確認する定めです。

第70条（細則）

　総会及び理事会の運営、会計処理、管理組合への届出事項等については、別に細則を定めることができる。

第71条（規約外事項）

　規約及び使用細則等に定めのない事項については、区分所有法その他の法令の定めるところによる。
2　規約、使用細則等又は法令のいずれにも定めのない事項については、総会の決議により定める。

　標準管理規約は、18条において、物件の使用についての使用細則に関する規定を置いていますが、物件の使用以外にも、区分所有者間のルールを決め

ておいたほうがよい事項があります。

70条は、物件の使用以外の事項についても細則を設定できるとする規定です。同条に例示的に掲げられた事項（総会および理事会の運営、会計処理、管理組合への届出事項）のほか、役員選出方法、管理事務の委託業者の選定方法、文書保存等についての細則が考えられます（コメント70条関係）。

70条は、平成16年改正により新設された条文です。この条文により、管理組合は、その実状に合わせて、規約を補う様々な細則を定めることに、管理規約上の明示的な根拠ができました。

なお、建物・敷地・附属施設の管理・使用に関する基本的事項は、規約で定めるべき事項です。細則で定めることができるのは、規約で定められた基本的事項の枠内での、具体的な取扱いに関する事項、あるいは、手続きに関する事項です。規約で定めるべき事項を細則だけで決めることはできません*1*2。

* 1　共用部分である駐車場に放置された車検切れ自動車に対する違約金の設定につき「規約の委任を受けた細則又は規約の委任のない細則において、行うことができる」と判断した事案に、**東京地判平成30.3.13**がある。
* 2　使用細則の設定や変更により組合員の権利が影響を受ける場合には、法31条1項後段が類推適用され、特別の影響を受ける組合員の承諾を要することがある（**前橋地裁高崎支部判平成30.12.21**）。

第72条（規約原本等）

〔※管理組合における電磁的方法の利用状況に応じて、次のように規定〕

(ア) 電磁的方法が利用可能ではない場合

（規約原本等）

第72条　この規約を証するため、区分所有者全員が署名した規約を1通作成し、これを規約原本とする。

2　規約原本は、理事長が保管し、区分所有者又は利害関係人の書面による請求があったときは、規約原本の閲覧をさせなければならない。

3 規約が規約原本の内容から総会決議により変更されているときは、理事長は、1通の書面に、現に有効な規約の内容と、その内容が規約原本及び規約変更を決議した総会の議事録の内容と相違ないことを記載し、署名した上で、この書面を保管する。

4 区分所有者又は利害関係人の書面による請求があったときは、理事長は、規約原本、規約変更を決議した総会の議事録及び現に有効な規約の内容を記載した書面（以下「規約原本等」という。）並びに現に有効な第18条に基づく使用細則及び第70条に基づく細則その他の細則の内容を記載した書面（以下「使用細則等」という。）の閲覧をさせなければならない。

5 第2項及び前項の場合において、理事長は、閲覧につき、相当の日時、場所等を指定することができる。

6 理事長は、所定の掲示場所に、規約原本等及び使用細則等の保管場所を掲示しなければならない。

イ 電磁的方法が利用可能な場合

（規約原本等）

第72条 この規約を証するため、区分所有者全員が書面に署名又は電磁的記録に電子署名した規約を1通作成し、これを規約原本とする。

2 規約原本は、理事長が保管し、区分所有者又は利害関係人の書面又は電磁的方法による請求があったときは、規約原本の閲覧をさせなければならない。

3 規約が規約原本の内容から総会決議により変更されているときは、理事長は、1通の書面又は電磁的記録に、現に有効な規約の内容と、その内容が規約原本及び規約変更を決議した総会の議事録の内容と相違ないことを記載又は記録し、署名又は電子署名した上で、この書面又は電磁的記録を保管する。

4　区分所有者又は利害関係人の書面又は電磁的方法による請求があったときは、理事長は、規約原本、規約変更を決議した総会の議事録及び現に有効な規約の内容を記載した書面又は記録した電磁的記録（以下「規約原本等」という。）並びに現に有効な第18条に基づく使用細則及び第70条に基づく細則その他の細則の内容を記載した書面又は記録した電磁的記録（以下「使用細則等」という。）の閲覧をさせなければならない。

5　第2項及び前項の場合において、理事長は、閲覧につき、相当の日時、場所等を指定することができる。

6　理事長は、所定の掲示場所に、規約原本等及び使用細則等の保管場所を掲示しなければならない。

7　電磁的記録により作成された規約原本等及び使用細則等の閲覧については、第49条第5項に定める議事録の閲覧に関する規定を準用する。

（令和3年改正の要点）
　規約原本への区分所有者全員の押印、改正後の現に有効な規約の内容を記載した書面への理事長の押印を、いずれも不要とした。

マンション完成時における規約原本　　区分所有法上、規約は、区分所有者および議決権の各4分の3以上の多数による集会の決議によって制定されます（法31条1項本文）。

　もっとも区分所有者全員の承諾があれば、書面による決議が可能であり（法45条1項本文）、さらに区分所有者全員の書面による合意があったときは、書面による決議があったものとみなされることになっていることから（法45条2項）、実務上、ほとんどの場合に、分譲事業者が分譲前に規約案文を用意しておき、マンションの売買にあたって、購入者がこの案文（または案文

への同意書）に同意する旨の記名押印をし、区分所有者全員の書面による合意があったものとして、マンション完成時における規約を成立させるという取扱いがなされています*1。

1項は、実務上のこの取扱いを前提として、区分所有者全員が署名した規約を1通作成し、これを規約原本とするものと定めています*2。規約原本は、理事長が保管しなければなりません*3。

購入者が、規約案文に直接署名するのではなく、規約案文への同意書に署名する場合には、規約の案文と署名された同意書があわせて一体となって、マンション完成時の規約の原本になります。区分所有者全員が署名した規約原本（または規約案文および規約案文への同意書）が存在しない場合には、最初に規約を設定した際の総会の議事録が、規約原本としての機能を果たします（コメント72条関係①）。また、公正証書による規約がある場合には（法32条）、公正証書も規約の原本です。マンション完成時における規約は、原始規約といわれています。

なお、平成14年法改正により、規約を電磁的記録により作成することが認められたため、本条でも、「(ア)電磁的方法が利用可能ではない場合」と「(イ)電磁的方法が利用可能な場合」の2通りの定め方が用意されています。

---

*1 厳密にいえば、マンションが完成した時点では、まだ管理規約は成立していない。管理規約が成立するのは、マンションが完成した時点ではなく、最初に専有部分の権利移転がなされて複数の区分所有者が存在することによって、区分所有者間の法律関係が成り立った時点である。

*2 令和3年改正前は、区分所有者全員の記名押印を必要としていたが、デジタル社会形成基本法（令和3年9月1日施行）において目標とされたデジタル社会による国民の利便性の向上の一環として、管理規約のルールにおいても"脱ハンコ"が図られ署名のみで足りるものとされた（なお、区分所有法改正との関係については49条の解説を参照⇒240頁）。

*3 区分所有法では、規約は、管理者に保管義務があるとされている（法33条1項本文）。標準管理規約では、理事長が管理者である（38条2項）。そのため本条2項では、理事長が規約原本の保管者と定められている。保管を怠ったとき、あるいは、正当な理由がないのに閲覧請求を拒んだときには、罰則が科される（法71条1号・2号、法47条12項、法33条）。

規約は、区分所有者および議決権の各4分の3以上の多数による集会の決議によって改正されます（法31条1項本文）。原始規約の規約原本が保管されていたとしても、規約が改正されていれば、現に有効な規約の内容と原始規約の規約原本の内容は一致しません。

そこで、3項は、規約が改正された場合には、理事長は、当初区分所有者全員が署名した規約原本だけでなく、現に有効な規約の内容を1通の書面として作成し、その書面が現行規約の内容に相違ない旨を記載して署名したものも、保管することとしました＊。

＊ 令和3年改正前は理事長の署名押印を必要としていたが、規約原本への区分所有者の押印廃止と同様に、改正後の現に有効な規約の内容を記載した書面への押印も廃止された（➡311頁）。

理事長は、利害関係人の書面等による請求があったときは、規約原本等を閲覧させなければなりません（72条2項・4項）。平成28年改正では、18条に基づく使用細則および70条に基づく細則についても、規約原本等と同じ手続きで閲覧を認めることを明確に定めました（72条4項）。

ここで利害関係人とは、法律上の利害関係を持つ者をいい、単に事実上の利益や不利益を受けるにすぎない者は含みません＊1。閲覧請求には、規約原本だけではなく、規約変更を決議した総会の議事録および現に有効な規約の内容を記載した書面も含みます。

また、閲覧請求は、書面等をもって行わなければなりません＊2。

理事長は、原則として、利害関係人の請求があったときは閲覧を拒むことはできず、正当な理由がある場合に限って、これを拒むことができます。閲覧の請求があったときは、閲覧につき、相当の日時、場所等を指定することができるとされていますが（72条5項）、これは、正当な事由があれば、閲覧を拒むことができることを、裏から定めるものです＊3。

　理事長は、所定の掲示場所に、規約原本等の保管場所を掲示しなければなりません（72条6項）。

　以上は、49条の総会議事録の閲覧の場合と同様の定め方となっています。

＊1　49条の解説➡244頁。

＊2　区分所有法にも規約の閲覧請求の定めはあるが（法33条2項）、法律上は規約の閲覧請求に書面等が必要であるとはされていない。

＊3　閲覧を拒むことができる正当な事由とは、深夜に請求する場合、いやがらせを目的として繰り返し請求が行われる場合などが、これに該当する。

第1条（規約の発効）

　この規約は、○年○月○日から効力を発する。

規約の発効に関する附則の定め　　マンションにおいて、区分所有者間の法律関係が成立するのは、区分所有者が複数となったときです。区分所有者が複数となるのは、専有部分の区分所有権が最初に分譲事業者から購入者に移転した時点です。

　ただし、区分所有権の移転時点は、外部的には明確ではありません。標準管理規約では、規約の効力発生と管理組合の成立の時期を、最初に住戸の引渡しがあった時としています（コメント附則全般関係③ア）。

分譲事業主の規約案作成の参考のための附則　　標準管理規約の附則の条文として明記されているのは、1つの条文（1条）だけですが、コメントにおいては、分譲会社等が原始規約案を作成する際の参考となるように、次の2条以下の条項が示されています（コメント附則全般関係①）。

第2条（管理組合の成立）

　管理組合は、○年○月○日に成立したものとする。

第3条（初代役員）

　第35条にかかわらず理事○名、監事○名とし、理事長、副理事長、会計担当理事、理事及び監事の氏名は別に定めるとおりとする。

2　前項の役員の任期は、第36条第１項にかかわらず○年○月○日まで
とする。

第４条（管理費等）

各区分所有者の負担する管理費等は、総会においてその額が決定され
るまでは、第25条第２項に規定する方法により算出された別に定める額
とする。

第５条（経過措置）

この規約の効力が発生する日以前に、区分所有者が○○会社との間で
締結した駐車場使用契約は、この規約の効力が発生する日において管理
組合と締結したものとみなす。

当初の暫定的な管理体制　　　　　マンションの新築分譲時には、全戸一斉に引き
渡されて入居するのではなく、マンションの完成
から全戸の引渡しと入居までには、ある程度の時間がかかります。また、全
戸の引渡しが終わっても、直ちに管理組合が管理運営を行える体制が整うも
のでもありません。そのため、当初暫定的に管理を行うための仕組みを組み
立てておかなければならず、暫定的な管理の組立てが、附則３条から５条に
定められています。

　附則３条１項による初代役員の任期については、区分所有者が自立的に役
員を選任することができるようになるまでです（コメント附則全般関係③
イ））。

　入居後直ちに開催する総会において、抽選で駐車場の使用者を決定する場
合には、附則５条は不要です（コメント同③ウ））。

　このほかにも、初年度の予算および事業計画等に関しても、必要に応じて
附則で特例を設けるものとします（コメント同②）。

第3編

標準管理規約（団地型）

第1章 団地型マンションの意義

団地の意味 団地とは、複数棟の建物が一定範囲に建築されている場合の、一定範囲の土地を意味する用語です。区分所有法は、複数棟の建物所有者（団地建物所有者）が土地などの共有物を核として結びついているととらえたうえ、このような結びつきのある建物所有者間に適用される定めとして、団地に関する条項を設けています（法第2章）。

団地の分類 団地の形態としては、

団地Ⅰ型 （土地だけ共有型）	団地内の土地全体が団地建物所有者全員の共有であって、土地のほかには、共有となっている施設がない形態
団地Ⅱ型 （土地＋施設共有型）	団地内の土地全体および集会所等の附属施設の両方が、団地建物所有者全員の共有である形態
団地Ⅲ型 （施設だけ共有型）	土地の共有関係は各棟ごとに分かれ、集会所等の附属施設だけが団地建物所有者全員の共有となっている形態

の3つのタイプがあります。

団地の形態について、標準管理規約は、コメントにおいて、

　　　団地Ⅱ型（土地＋施設共有型）　⇒　図2の形態
　　　団地Ⅲ型（施設だけ共有型）　　⇒　図3の形態

を図示して、団地Ⅲ型（図3）は団地型マンション標準管理規約（団地型）の対象ではなく、団地Ⅱ型（図2）だけがその対象であると説明しています（コメント全般関係③）。

【図1　団地Ⅰ型（土地だけ共有型）】

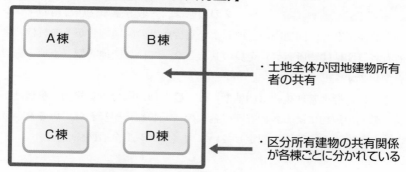

・土地全体が団地建物所有者の共有

・区分所有建物の共有関係が各棟ごとに分かれている

【図2　団地Ⅱ型（土地＋施設共有型）】

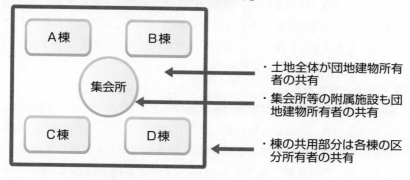

・土地全体が団地建物所有者の共有

・集会所等の附属施設も団地建物所有者の共有

・棟の共用部分は各棟の区分所有者の共有

【図3　団地Ⅲ型（施設だけ共有型）】

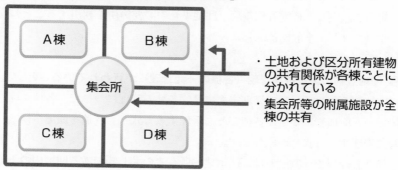

・土地および区分所有建物の共有関係が各棟ごとに分かれている

・集会所等の附属施設が全棟の共有

　　　標準管理規約（団地型）が対象としているマンションの形態は、一般分譲の住居専用のマンションが数棟所在し、団地内の土地および集会所等の附属施設がその数棟の区分所有者（団地建物所有者）全員の共有となっている団地Ⅱ型（土地＋施設共有型）です。

　さらに、標準管理規約（団地型）は、❶全棟が区分所有建物、❷敷地が共有、❸団地規約による各棟管理（各棟の一元管理）が行われているという3つの要件を満たす団地を想定しています（コメント全般関係③）＊。

❶ 全棟が区分所有建物であること

　標準管理規約（団地型）は、団地内の建物全部が区分所有建物である場合が対象です。団地内に区分所有ではない建物（戸建て住宅など）を含んでいても区分所有法上は団地ですが、そのような団地は対象としていません。

❷ 敷地が共有であること

　❶の建物の敷地（法定敷地と規約敷地の両方を含む）が、その団地内にある建物の所有者（団地建物所有者）の共有に属していること（建物の敷地利用権が所有権以外の権利である場合は、その権利が準共有に属していること）が必要です。団地Ⅲ型（施設だけ共有型）では、各棟それぞれが標準管理規約（単棟型）を使用し、共有である附属施設についてのみ全棟の区分所有者で規約を設定し、標準管理規約（団地型）の必要箇所を利用することになります（コメント全般関係③）。

❸ 団地規約による各棟管理（各棟の一元管理）が行われていること

　団地型のマンションの管理方式には、各棟の管理について、各棟を団地全体で一元的に管理せずに各棟ごとに管理する方式と、各棟を団地全体で一元的に管理する方式とがあります。

　標準管理規約（団地型）は、団地建物所有者の共有物である団地内の土地、

附属施設および団地共用部分のほか、各棟それぞれについても、団地全体で一元的に管理する方式をとる場合の規約です（コメント全般関係⑤）。

　各棟の管理についても団地規約で団地管理組合が一元的に管理する形態を前提としますから、区分所有法上、各棟および団地全体で区分所有者および議決権の、それぞれ4分の3以上の多数による決議を経ている必要があります（法68条1項、法66条）。

　棟の管理を各棟の管理組合で行う場合には、❸の要件を満たさず、標準管理規約（団地型）が念頭におく団地には入りません。もっとも、棟の管理は各棟の管理組合で行うものとしつつも、団地全体としての管理水準の統一、効率的な管理の確保等の観点から、全棟で管理のための連絡協議会のような組織を設置し、緩やかな形での統合的な管理を行う仕組みも考えられます(コメント全般関係⑤後段)。

【団地と各棟との関係】

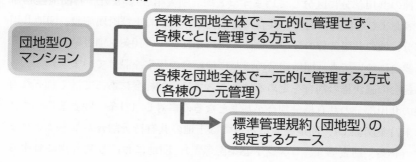

*　❶、❷、❸の要件を満たすということは、平成14年の区分所有法改正により新設された一括建替え決議（法70条1項）が可能である団地であるという意味をもつ。

床面積・規模等　団地内の各棟および各住戸については、その床面積、規模等が、均質のものもバリエーションのあるものも、いずれも含まれます（コメント全般関係②）。

標準管理規約（団地型）の対象となる団地の単位は、敷地が共有関係にある棟の範囲です。

団地型マンションで土地の共有関係が数棟ごとに分かれている場合には、共有関係を同じくする数棟ごとに１つの団地管理組合を構成し、団地規約を作成することになります（コメント全般関係②後段）。

標準管理規約（団地型）では、管理組合は団地全体のものを規定し、棟別のものは規定していません（コメント全般関係⑤前段）。

しかし一方で、団地全体に関わる事項と各棟に関わる事項を分ける取扱いもしています＊。

例えば、共用部分の管理は、団地管理組合が両者を一括して行いますが（21条１項）、規約の対象部分となる共用部分の範囲については、団地共用部分と棟の共用部分に区分しています（８条、別表第２）。また、各団地建物所有者および各区分所有者の共有持分割合は、土地および附属施設、団地共用部分、棟の共用部分の３つに分けて決められます（10条、別表第３）。

総会についても、団地総会のほかに棟総会の規定を設けています。

総会の議決権の割合を定めるにあたっては、棟総会にあってはそれぞれの棟の共用部分の共有持分割合が基準となるのに対し（71条、別表第５、コメント71条関係①）、団地総会にあっては土地の共有持分割合が基準になります（48条、別表第５、コメント48条関係①）。団地における共有物に対する持分割合は、土地の持分割合に反映されているからです。

議決権と同様に、管理費等の額についても、棟の管理に相当する額はそれぞれの棟の各区分所有者の棟の共用部分の共有持分に応じ、それ以外の管理に相当する額は各団地建物所有者の土地の共有持分に応じて算出されます（25条２項）。各棟修繕積立金と団地修繕積立金も、各棟修繕積立金の額がそれぞれの棟の各区分所有者の棟の共用部分の共有持分に応じて算出されるのに対し（25条４項）、団地修繕積立金の額は、各団地建物所有者の土地の共

有持分に応じて算出します（25条3項）。

* 団地全体に関わる事項と各棟に関わる事項を分ける取扱いをするのは、2つの理由に基づいている。

第1の理由としては、区分所有法上、各棟の管理に関する事項のうち、規約敷地、専有部分と敷地利用権の一体性、管理所有、義務違反者に対する措置、復旧、建替えなどは、棟ごとに決定しなければならない事項（棟総会の議決事項）として残されていることである（標準管理規約（団地型）72条は、棟総会の議決事項として、義務違反者に対する措置、復旧、建替え等を定めている）。これらの事項は、団地全体では決めることができず、棟ごとの棟総会で決議しなければならないのであり、団地総会の議決事項からは除かれる（コメント全般関係⑤前段）。

第2の理由は、経費の分別である。各棟によって費用が異なる事項については、費用負担の衡平性を図る観点から、それぞれの棟ごとで費用を負担する仕組みが組み立てられる必要がある。

別途の考慮が必要とされるケース いわゆる等価交換により特定の者が多数の住戸を区分所有する場合、一部共用部分が存する場合、管理組合を法人とする場合、店舗併用等の複合用途型の建物や、事務所または店舗専用の建物が団地内にある場合等は別途考慮が必要です（コメント全般関係④）。

第2章　団地型規約の条文の解説

　標準管理規約（団地型）は標準管理規約（単棟型）と重複している条文が多いので、重複している条文と解説は、本編には記載していません。

　重複している条文については、対応する標準管理規約（単棟型）の各該当条文を表にまとめましたので参照してください。

標準管理規約（団地型）	標準管理規約（単棟型）
1条	1条を参照

第2条（定義）

　この規約において、次に掲げる用語の意義は、それぞれ当該各号に定めるところによる。

　（第一号・第二号は、単棟型第一号・第二号を参照）

　三　団地建物所有者　区分所有法第65条の団地建物所有者をいう。

　（第四号・第五号は、単棟型第三号・第四号を参照）

　六　共用部分　区分所有法第2条第4項の共用部分（以下「棟の共用部分」という。）及び区分所有法第67条第1項の団地共用部分（以下「団地共用部分」という。）をいう。

　七　土地　区分所有法第65条の土地をいう。

　（第八号〜第十二号は、単棟型第七号〜第十一号を参照）

標準管理規約（団地型）	標準管理規約（単棟型）
3条	3条を参照

第4条（対象物件の範囲）

　この規約の対象となる物件の範囲は、別表第1に記載された土地、建物及び附属施設（以下「対象物件」という。）とする。

別表第1　対象物件の表示

<table>
<tr><td colspan="3">物　件　名</td><td></td></tr>
<tr><td rowspan="3">土
地</td><td colspan="2">所　在　地</td><td></td></tr>
<tr><td colspan="2">面　積</td><td></td></tr>
<tr><td colspan="2">権　利　関　係</td><td></td></tr>
<tr><td rowspan="6">建
物</td><td rowspan="2">○号棟</td><td>構造等</td><td>　　　　造　地上　　階　地下　　階　塔屋
　　　階建共同住宅
延べ面積　　　　m²　　建築面積　　　　m²</td></tr>
<tr><td>専有部分</td><td>住戸戸数　　　　　戸
延べ面積　　　　　m²</td></tr>
<tr><td rowspan="2">○号棟</td><td>構造等</td><td>　　　　造　地上　　階　地下　　階　塔屋
　　　階建共同住宅
延べ面積　　　　m²　　建築面積　　　　m²</td></tr>
<tr><td>専有部分</td><td>住戸戸数　　　　　戸
延べ面積　　　　　m²</td></tr>
<tr><td rowspan="2">○号棟</td><td>構造等</td><td>　　　　造　地上　　階　地下　　階　塔屋
　　　階建共同住宅
延べ面積　　　　m²　　建築面積　　　　m²</td></tr>
<tr><td>専有部分</td><td>住戸戸数　　　　　戸
延べ面積　　　　　m²</td></tr>
<tr><td>附属施設</td><td colspan="3">管理事務所、集会所、管理用倉庫、塀、フェンス、駐車場、通路、自転車置場、ごみ集積所、排水溝、排水口、外灯設備、植栽、掲示板、案内板、専用庭、プレイロット及びその他の屋外の設備並びにこれらに附属する施設等団地内に存する施設</td></tr>
</table>

標準管理規約（団地型）	標準管理規約（単棟型）
5条	5条を参照
6条	6条を参照
7条	7条を参照

第8条（共用部分の範囲）

対象物件のうち共用部分の範囲は、別表第2に掲げるとおりとする。

別表第2　共用部分の範囲

1　棟の共用部分
　エントランスホール、廊下、階段、エレベーターホール、エレベーター室、共用トイレ、屋上、屋根、塔屋、ポンプ室、自家用電気室、機械室、受水槽室、高置水槽室、パイプスペース、メーターボックス（給湯器ボイラー等の設備を除く。）、内外壁、界壁、床スラブ、基礎部分、床、天井、柱、バルコニー等専有部分に属さない「建物の部分」
　エレベーター設備、電気設備、給水設備、排水設備、消防・防災設備、インターネット通信設備、テレビ共同受信設備、オートロック設備、宅配ボックス、避雷設備、集合郵便受箱、各種の配線配管（給水管については、本管から各住戸メーターを含む部分、雑排水管及び汚水管については、配管継手及び立て管）等専有部分に属さない「建物の附属物」
2　団地共用部分
　管理事務所、集会所、管理用倉庫等「団地内の附属施設たる建物」

第 9 条（共有）

対象物件のうち、土地、団地共用部分及び附属施設は団地建物所有者の共有とし、棟の共用部分はその棟の区分所有者の共有とする。

第10条（共有持分）

各団地建物所有者及び各区分所有者の共有持分は、別表第 3 に掲げるとおりとする。

別表第 3　土地及び共用部分等の共有持分割合

住戸番号 / 持分割合		土　地 及　び 附属施設	団地共用部分	棟の共用部分
○号棟	○号室	○○○分の○○	○○○分の○○	○○○分の○○
	○号室	○○○分の○○	○○○分の○○	○○○分の○○
	・ ・ ・	・ ・ ・	・ ・ ・	・ ・ ・
	小計	—	—	○○○分の○○
○号棟	○号室	○○○分の○○	○○○分の○○	○○○分の○○
	○号室	○○○分の○○	○○○分の○○	○○○分の○○
	・ ・ ・	・ ・ ・	・ ・ ・	・ ・ ・
	小計	—	—	○○○分の○○
○号棟	○号室	○○○分の○○	○○○分の○○	○○○分の○○
	○号室	○○○分の○○	○○○分の○○	○○○分の○○
	・ ・ ・	・ ・ ・	・ ・ ・	・ ・ ・
	小計	—	—	○○○分の○○
合計		○○○分の○○○	○○○分の○○○	—

団地管理組合が管理する共用部分には、団地共用部分と棟の共用部分との2種類があります。

団地共用部分は、団地建物所有者の共有であり、棟の共用部分はその棟の区分所有者の共有です（9条）。団地管理組合において、管理の方法や内容を決め、あるいは、管理費等の費用負担を考えるにあたっては、これら2種類の共用部分のそれぞれについて、権利関係が異なっていることを考慮しなければなりません。

共有持分 団地建物所有者および区分所有者の共有持分は、別表第3に掲げられていますが(10条)、土地および附属施設、団地共用部分の共有持分の割合については、各棟の延べ面積の全棟の延べ面積に占める割合を出したうえで、各棟の中での各住戸の専有部分の床面積の割合によることとし、各棟の共用部分の共有持分の割合については、各棟の区分所有者の専有部分の床面積の割合によることとします(コメント10条関係①)*1。

標準管理規約 （団地型）	標準管理規約 （単棟型）	標準管理規約 （団地型）	標準管理規約 （単棟型）
11条*2	11条を参照	19条の2	19条の2を参照
12条	12条を参照	20条	20条を参照
13条	13条を参照	21条	21条を参照
14条	14条を参照	22条	22条を参照
15条	15条を参照	23条	23条を参照
16条	16条を参照	24条	24条を参照
17条	17条を参照	25条	次頁以降を参照
18条	18条を参照	26条	26条を参照
19条	19条を参照	27条	27条を参照

*1 土地については、公正証書によりその割合が定まっている場合には、規約もそれに合わせる必要がある。

＊2　建替え円滑化法の令和2年改正により、要除却認定を受けた老朽化マンションを含む団地において、敷地共有者の4／5以上の同意によりマンション敷地の分割を可能とする制度が創設された。これを受け、標準管理規約（団地型）でも令和3年改正において、「マンションの建替え等の円滑化に関する法律（平成14年法律第78号。以下「円滑化法」という。）に基づく敷地分割決議による敷地分割は、本条により禁止されるものではない。」とのコメントが追加された（コメント11条関係③）。

第25条（管理費等）

団地建物所有者は、土地及び共用部分等の管理に要する経費に充てるため、次の費用（以下「管理費等」という。）を管理組合に納入しなければならない。

一　管理費

二　団地修繕積立金

三　各棟修繕積立金

2　管理費の額については、棟の管理に相当する額はそれぞれの棟の各区分所有者の棟の共用部分の共有持分に応じ、それ以外の管理に相当する額は各団地建物所有者の土地の共有持分に応じて算出するものとする。

3　団地修繕積立金の額については、各団地建物所有者の土地の共有持分に応じて算出するものとする。

4　各棟修繕積立金の額については、それぞれの棟の各区分所有者の棟の共用部分の共有持分に応じて算出するものとする。

第28条（団地修繕積立金）

管理組合は、各団地建物所有者が納入する団地修繕積立金を積み立てるものとし、積み立てた団地修繕積立金は、土地、附属施設及び団地共用部分の、次の各号に掲げる特別の管理に要する経費に充当する場合に限って取り崩すことができる。

一　一定年数の経過ごとに計画的に行う修繕

二　不測の事故その他特別の事由により必要となる修繕

三　土地、附属施設及び団地共用部分の変更

四　建物の建替え、マンション敷地売却及び敷地分割（以下「建替え等」という。）に係る合意形成に必要となる事項の調査

五　その他土地、附属施設及び団地共用部分の管理に関し、団地建物所有者全体の利益のために特別に必要となる管理

2　前項にかかわらず、区分所有法第70条第１項の一括建替え決議（以下「一括建替え決議」という。）又は一括建替えに関する団地建物所有者全員の合意の後であっても、マンションの建替え等の円滑化に関する法律（以下本項において「円滑化法」という。）第９条のマンション建替組合（以下「建替組合」という。）の設立の認可又は円滑化法第45条のマンション建替事業の認可までの間において、建物の建替えに係る計画又は設計等に必要がある場合には、その経費に充当するため、管理組合は、団地修繕積立金から管理組合の消滅時に建替え不参加者に帰属する団地修繕積立金相当額を除いた金額を限度として、団地修繕積立金を取り崩すことができる。

3　第１項にかかわらず、円滑化法第108条第１項のマンション敷地売却決議（以下「マンション敷地売却決議」という。）の後であっても、円滑化法第120条のマンション敷地売却組合（以下「マンション敷地売却組合」という。）の設立の認可までの間において、マンション敷地売却に係る計画等に必要がある場合には、その経費に充当するため、管理組合は、団地修繕積立金から管理組合の消滅時にマンション敷地売却不参加者に帰属する団地修繕積立金相当額を除いた金額を限度として、団地修繕積立金を取り崩すことができる。

4　第１項にかかわらず、円滑化法第115条の４第１項の敷地分割決議

（以下「敷地分割決議」という。）の後であっても、円滑化法第168条の敷地分割組合（以下「敷地分割組合」という。）の設立の認可までの間において、敷地分割に係る計画等に必要がある場合には、その経費に充当するため、管理組合は、団地修繕積立金を取り崩すことができる。

5　管理組合は、第1項各号の経費に充てるため借入れをしたときは、団地修繕積立金をもってその償還に充てることができる。

（平成30年改正の概要）

　建替え円滑化法の平成30年改正でマンション敷地売却制度が導入されたことに伴い、敷地売却組合の設立認可までに必要な経費に団地修繕積立金を充てることができるものとした。

（令和3年改正の要点）

　建替え円滑化法の令和2年改正でマンション敷地分割制度が導入されたことに伴い、敷地分割組合の設立認可までに必要な経費に団地修繕積立金を充てることができるものとした。

第29条（各棟修繕積立金）

　管理組合は、それぞれの棟の各区分所有者が納入する各棟修繕積立金を積み立てるものとし、積み立てた各棟修繕積立金は、それぞれの棟の共用部分の、次の各号に掲げる特別の管理に要する経費に充当する場合に限って取り崩すことができる。

　一　一定年数の経過ごとに計画的に行う修繕

　二　不測の事故その他特別の事由により必要となる修繕

三　棟の共用部分の変更

　　四　建物の建替えに係る合意形成に必要となる事項の調査

　　五　その他棟の共用部分の管理に関し、その棟の区分所有者全体の利益のために特別に必要となる管理

2　前項にかかわらず、区分所有法第62条第1項に規定する建替え決議（以下「建替え決議」という。）、一括建替え決議又は建替えに関する区分所有者全員の合意の後であっても、円滑化法第9条の建替組合の設立の認可又は円滑化法第45条のマンション建替事業の認可までの間において、建物の建替えに係る計画又は設計等に必要がある場合には、その経費に充当するため、管理組合は、各棟修繕積立金から建物の取壊し時に建替え不参加者に帰属する各棟修繕積立金相当額を除いた金額を限度として、各棟修繕積立金を取り崩すことができる。

3　第1項にかかわらず、マンション敷地売却決議の後であっても、マンション敷地売却組合の設立の認可までの間において、マンション敷地売却に係る計画等に必要がある場合には、その経費に充当するため、管理組合は、各棟修繕積立金から管理組合の消滅時にマンション敷地売却不参加者に帰属する各棟修繕積立金相当額を除いた金額を限度として、各棟修繕積立金を取り崩すことができる。

4　第1項にかかわらず、敷地分割決議の後であっても、敷地分割組合の設立の認可までの間において、敷地分割に係る計画等に必要がある場合には、その経費に充当するため、管理組合は、各棟修繕積立金を取り崩すことができる。

5　管理組合は、第1項各号の経費に充てるため借入れをしたときは、各棟修繕積立金をもってその償還に充てることができる。

（平成30年改正の概要）

建替え円滑化法の平成30年改正でマンション敷地売却制度が導入されたことに伴い、敷地売却組合の設立認可までに必要な経費に各棟修繕積立金を充てることができるものとした。

（令和3年改正の要点）

建替え円滑化法の令和2年改正でマンション敷地分割制度が導入されたことに伴い、敷地分割組合の設立認可までに必要な経費に各棟修繕積立金を充てることができるものとした。

第30条（区分経理）

管理組合は、次の各号に掲げる費用ごとにそれぞれ区分して経理しなければならない。

一　管理費

二　団地修繕積立金

三　各棟修繕積立金

2　各棟修繕積立金は、棟ごとにそれぞれ区分して経理しなければならない。

管理費　標準管理規約（団地型）において、管理対象は、土地および附属施設、団地共用部分、棟共用部分であり、管理費は、これらの通常の管理に要する経費に充当します（25条1項1号）。

管理対象のうち、土地および附属施設、団地共用部分は団地建物所有者の共有であり、棟の共用部分はその棟の区分所有者の共有です（9条）。

ところで、団地の共用部分と棟の共用部分との権利関係が異なるとはいえ、管理費は日常的な経費に関するものです。団地共用部分の管理費と棟共用部分の管理費を別々に徴収して、別々に経費の支払いに充てる方法をとると、

煩雑で不便です。そのため、管理費については、事務の効率性を重視し、会計的には単一の項目として便宜的に取り扱うものとしたうえ、その費用算出の内訳において権利関係に配慮をすることによって、衡平性を確保することとしました。

　共有関係を踏まえ、それぞれの区分所有者の管理費負担は、棟の管理に相当する額と団地共用部分および附属施設の管理に相当する額とに、実費等を考慮してあらかじめ按分したうえで、それぞれの共有持分に応じて算出します（25条2項、コメント25条関係②前段）。各棟の管理に相当する額は、各棟のそれぞれの区分所有者の共有持分に応じて算出し、団地共用部分の管理に相当する額は、団地建物所有者の土地の共有持分に応じて算出し、それらを合計することとなります。

　また、各棟の構造、設備、グレード等があまり異ならないときは、団地建物所有者の土地の共有持分の割合により全部の管理費を算出することもできます（コメント25条関係②後段）。

修繕積立金　管理費は日常的に扱われる費用なので、標準管理規約（団地型）は、その項目を一つにまとめて便宜的な扱いをしていますが、これに対し、修繕積立金は、日常的に扱う費用ではなく、計画に従って、長期的に取り扱うものであり、便宜的な扱いをするべきではありません。

　そこで、25条1項は、修繕積立金を団地修繕積立金（2号）と各棟修繕積立金（3号）に分けて、それぞれ別の項目として扱うこととしています。

　建物の維持管理には、団地を構成する棟の数の多少、個々の棟の建物規模の大小、構造の差異、分譲時期の時間差など、様々な事情があり、これらの事情が、長期修繕計画や団地修繕積立金・各棟修繕積立金の設定に影響を及ぼす条件となります。そこで、長期修繕計画を立て、団地修繕積立金・各棟修繕積立金を決めるときには、これらの差異を十分に考慮する必要があります（コメント25条関係④）。

　分譲会社が分譲時において将来の計画修繕に要する経費に充当するため、

一括して購入者から修繕積立基金を徴収している場合や、また、修繕時に既存の団地修繕積立金または各棟修繕積立金の額が不足していて、一時負担金が徴収される場合もあります。これらの場合についても、徴収された費用は、団地修繕積立金・各棟修繕積立金として積み立てられるなど、区分経理されるべきものです（コメント28条及び29条関係②）。

団地修繕積立金 　団地修繕積立金は、土地および附属施設・団地共用部分についての、計画修繕、事故などによって必要となる修繕、団地共用部分などの変更、建替えの合意形成のための調査などに充当する積立金です（28条1項）＊。その額は、各団地建物所有者の土地の共有持分に応じて算出します（25条3項）。

＊　令和2年改正建替え円滑化法により創設された団地における敷地分割制度では、敷地分割合意者が5人以上共同して都道府県知事等の認可を受けて設立する敷地分割組合（改正建替え円滑化法168条）が、権利義務の主体となる。もっとも、団地管理組合において敷地分割決議がなされてから敷地分割組合の設立までの間に要した敷地分割計画等の経費には、団地修繕積立金を充当することが合理的である。このため、標準管理規約（団地型）の令和3年改正において、敷地分割決議後敷地分割組合設立認可までの間に団地修繕積立金を取り崩すことを認める規定を置いた（4項）。

各棟修繕積立金 　各棟修繕積立金は、それぞれの棟の共用部分についての計画修繕、事故などによって必要となる修繕、棟の共用部分の変更、建替えの合意形成のための調査などに充当する積立金です（29条1項）。その額は、それぞれの棟の各区分所有者の棟の共用部分の共有持分に応じて算出され（25条4項）、棟ごとに区分して積み立てられます（30条2項）。

【標準管理規約（団地型）の管理費と修繕積立金】

管理対象	共有関係		管理費・修繕積立金	
			管理費	修繕積立金
土地および附属施設、団地共用部分	団地建物所有者の共有	単一のものとして取り扱う	団地建物所有者の土地の共有持分に応じて算出	団地修繕積立金＝団地建物所有者の土地の共有持分に応じて算出
各棟共用部分	各棟の区分所有者の共有		各棟の区分所有者の共用部分の共有持分に応じて算出	各棟修繕積立金＝各棟の区分所有者の共用部分の共有持分に応じて算出

建替えと修繕積立金　団地内のマンションの建替えには、団地全体の一括建替え決議による場合（法70条）と、棟ごとの合意および団地の建替え承認決議（法62条・法69条）による場合の、2つの方法があります（コメント28条及び29条関係③前段）。標準管理規約（団地型）は、一括建替え決議が可能である団地関係にあるマンションを前提としていますから、一括建替え決議を選択することもあり得ます（法70条、コメント28条及び29条関係③後段）。

　建替えのプロセスと修繕積立金について、標準管理規約（団地型）は、

❶ 建替え決議・一括建替え決議・区分所有者全員の建替えの合意の前
　　建替えの合意形成に必要となる事項の調査は、団地修繕積立金・各棟修繕積立金から取り崩すことができる（28条1項4号、29条1項4号）

❷ 建替え決議・一括建替え決議・区分所有者全員の建替えの合意の後
　　建替え実施のために必要となる費用は、団地修繕積立金・各棟修

> 繕積立金のうち、建替え不参加者に帰属する分は取り崩せないが、建替え不参加者に帰属する分以外は取り崩すことができる（28条2項、29条2項）

という考え方に立って、条項が定められています（標準管理規約（単棟型）28条の解説を参照➡135頁）＊。

＊　令和3年改正において、「円滑化法に基づく敷地分割組合による敷地分割事業のプロセスの概要は、国土交通省が策定した「団地型マンション再生のための敷地分割ガイドライン」を参考とされたい。この場合にも、建替えやマンション敷地売却の場合と同様に、第1項及び第4項に基づき、必要に応じて、団地修繕積立金又は各棟修繕積立金を取り崩すことは可能である。」とのコメントが追加された（コメント28条及び29条関係⑨）。

区分経理　　費用の収支を明確にするため、それぞれの費用項目ごとに、また各棟修繕積立金については各棟ごとに、区分して経理処理をしなければなりません（30条）。団地管理組合では、複雑な利益状況が生じますので、区分経理は円滑な組合運営のための要となります。

標準管理規約（団地型）	標準管理規約（単棟型）
31条	29条を参照
32条	30条を参照
33条	31条を参照
34条	32条を参照
35条	33条を参照
36条	34条を参照
37条	35条を参照
38条	36条を参照
38条の2	36条の2を参照
39条	37条を参照
39条の2	37条の2を参照
40条	38条を参照
41条	39条を参照
42条	40条を参照
43条	41条を参照
44条	次頁以下を参照
45条	次頁以下を参照
46条	次頁以下を参照
47条	45条を参照

第44条（団地総会）

管理組合の団地総会は、総組合員で組織する。

2　団地総会は、通常総会及び臨時総会とする。

3　理事長は、通常総会を、毎年1回新会計年度開始以後2か月以内に招集しなければならない。

4　理事長は、必要と認める場合には、理事会の決議を経て、いつでも臨時総会を招集することができる。

5　団地総会の議長は、理事長が務める。

第45条（招集手続）

団地総会を招集するには、少なくとも会議を開く日の2週間前（会議の目的が区分所有法第69条第1項の建替え承認決議（以下「建替え承認決議」という。）、一括建替え決議又は敷地分割決議であるときは2か月前）までに、会議の日時、場所（WEB会議システム等を用いて会議を開催するときは、その開催方法）及び目的を示して、組合員に通知を発しなければならない。

（第2項・第3項は単棟型第43条を参照）

4　第1項の通知をする場合において、会議の目的が第49条第3項第一号、第二号に掲げる事項の決議、建替え承認決議、一括建替え決議又は敷地分割決議であるときは、その議案の要領をも通知しなければならない。

5　会議の目的が建替え承認決議であるときは、前項に定める議案の要領のほか、新たに建築する建物の設計の概要（当該建物の当該団地内における位置を含む。）を通知しなければならない。

（第6項は単棟型第43条を参照）

7　会議の目的が敷地分割決議であるときは、第4項に定める議案の要領のほか、次の事項を通知しなければならない。

一　円滑化法第102条第２項第１号から第３号までのいずれかに該当
　するものとして同条１項の認定を受けたマンション（以下「特定要
　除却認定マンション」という。）の除却の実施のために敷地分割を
　必要とする理由

二　敷地分割後の当該特定要除却認定マンションの除却の実施方法

三　マンションの建替え等その他の団地内建物における良好な居住環
　境を確保するための措置に関する中長期的な計画が定められている
　ときは、当該計画の概要

8　一括建替え決議又は敷地分割決議を目的とする総会を招集する場
　合、少なくとも会議を開く日の１か月前までに、当該招集の際に通知
　すべき事項について組合員に対し説明を行うための説明会を開催しな
　ければならない。

（第９項は単棟型第43条を参照）

10　第１項（会議の目的が建替え承認決議、一括建替え決議又は敷地分
　割決議であるときを除く。）にかかわらず、緊急を要する場合には、
　理事長は、理事会の承認を得て、５日間を下回らない範囲において、
　第１項の期間を短縮することができる。

（令和３年改正の要点）
　建替え円滑化法の令和２年改正で敷地分割決議が導入されたことに伴
い、団地総会で敷地分割決議を行う場合の通知事項を明記した（７項）。

敷地分割決議に
かかる招集通知　　総会の目的が建替え円滑化法に基づく敷地分割決議であ
　　　　　　　　る場合、内容の重要性にかんがみて、区分所有者が議案の
内容まで検討した上で審議に入ることが必要といえます。また、総会に出席
せず、書面や代理人によって議決権を行使する組合員への配慮も必要です。

そのため、7項では、敷地分割決議を行う場合について、議案の要領（4項）の他に、議案の適否を判断できる具体的な事項についても事前に示しておくことを求めています。

第46条（組合員の団地総会招集権）

　組合員が組合員総数の5分の1以上及び第48条第1項に定める議決権総数の5分の1以上に当たる組合員の同意を得て、会議の目的を示して団地総会の招集を請求した場合には、理事長は、2週間以内にその請求があった日から4週間以内の日（会議の目的が建替え承認決議、一括建替え決議又は敷地分割決議であるときは、2か月と2週間以内の日）を会日とする臨時総会の招集の通知を発しなければならない。
（第2項・第3項は単棟型第44条を参照）

第48条（議決権）

　各組合員の団地総会における議決権の割合は、別表第5に掲げるとおりとする。

別表第5　議決権割合

住戸番号 ＼ 議決権割合		団地総会における議決権割合	棟総会における議決権割合
○号棟	○号室 ○号室 ・ ・	○○○分の○○ ○○○分の○○ ・ ・	○○○分の○○ ○○○分の○○ ・ ・
	小　計	―	○○○分の○○
○号棟	○号室 ○号室 ・ ・	○○○分の○○ ○○○分の○○ ・ ・	○○○分の○○ ○○○分の○○ ・ ・
	小　計	―	○○○分の○○
合　　計		○○○分の○○	―

（第 2 項〜第 6 項は単棟型第46条を参照）

〔※管理組合における電磁的方法の利用状況に応じて、次のように規定〕

(ア) 電磁的方法が利用可能ではない場合

（規定なし）

(イ) 電磁的方法が利用可能な場合

7　組合員は、第 4 項の書面による議決権の行使に代えて、電磁的方法
　　によって議決権を行使することができる。

8　組合員又は代理人は、第 6 項の書面の提出に代えて、電磁的方法に
　　よって提出することができる。

第49条（団地総会の会議及び議事）

　団地総会の会議（WEB 会議システム等を用いて開催する会議を含
む。）は、前条第 1 項に定める議決権総数の半数以上を有する組合員が
出席しなければならない。

2　団地総会の議事は、出席組合員の議決権の過半数で決する。

3　次の各号に掲げる事項に関する団地総会の議事は、前項にかかわら
　　ず、組合員総数の 4 分の 3 以上及び議決権総数の 4 分の 3 以上で決す
　　る。

　　一　規約の制定、変更又は廃止（第72条第一号の場合を除く。）

　　二　土地及び共用部分等の変更（その形状又は効用の著しい変更を伴
　　　　わないもの及び建築物の耐震改修の促進に関する法律第25条第 2 項
　　　　に基づく認定を受けた建物の耐震改修を除く。）

　　三　その他団地総会において本項の方法により決議することとした事
　　　　項

4　建替え承認決議は、第 2 項にかかわらず、議決権（第48条第 1 項に
　　かかわらず、建替えを行う団地内の特定の建物（以下「当該特定建物」
　　という。）の所在する土地（これに関する権利を含む。）の持分の割合

による。第6項において同じ。）総数の4分の3以上で行う。

5 当該特定建物の建替え決議又はその区分所有者の全員の合意がある場合における当該特定建物の団地建物所有者は、建替え承認決議においては、いずれもこれに賛成する旨の議決権を行使したものとみなす。

6 建替え承認決議に係る建替えが当該特定建物以外の建物（以下「当該他の建物」という。）の建替えに特別の影響を及ぼすべきときは、建替え承認決議を会議の目的とする総会において、当該他の建物の区分所有者全員の議決権の4分の3以上の議決権を有する区分所有者が、建替え承認決議に賛成しているときに限り、当該特定建物の建替えをすることができる。

7 一括建替え決議は、第2項にかかわらず、組合員総数の5分の4以上及び議決権（第48条第1項にかかわらず、当該団地内建物の敷地の持分の割合による。）総数の5分の4以上で行う。ただし、当該団地総会において、当該各団地内建物ごとに、それぞれその区分所有者の3分の2以上及び議決権（第48条第1項に基づき、別表第5に掲げる議決権割合による。）総数の3分の2以上の賛成がなければならない。

8 敷地分割決議は、第2項にかかわらず、組合員総数の5分の4以上及び議決権（第48条第1項にかかわらず、当該団地内建物の敷地の持分の割合による。）総数の5分の4以上で行う。

〔※管理組合における電磁的方法の利用状況に応じて、次のように規定〕

(ア) 電磁的方法が利用可能ではない場合

9 前8項の場合において、書面又は代理人によって議決権を行使する者は、出席組合員とみなす。

(イ) 電磁的方法が利用可能な場合

9 前8項の場合において、書面、電磁的方法又は代理人によって議決権を行使する者は、出席組合員とみなす。

10 第3項第一号において、規約の制定、変更又は廃止が一部の組合員

の権利に特別の影響を及ぼすべきときは、その承諾を得なければならない。この場合において、その組合員は正当な理由がなければこれを拒否してはならない。

<u>11</u>　第３項第二号において、土地及び共用部分等の変更が、専有部分又は専用使用部分の使用に特別の影響を及ぼすべきときは、その専有部分を所有する組合員又はその専用使用部分の専用使用を認められている組合員の承諾を得なければならない。この場合において、その組合員は正当な理由がなければこれを拒否してはならない。

<u>12</u>　団地総会においては、第45条第１項によりあらかじめ通知した事項についてのみ、決議することができる。

（令和３年改正の要点）
　敷地分割決議（令和２年改正建替え円滑化法115条の４）について、法定の決議要件を明記した（８項）。

第50条（議決事項）

次の各号に掲げる事項については、団地総会の決議を経なければならない。

一　規約（第72条第一号の場合を除く。）及び使用細則等の制定、変更又は廃止

二　役員の選任及び解任並びに役員活動費の額及び支払方法

三　収支決算及び事業報告

四　収支予算及び事業計画

五　長期修繕計画の作成又は変更

六　管理費等及び使用料の額並びに賦課徴収方法

七　団地修繕積立金及び各棟修繕積立金の保管及び運用方法

八　適正化法第5条の3第1項に基づく管理計画の認定の申請、同法第5条の6第1項に基づく管理計画の認定の更新の申請及び同法第5条の7第1項に基づく管理計画の変更の認定の申請

九　第21条第2項に定める管理の実施

十　第28条第1項又は第29条第1項に定める特別の管理の実施（第72条第三号及び第四号の場合を除く。）並びにそれに充てるための資金の借入れ及び団地修繕積立金又は各棟修繕積立金の取崩し

十一　第28条第2項、第3項若しくは第4項又は第29条第2項若しくは第3項に定める建替え等及び敷地分割に係る計画又は設計等の経費のための団地修繕積立金又は各棟修繕積立金の取崩し

十二　区分所有法第69条第1項の場合の建替えの承認

十三　区分所有法第70条第1項の場合の一括建替え

十四　円滑化法第102条第1項に基づく除却の必要性に係る認定の申請

十五　円滑化法第115条の4第1項の場合の敷地分割

十六　組合管理部分に関する管理委託契約の締結

十七　その他管理組合の業務に関する重要事項

〔※管理組合における電磁的方法の利用状況に応じて、次のように規定〕

(ｱ) 電磁的方法が利用可能ではない場合

（議事録の作成、保管等）

第51条　団地総会の議事については、議長は、議事録を作成しなければならない。

2　議事録には、議事の経過の要領及びその結果を記載し、議長及び議長の指名する2名の団地総会に出席した組合員がこれに署名しなければならない。

3　理事長は、議事録を保管し、組合員又は利害関係人の書面による請求があったときは、議事録の閲覧をさせなければならない。この場合

において、閲覧につき、相当の日時、場所等を指定することができる。

4　理事長は、所定の掲示場所に、議事録の保管場所を掲示しなければ
ならない。

（書面による決議）

第52条　規約により団地総会において決議をすべき場合において、組
合員全員の承諾があるときは、書面による決議をすることができる。

2　規約により団地総会において決議すべきものとされた事項について
は、組合員全員の書面による合意があったときは、書面による決議が
あったものとみなす。

3　規約により団地総会において決議すべきものとされた事項について
の書面による決議は、団地総会の決議と同一の効力を有する。

4　前条第3項及び第4項の規定は、書面による決議に係る書面につい
て準用する。

5　団地総会に関する規定は、書面による決議について準用する。

(イ) 電磁的方法が利用可能な場合

（議事録の作成、保管等）

第51条　団地総会の議事については、議長は、書面又は電磁的記録に
より、議事録を作成しなければならない。

2　議事録には、議事の経過の要領及びその結果を記載し、又は記録し
なければならない。

3　前項の場合において、議事録が書面で作成されているときは、議長
及び議長の指名する2名の団地総会に出席した組合員がこれに署名し
なければならない。

4　第2項の場合において、議事録が電磁的記録で作成されているとき
は、当該電磁的記録に記録された情報については、議長及び議長の指
名する2名の団地総会に出席した組合員が電子署名（電子署名及び認

証業務に関する法律（平成12年法律第102号）第 2 条第 1 項の「電子署名」をいう。以下同じ。）をしなければならない。

5　理事長は、議事録を保管し、組合員又は利害関係人の書面又は電磁的方法による請求があったときは、議事録の閲覧（議事録が電磁的記録で作成されているときは、当該電磁的記録に記録された情報の内容を紙面又は出力装置の映像面に表示する方法により表示したものの当該議事録の保管場所における閲覧をいう。）をさせなければならない。この場合において、閲覧につき、相当の日時、場所等を指定することができる。

6　理事長は、所定の掲示場所に、議事録の保管場所を掲示しなければならない。

（書面又は電磁的方法による決議）

第52条　規約により団地総会において決議をすべき場合において、組合員全員の承諾があるときは、書面又は電磁的方法による決議をすることができる。ただし、電磁的方法による決議に係る組合員の承諾については、あらかじめ、組合員に対し、その用いる電磁的方法の種類及び内容を示し、書面又は電磁的方法による承諾を得なければならない。

2　前項の電磁的方法の種類及び内容は、次に掲げる事項とする。

一　電磁的方法のうち、送信者が使用するもの

二　ファイルへの記録の方式

3　規約により団地総会において決議すべきものとされた事項ついては、組合員全員の書面又は電磁的方法による合意があったときは、書面又は電磁的方法による決議があったものとみなす。

4　規約により団地総会において決議すべきものとされた事項についての書面又は電磁的方法による決議は、団地総会の決議と同一の効力を有する。

> 5　前条第5項及び第6項の規定は、書面又は電磁的方法による決議に係る書面並びに第1項及び第3項の電磁的方法が行われた場合に当該電磁的方法により作成される電磁的記録について準用する。
>
> 6　団地総会に関する規定は、書面又は電磁的方法による決議について準用する。

第54条（招集）

（第1項～第3項は単棟型第52条を参照）

> 4　理事会の招集手続については、第45条（建替え承認決議、一括建替え決議又は敷地分割決議を会議の目的とする場合の第1項及び第4項から第8項までを除く。）の規定を準用する。この場合において、同条中「組合員」とあるのは「理事及び監事」と、同条第10項中「理事会の承認」とあるのは「理事及び監事の全員の同意」と読み替えるものとする。ただし、理事会において別段の定めをすることができる。

団地総会による管理　標準管理規約（団地型）は、団地内の管理対象物件を、団地全体で一元的に管理することとしています。

区分所有法は、集会中心主義を採用していますから、団地内の管理についても、団地総会が、最高の意思決定機関です。規約の制定・変更・廃止、管理者の選任・解任、共用部分の変更、共用部分・敷地の管理に関する事項など、管理に関する重要事項は、団地総会で決定されます。

団地総会における議決権割合　団地総会における議決権については、土地の共有持分の割合、あるいはそれを基礎としつつ賛否を算定しやすい数字に直した割合によることが適当です（コメント48条関係①）。

建替え承認決議、一括建替え決議に関する規定　平成14年法改正により、区分所有法に、建替え承認決議や一括建替え決議の規定が定められました。これに対応し、標準管理規約（団地型）でも平成16年改正により、確認的に、団地総会における建替え承認決議や一括建替え決議に関する規定が設けられました（49条4項～7項）。

　さらに、令和2年建替え円滑化法改正により、団地の敷地分割制度が定められたことを受け、標準管理規約（団地型）は令和3年改正により、確認的に同決議に関する規定を設けました（49条8項）。

　会議の目的（議題）が建替え承認決議、一括建替え決議または敷地分割決議である団地総会を招集するにあたっては、決議時の議決権割合は、それぞれ49条4項・7項および8項の定めに従うのであり、48条1項の定めとは異なることを事前に周知することが必要です（コメント45条関係①）。

　建替え決議およびマンション敷地売却決議の賛否は、売渡し請求の相手方の特定に関係することから、賛成者、反対者が明確にわかるようにしておかなければなりません（コメント49条関係⑦）。

【議決権割合の比較】

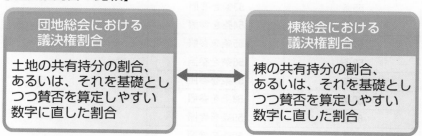

団地総会における議決権割合	棟総会における議決権割合
土地の共有持分の割合、あるいは、それを基礎としつつ賛否を算定しやすい数字に直した割合	棟の共有持分の割合、あるいは、それを基礎としつつ賛否を算定しやすい数字に直した割合

規約の変更・廃止に関する留意事項　規約の変更・廃止は、団地総会の議決事項ですが（50条1号）、管理対象が団地型のマンションであることから、規約の変更・廃止に際しては、以下の点に留意する必要があります（コメント50条関係）。

❶ 団地内の棟が数期に分けて分譲され、新たに分譲された棟が、従前の棟とその敷地等についてひとつの共有関係にある場合には、当初分譲時に規約が設定されていたとしても、新たな棟の分譲後にあらためて、団地全体で管理する対象を再度決める必要があります。この場合、従前の棟も含めた各棟の棟総会で、それぞれ各棟の区分所有者および議決権の各4分の3以上で決議し、かつ団地総会で、団地建物所有者および議決権の各4分の3以上で決議し、各棟の管理を団地の規約に位置づけなければなりません。

❷ 団地全体で管理することとしていた棟の管理を各棟で別々の管理をすることに変更する場合は、団地総会で、団地建物所有者および議決権の各4分の3以上で決議し、団地の規約を変更したうえで、各棟すべてでもその棟の管理のための規約を制定しなければなりません。

❸ 団地全体の管理対象の管理の方法について変更する場合は、団地総会で、団地建物所有者および議決権の各4分の3以上で決議し、団地の規約を変更すれば足ります。

標準管理規約（団地型）	標準管理規約（単棟型）
53条	51条を参照
55条	53条を参照
56条	54条を参照
57条	55条を参照
58条	56条を参照
59条	57条を参照
60条	58条を参照
61条	59条を参照
62条	60条を参照
63条	61条を参照
64条	62条を参照
65条	63条を参照
66条	64条を参照
67条	65条を参照

第68条（棟総会）

棟総会は、区分所有法第3条の集会とし、○○団地内の棟ごとに、その棟の区分所有者全員で組織する。

2　棟総会は、その棟の区分所有者が当該棟の区分所有者総数の5分の1以上及び第71条第1項に定める議決権総数の5分の1以上に当たる区分所有者の同意を得て、招集する。

〔※管理組合における電磁的方法の利用状況に応じて、次のように規定〕

(ア) 電磁的方法が利用可能ではない場合

3　棟総会の議長は、棟総会に出席した区分所有者（書面又は代理人によって議決権を行使する者を含む。）の議決権の過半数をもって、当該棟の区分所有者の中から選任する。

(イ) 電磁的方法が利用可能な場合

3　棟総会の議長は、棟総会に出席した区分所有者（書面、電磁的方法又は代理人によって議決権を行使する者を含む。）の議決権の過半数をもって、当該棟の区分所有者の中から選任する。

標準管理規約（団地型）	標準管理規約（単棟型）
69条	43条を参照
70条	45条を参照
71条	46条を参照

第72条（議決事項）

　次の各号に掲げる事項については、棟総会の決議を経なければならない。

一　区分所有法で団地関係に準用されていない規定に定める事項に係る規約の制定、変更又は廃止

二　区分所有法第57条第2項、第58条第1項、第59条第1項又は第60条第1項の訴えの提起及びこれらの訴えを提起すべき者の選任

三　建物の一部が滅失した場合の滅失した棟の共用部分の復旧

四　区分所有法第62条第1項の場合の建替え及び円滑化法第108条第1項の場合のマンション敷地売却

五　区分所有法第69条第7項の建物の建替えを団地内の他の建物の建替えと一括して建替え承認決議に付すこと

六　建替え等に係る合意形成に必要となる事項の調査の実施及びその経費に充当する場合の各棟修繕積立金の取崩し

棟総会の必要性　区分所有法は、団地管理組合が成立する場合に、団地管理組合が、各棟それぞれの事項について、一定の範囲で管理対象とすることを認めつつ、一方、団地管理組合の管理が及ばず、各棟それぞれ独自で決めなければならない事項（棟別管理事項）も残しています。これらの棟別管理事項を決めるためには、団地総会とは別に、棟総会が必要です。

　棟総会に関する規定は、本来、棟別の規約事項として各棟ごとに定められるべきものですが、標準管理規約（団地型）では、規約としての一覧性を確保する観点から、団地管理規約の中に規定しました（68条から75条まで、コメント68条関係①）。

　棟総会の議決事項は、団地全体や他の棟に影響を及ぼすことも考えられます。棟総会を計画する段階において、他の棟の意見を取り入れるといった方

法や、棟総会で決定する前に団地管理組合の理事会または団地総会等に報告するといった方法で、団地全体の理解を得る努力をすることが適当です（コメント72条関係②）。

棟総会における議決権割合　　棟総会における議決権割合については、棟の共用部分の共有持分の割合、あるいはそれを基礎としつつ、賛否を算定しやすい数字に直した割合によることが適当です（コメント71条関係①）。

棟総会招集のための世話人　　標準管理規約（団地型）では、団地管理組合が日常的な管理を行い、各棟管理組合においては日常的な管理は行わないものとしており、各棟の管理者を選任していません。棟総会で定めることにしている事項（72条所定の棟別管理事項）は、日常的に生ずるものではないので、管理者を選任せずとも、不都合はないと考えられるからです（各棟に管理者を置くとすると、区分所有法に従って、毎年1回定期に総会を招集しなければならなくなります）。

　棟総会を招集する必要がある場合は、法34条5項の規定に基づき、招集することになります（68条2項、コメント68条関係③）。

　もっとも、棟総会を開くことになった場合には、誰かが棟総会開催の段取りをとり、招集手続を取りまとめなければなりません。そこで特に必要がなくとも、できれば普段から、棟総会を招集する場合の世話人的な役割の人を決めておくべきでしょう（コメント68条関係④）。

　団地管理組合における役員は、多くの場合、棟ごとに何名か選出するような実態にあると思われますので、各棟から選出された団地管理組合の役員が、その世話人の役割を兼ねるとすることも合理的です。各棟より選任された団地管理組合の役員とは別の区分所有者を世話人として定めておくことも考えられます。

棟別管理事項　　72条には、棟別管理事項が定められています。棟別管理事項は、団地総会において決議することはできません（コメント72条関係①）＊。

棟別管理事項のうち、各棟修繕積立金の取崩しにも団地総会の決議が必要ですが（50条10号・11号）、各棟の建替えに係る合意形成に必要となる事項の調査の実施経費に充当するための取崩しについては、団地総会の決議ではなく、棟総会の決議を経なければなりません（72条6号、コメント72条関係④）。

＊　区分所有法では、各棟に関する規定のうち、
　❶　規約敷地を定める規約に関する法5条1項
　❷　敷地利用権に関する法22条〜法24条
　❸　管理所有に関する法27条
　❹　義務違反者に対する措置に関する法57条〜法60条
　❺　復旧、建替えに関する法61条〜法64条
　などの規定は、団地に準用されないことになっている。
　　このうち、❷、❸は72条に明文はないが、決議がなされるとした場合には、団地総会ではなく、棟総会で行わなければならない。

棟総会に関する規約事項の変更　　団地管理規約の中にあっても、区分所有法で棟ごとに適用される事項に係る規約は、棟総会のみの決議によって変更できます。

ただ、各棟ごとの棟総会で規約の変更ができることは、棟ごとに規約の内容が異なる可能性があることを意味します。棟によって規約の内容に差異が生じた場合は、一覧性の確保という目的が意味を持たないだけでなく、この規約の中の棟総会に関する規定（第8章の規定）が、一部の棟については適用されないというわかりにくい状況となります。したがって、各棟によって規約に差異を生じた場合は、棟総会に関する規定（第8章の規定）全部を団地管理規約から分離し、そのうえで各棟の規約を別に定める形をとるべきです（コメント68条関係②）。

第73条（棟総会の会議及び議事）

　棟総会の議事は、その棟の区分所有者総数の4分の3以上及び第71条第1項に定める議決権総数の4分の3以上で決する。

2　次の各号に掲げる事項に関する棟総会の議事は、前項にかかわらず、議決権総数の半数以上を有する区分所有者が出席する会議において、出席区分所有者の議決権の過半数で決する。

　　一　区分所有法第57条第2項の訴えの提起及び前条第二号の訴えを提起すべき者の選任

　　二　建物の価格の2分の1以下に相当する部分が滅失した場合の滅失した棟の共用部分の復旧

　　三　建物の建替えに係る合意形成に必要となる事項の調査の実施及びその経費に充当する場合の各棟修繕積立金の取崩し

3　建替え決議及び第六号の団地内の他の建物の建替えと一括して建替え承認決議に付する旨の決議は、第1項にかかわらず、その棟の区分所有者総数の5分の4以上及び議決権総数の5分の4以上で行う。

4　マンション敷地売却決議は、第1項にかかわらず、その棟の区分所有者総数、議決権総数及び敷地利用権の持分の価格の各5分の4以上で行う。

〔※管理組合における電磁的方法の利用状況に応じて、次のように規定〕

㋐ 電磁的方法が利用可能ではない場合

5　前4項の場合において、書面又は代理人によって議決権を行使する者は、出席区分所有者とみなす。

㋑ 電磁的記録が利用可能な場合

5　前4項の場合において、書面、電磁的方法又は代理人によって議決権を行使する者は、出席区分所有者とみなす。

6　前条第一号において、規約の制定、変更又は廃止がその棟の一部の区分所有者の権利に特別の影響を及ぼすべきときは、その承諾を得な

けmust ればならない。この場合において、その区分所有者は正当な理由が
なければこれを拒否してはならない。
7　区分所有法第58条第1項、第59条第1項又は第60条第1項の訴えの
　　提起の決議を行うには、あらかじめ当該区分所有者又は占有者に対し、
　　弁明する機会を与えなければならない。
8　棟総会においては、第69条第1項によりあらかじめ通知した事項に
　　ついてのみ、決議することができる。

（平成30年改正の要点）
　敷地売却決議（建替え円滑化法108条）について、棟別総会で決議す
る際の決議要件を明記した（4項）。

標準管理規約（団地型）	標準管理規約（単棟型）
74条	49条を参照
75条	50条を参照
76条	66条を参照
77条	67条を参照
78条	68条を参照
79条	69条を参照
80条	70条を参照
81条	71条を参照
82条	72条を参照

第4編

標準管理規約（複合用途型）

第1章

複合用途型マンションの意義

区分所有の法律関係は、その用途において、住居専用に限らず、住居と店舗の混在する複合用途のマンションなどにも広く用いられます。さらに複合用途にも、規模において、大規模なものから小規模なものまで、様々なタイプが存在します。

規約作成の観点からみると、住居専用のマンションであれば、標準管理規約（単棟型）あるいは標準管理規約（団地型）によって対応できます。また、複合用途型のマンションのうち、大規模開発の中で建築されるものについては、一般に、事業主体の管理体制が充実しているので、個別性を勘案した規約を作成することが可能です。

これに対し、複合用途型のマンションであって、それほど大きい規模ではないものについては、用途を住居用に限定した場合とは異なる問題があり、しかも、事業主体の管理体制が必ずしも整っていないこともあり、マンションの特性に応じた条項を作成することは、容易ではありません。

そこで、低層階が店舗、上階が住宅であって、店舗と住宅のそれぞれに一部共用部分があるという形態のマンションの規約作成の参考に供されるべく、標準管理規約（複合用途型）というタイプが設けられました＊。

＊　一部共用部分とは、一部の区分所有者のみの共用に供されるべきことが明らかな共用部分である（法3条後段）。

標準管理規約（複合用途型）が対象としているのは、一般分譲の住居・店舗併用（低層階が店舗、上階が住宅）であり、かつ、住宅が主体となっている単棟型マ

ンションです（いわゆる「下駄履きマンション」、コメント全般関係②）＊。
区分所有者全員の共有物である敷地および附属施設、全体共用部分のほか、
一部の区分所有者の共有物である一部共用部分（例えば、上階の住宅専用の
階段やエレベーターなど）についても全体で一元的に管理するものとし、管
理組合のルールとしては全体のものを規定し、特に一部管理組合のための
ルールを規定することはしていません（コメント全般関係⑤）。

　各住戸、各店舗については、その床面積、規模、構造等が、均質のものも、
バリエーションのあるものも含まれます（コメント全般関係②）。

【複合用途型マンション】

＊　標準管理規約（複合用途型）のコメントでは、「複合用途型マンションの形態として、『大
　規模な再開発等による形態のもの』と『低層階に店舗があり、上階に住宅という形態で住
　宅が主体のもの』とがあるが、本規約の対象としては、複合用途型として多数を占めてい
　る後者の形態とした。前者の形態の場合には、住宅部分、店舗部分のそれぞれの独立性が
　強いこと、事業実施主体も大規模で管理体制もしっかりしたものとなっていること、各マ
　ンションの個別性が強いことから、そのマンションの実態に応じて個別に対応することが
　必要である」とされている（コメント全般関係③）。

複合用途型マンションでは、店舗部分においては、不特定多数の人の出入り、賑わしさ、喧噪感を伴うのに対し、住宅部分においては、不特定多数の出入りを禁じ、できるだけ騒音や振動を発生させないようにするなど、平穏な環境を保つことが求められます。また、店舗部分には、人を呼び込むための看板や来訪者を案内するためのサインが必要であるのに対し、住宅部分からみると、看板やサインの設置は不要であり、日常生活の安全や平穏を脅かすものにすぎません。住宅部分と店舗部分は、利用の状況がまったく異なります。

このように、店舗部分と住宅部分とでは様々な局面において利害が異なるため、複合用途型マンションの場合、店舗部分の事業者と住宅部分の居住者との意見が対立するケースが、しばしば見受けられます。

最初に規約を制定する際には、後に発生する可能性のあるトラブルを回避するために、十分な考慮を払わなければなりません。

具体的には、店舗の業種や営業時間、店舗のための駐車場、店舗前スペース等専用使用部分に関する事項、看板に関する事項等、住宅部分の居住者と店舗部分の事業者との間で行き違いが生じる可能性が高い事項について、各マンションの実態に応じて細かい規定を制定する必要があります（12条の解説➡368頁）。

なお、標準管理規約（複合用途型）の想定するマンションであっても、実際の状況には多種多様な形態があります。規約作成にあたっては、標準管理規約（複合用途型）を参考にしつつも、個々の物件ごとの異なる実情の考慮は欠かせません（コメント全般関係③）。

標準管理規約（複合用途型）で示している事項についても、マンションの規模、居住形態等それぞれのマンションの個別の事情を考慮して、必要に応じて合理的に修正し、活用することが望まれます。公正証書による規約が別に定められているときには、公正証書による規約と一覧性をもたせる必要があります（コメント全般関係⑦）。

　また、等価交換により特定の者が多数の住戸または店舗を区分所有する場合、管理組合を法人とする場合、複合用途型でも数棟のマンションが所在する団地型マンションの場合等は、別途の考慮を要します（コメント全般関係④後段）。とくに、等価交換によるマンションでは、地権者(マンション建設以前の土地所有者)と専有部分の購入者との間に、規約をめぐって不公平感をもたれることが少なくありません。規約を作成するに際しては、専有部分・共用部分・建物の敷地・附属施設（建物の敷地または附属施設に関する権利を含む）につき、これらの形状、面積、位置関係、使用目的および利用状況ならびに区分所有者の支払った対価その他の事情を総合的に考慮して、旧地権者と新たに区分所有者となる者の利害の公平に留意することが重要です。

　店舗や事務所が併設されていても、その併設比率が小さく、店舗一部共用部分、住宅一部共用部分がない場合は、必ずしも複合用途型として扱わなくても、単棟型または団地型のマンション標準管理規約を参考にして、規約を定めることができます（コメント全般関係④前段）。

【複合用途型のマンションの分類】

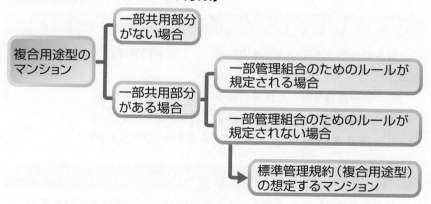

第2章　複合用途型規約の条文の解説

標準管理規約（複合用途型）は、標準管理規約（単棟型）と重複している条文が多いので、重複している条文と解説は、本編には記載していません。

なお、重複している条文については、対応する標準管理規約（単棟型）の各該当条文を下表にまとめましたので参照してください。

標準管理規約（複合用途型）	標準管理規約（単棟型）
1条	1条を参照
2条	2条を参照
3条	3条を参照
4条	4条を参照
5条	5条を参照
6条	6条を参照

第7条（専有部分の範囲）

対象物件のうち区分所有権の対象となる専有部分は、次のとおりとする。
一　住戸番号を付した住戸（以下「住戸部分」という。）
二　店舗番号を付した店舗（以下「店舗部分」という。）
　（第2項・第3項は、単棟型第7条第2項・第3項を参照）

第8条（共用部分の範囲）

対象物件のうち共用部分を次のとおり区分し、その範囲は別表第2に掲げるとおりとする。

一　全体共用部分　共用部分のうち次号及び第三号に規定する部分以外の部分をいう。

二　住宅一部共用部分　共用部分のうち住戸部分の区分所有者のみの共用に供されるべきことが明らかな部分をいう。

三　店舗一部共用部分　共用部分のうち店舗部分の区分所有者のみの共用に供されるべきことが明らかな部分をいう。

別表第2　共用部分の範囲

1　全体共用部分

○共用エントランスホール、共用廊下、共用階段、共用エレベーターホール、屋上、屋根、塔屋、自家用電気室、機械室、受水槽室、高置水槽室、パイプスペース、メーターボックス（給湯器ボイラー等の設備を除く。）、内外壁、界壁、床スラブ、基礎部分、床、天井、柱、バルコニー等専有部分に属さない「建物の部分」

○共用エレベーター設備、電気設備、給水設備、排水設備、消防・防災設備、インターネット通信設備、テレビ共同受信設備、オートロック設備、宅配ボックス、避雷設備、集合郵便受箱、各種の配線配管（給水管については、本管から各住戸メーターを含む部分、雑排水管及び汚水管については、配管継手及び立て管）等専有部分に属さない「建物の附属物」

○管理事務室、管理用倉庫、清掃員控室、集会室、トランクルーム、倉庫及びそれらの附属物

2　住戸一部共用部分

○住宅用エントランスホール、住宅用階段、住宅用廊下（○階～○階）、住宅用エレベーターホール、住戸用共用トイレ、住宅用エレベーター室、住宅用エレベーター設備

3　店舗一部共用部分

○店舗用階段、店舗用廊下（○階～○階）、店舗用共用トイレ

第9条（共有）

　対象物件のうち敷地、全体共用部分及び附属施設は、区分所有者の共有とする。

2　住宅一部共用部分は、住戸部分の区分所有者のみの共有とする。

3　店舗一部共用部分は、店舗部分の区分所有者のみの共有とする。

第10条（共有持分）

　各区分所有者の共有持分は、別表第3に掲げるとおりとする。

別表第3　敷地及び共用部分等の共有持分割合

持分割合／番号		敷地及び附属施設	全体共用部分	住宅一部共用部分	店舗一部共用部分
店舗	○○号室	○○○分の○○	○○○分の○○	―	○○○分の○○
	○○号室	○○○分の○○	○○○分の○○	―	○○○分の○○
	・ ・ ・ ・	・ ・ ・ ・	・ ・ ・ ・	・ ・ ・ ・	・ ・ ・ ・
	小　計	―	―	―	○○○分の○○○
住戸	○○号室	○○○分の○○	○○○分の○○	○○○分の○○	―
	○○号室	○○○分の○○	○○○分の○○	○○○分の○○	―
	・ ・ ・ ・	・ ・ ・ ・	・ ・ ・ ・	・ ・ ・ ・	・ ・ ・ ・
	小　計	―	―	○○○分の○○○	―
合　　計		○○○分の○○○	○○○分の○○○	―	―

標準管理規約（複合用途型）	標準管理規約（単棟型）
11条	11条を参照

第12条（専有部分の用途）

〔※住宅宿泊事業に使用することを可能とする場合、禁止する場合に応じて、次のように規定〕

(ア) 住宅宿泊事業を可能とする場合

（専有部分の用途）

第12条　住戸部分の区分所有者は、その専有部分を専ら住宅として使用するものとし、他の用途に供してはならない。

2　住戸部分の区分所有者は、その専有部分を住宅宿泊事業法第3条第1項の届出を行って営む同法第2条第3項の住宅宿泊事業に使用することができる。

3　店舗部分の区分所有者は、その専有部分を店舗として使用するものとし、暴力団の活動に供するなど、他の区分所有者の迷惑となるような営業形態、営業行為等をしてはならない。

(イ) 住宅宿泊事業を禁止する場合

（専有部分の用途）

第12条　住戸部分の区分所有者は、その専有部分を専ら住宅として使用するものとし、他の用途に供してはならない。

2　住戸部分の区分所有者は、その専有部分を住宅宿泊事業法第3条第1項の届出を行って営む同法第2条第3項の住宅宿泊事業に使用してはならない。

3　店舗部分の区分所有者は、その専有部分を店舗として使用するものとし、暴力団の活動に供するなど、他の区分所有者の迷惑となるような営業形態、営業行為等をしてはならない。

（平成29年改正の要点）

　住宅宿泊事業法の制定により民泊が実施され得ることになる状況に対

応するため、専有部分における民泊を可能とする場合と禁止する場合の
規約の定め方を提示

共有関係　　標準管理規約（複合用途型）では、敷地・共用部分・附属
施設の共有関係は、次のとおりとなります。

		範　囲	共　有　者
敷地・附属施設		敷地には、法定敷地と規約敷地を含む。附属施設は、建物の附属物と附属の建物	全区分所有者の共有
共用部分	全体共用部分	住宅一部共用部分と店舗共用部分以外の部分	
	住宅一部共用部分	住戸部分の区分所有者のみの共用に供されるべきことが明らかな部分	住戸部分の区分所有者のみの共有
	店舗一部共用部分	店舗部分の区分所有者のみの共用に供されるべきことが明らかな部分	店舗部分の区分所有者のみの共有

使用目的　　住戸部分の使用目的は住宅であり、店舗部分の使用目的は
店舗であるという点が、複合用途型マンションの、根本的な
特色です。12条1項・3項では、このことを明文化しています。

　店舗部分については、使用にあたって、他の区分所有者の迷惑となるような
営業形態、営業行為等をしてはならないことが義務づけられています（3項）。

　マンション内の店舗については、その使用の形態が住宅とは大きく異なる
性格を有することから、様々なトラブルが想定されます。

❶ 看板

　営業のためには、一般に看板が不可欠です。看板のための工作物の設置が

必要になることもあり、また、看板によってマンションの外観が大きく変化することもあります。店舗のための看板設置の内容、手続き等や、工作物設置、外観変更等については、規約あるいは使用細則を定めてできるだけ具体的なルールを決めておく必要があります（コメント14条関係②）。

❷ 業種制限

規約によって店舗の業種を制限することも可能です*1。店舗の業種制限、営業方法、店舗内装工事に関する制限を定める規約の変更が、区分所有者の共同の利益のため各区分所有者において当然配慮すべき事柄であるとして、特別の影響を及ぼすものとはいえないとされた事例が、**東京地判昭和63.11.28**です。

東京地判平成27.3.4では管理規約に「店舗部分の区分所有者はその専有部分を店舗としてのみ使用するものとし公序良俗に反する業種の営業及び受忍限度を超える騒音・悪臭・煤煙等を発する業種の営業など、他の区分所有者及び占有者に迷惑を及ぼすおそれのある用途に使用してはならない」と定められているマンションにおいて、ペットクリニック（動物病院）を開業しようとしていた賃借希望者が、管理組合に対して、クリニック開業を承認しなかったことについて損害賠償を求めましたが、否定されました。

他方、過度な業種の制約は認められません。**東京地判平成21.9.15**は、専有部分を心療内科クリニックとして賃貸することを予定し、店舗部会に対して営業開始の承認を求めたところ、店舗部会がこれを不承認としたことが不法行為を構成するとして、管理組合に対する損害賠償を肯定しました。**東京地判平成4.3.13**でも、住居部分を事務所に使用する場合には、管理組合の承諾を得なければならない旨の新規約を設定し、理事会で規約に基づく承諾を拒否する旨決定して通知したことがいずれも不法行為を構成するとして、管理組合に対する損害賠償請求が肯定されています。

逆に、規約に定める使用目的に沿った使用を権利として認めた裁判例が、**東京地判平成21.3.16**です。このケースでは、規約において1階部分の用途は「店舗又は事務所」と定めていましたが、1階に位置する対象の専有部分

は、従前、区分所有者が共用する洗濯場や倉庫として使用されてきました。この専有部分を競売により取得した者が、パソコン利用の貸し机業に転用しようとし、組合がこの転用を認めないとして設備設置工事を承認しなかったため、区分所有者が「店舗又は事務所」として使用する権利の確認を求めたという事案です。裁判所は、区分所有者が規約に定めた用途により専有部分を利用する権利を有していることを認めました。

❸ **営業時間および使用方法** *2

　東京高判平成15.12.4は、複合用途型マンションにおける店舗部分の営業時間の制限は、集会の決議によって定めることができるとされた事例です。**東京地判平成21.12.28**でも午後11時以降の、**東京高判平成29.7.5**は午後10時から翌日午前11時までの営業禁止が認められています。

　他方、**東京地判平成22.3.25**は、店舗で飲食店を営んでいる区分所有者との間で、店舗内の収納部分にバイクを搬入する行為が全体共用部分の維持管理に有害な行為であるかどうかが争われた事案で、『バイクを本件収納部分に搬入する行為が、本件管理規約22条1、2項及び区分所有法6条1項が禁止する「対象物件の管理または使用に関し、その維持・保全に有害な行為」に該当するということはできない』とし、**東京地判平成24.7.25**では、床面を日本庭園として利用していた店舗について『マンションの躯体に影響を及ぼしていることを証する的確な証拠がない』として、いずれも店舗における使用が否定されませんでした。

標準管理規約（複合用途型）	標準管理規約（単棟型）
13条	13条を参照

＊1　住居専用マンションの用途制限について、単棟型12条の解説を参照➡49頁。
＊2　民泊について、単棟型12条の解説を参照➡52頁。

第14条（バルコニー等の専用使用権）

　区分所有者は、別表第4に掲げるバルコニー、玄関扉、シャッター、窓枠、窓ガラス、一階に面する庭、店舗前面敷地及び屋上テラス（以下この条、第21条第1項及び別表第4において「バルコニー等」という。）について、同表に掲げるとおり、専用使用権を有することを承認する。

2　一階に面する庭又は店舗前面敷地について専用使用権を有している者は、別に定めるところにより、管理組合に専用使用料を納入しなければならない。

3　区分所有者から専有部分の貸与を受けた者は、その区分所有者が専用使用権を有しているバルコニー等を使用することができる。

営業上の必要に基づく駐車場使用　　営業上の必要性等から、マンションの前面敷地などに店舗専用に駐車場使用権を設定する場合には、店舗部分に特別の利益を与えることとなることから、駐車場使用細則または駐車場使用契約における使用条件および使用料等について別途考慮する必要があります（コメント15条関係⑩）。

標準管理規約（複合用途型）	標準管理規約（単棟型）
15条	15条を参照
16条	16条を参照
17条	17条を参照
18条	18条を参照
19条	19条を参照
19条の2	19条の2を参照
20条	20条を参照
21条	21条を参照

第22条（窓ガラス等の改良）

　共用部分のうち各住戸に附属する窓枠、窓ガラス、玄関扉その他の開口部に係る改良工事であって、防犯、防音又は断熱等の住宅の性能の向上等に資するものについては、管理組合がその責任と負担において、計画修繕としてこれを実施するものとする。

（第２項・第３項は単棟型第22条を参照）

開口部の改良工事　　標準管理規約（複合用途型）では、住戸部分と店舗部分のいずれにおいても住宅専用のマンションと同様、窓枠、窓ガラスおよび玄関扉等の開口部を共用部分として、その改良工事については、原則的には管理組合が計画修繕として行うとしたうえ、防犯、防音または断熱等の性能の向上等に資するものについて、管理組合が速やかに工事を実施できない場合には、各区分所有者の責任と負担において工事を実施できることを前提として、細則を定めるものとしています（22条１項・２項）。

　しかし、店舗部分にとって開口部は営業の生命線であり、その形状や利用方法をすべて管理組合が決めることとするのは、現実的ではありません。実際上も、店舗部分の開口部に関しては、ショーウィンドー等のフロント部分をすべて専有部分として扱う場合もあるなど、その取扱いについては、様々なバリエーションがあります。店舗部分の開口部の改良工事については、各マンションの実態を踏まえ、規約の定めを設ける必要があります（コメント22条関係⑨）。

標準管理規約（複合用途型）	標準管理規約（単棟型）
23条	23条を参照
24条	24条を参照

第25条（全体管理費等）

区分所有者は、敷地、全体共用部分及び附属施設の管理に要する経費に充てるため、次の費用（以下「全体管理費等」という。）を管理組合に納入しなければならない。

一　全体管理費

二　全体修繕積立金

2　全体管理費等の額については、住戸部分のために必要となる費用と店舗部分のために必要となる費用をあらかじめ按分した上で、住戸部分の区分所有者又は店舗部分の区分所有者ごとに各区分所有者の全体共用部分の共有持分に応じて算出するものとする。

第26条（一部管理費等）

一部共用部分の管理に要する経費に充てるため、住戸部分の区分所有者にあっては第一号及び第三号に掲げる費用を、店舗部分の区分所有者にあっては第二号及び第四号に掲げる費用を、それぞれ管理組合に納入しなければならない。

一　住宅一部管理費

二　店舗一部管理費

三　住宅一部修繕積立金

四　店舗一部修繕積立金

2　前項各号に掲げる費用（以下「一部管理費等」という。）の額については、住戸部分又は店舗部分の各区分所有者の一部共用部分の共有持分に応じて算出するものとする。

費用負担の明確化　複合用途型のマンションでは、敷地と附属施設は、全区分所有者の共有、共用部分のうち、全体共用部分は全区分所有者の共有、住宅一部共用部分は住戸部分の区分所有者のみの共有、

店舗一部共用部分は店舗部分の区分所有者のみの共有です（9条）。

　住戸部分と店舗部分とでは使用目的が異なり、かつ、管理に要する費用の内訳が異なります。そのため、費用負担に関しても、住戸部分の区分所有者と店舗部分の区分所有者との間の利害衝突が顕在化することが少なくありません。

　そこで、規約の条項においては、費用負担を細分化して各区分所有者の費用負担を明確にしておき、衡平を図ることが重要です＊。住戸部分および店舗部分のために必要となる費用は、項目ごとに費用発生の原因を勘案し、住戸部分および店舗部分のそれぞれに分けたうえで、各区分所有者に振り分けなければなりません（コメント25条及び26条関係①後段）。

　25条では全体管理費等（敷地、全体共用部分および附属施設の管理に要する経費）について、26条では一部管理費等（一部共用部分の管理に要する経費）について、それぞれこのような考え方を定めています。

　全体管理費等の各区分所有者の負担額は、住戸部分および店舗部分のために必要となる費用をあらかじめ按分したうえで、住戸部分のために必要となる費用分については住戸部分の区分所有者の全体共用部分の共有持分の合計に対する各区分所有者の共有持分の割合により算出し、店舗部分のために必要となる費用分については店舗部分の区分所有者の全体共用部分の共有持分の合計に対する各区分所有者の共有持分の割合により算出します（25条2項、26条2項、コメント25条及び26条関係①）。

　一部管理費等については、住戸部分または店舗部分の各区分所有者の一部共用部分の共有持分に応じて算出します。

標準管理規約（複合用途型）	標準管理規約（単棟型）
27条	26条を参照

【費用負担の明確化】

全体 管理費等 （25条）	全体管理費		住戸部分のために必要となる費用と店舗部分のために必要となる費用をあらかじめ按分したうえで、住戸部分の区分所有者または店舗部分の区分所有者ごとに各区分所有者の全体共用部分の共有持分に応じて算出
	全体修繕積立金		
一部 管理費等 （26条）	住戸部分	住宅一部 管理費	住戸部分の各区分所有者の一部共用部分の共有持分に応じて算出
		住宅一部 修繕積立金	
	店舗部分	店舗一部 管理費	店舗部分の各区分所有者の一部共用部分の共有持分に応じて算出
		店舗一部 修繕積立金	

＊　大阪高判平成29.3.28は、管理費の一項目として区分所有者が負担する保安管理費につき、店舗部分と住宅部分とで9：1の割合を定めた規約は、要員・設備にかかる費用、巡回・出動回数等の業務量などからして区分所有者間の衡平を害するとはいえず不合理ではないとした。また、店舗と住戸から徴収する管理費等に約2.45倍の格差を設ける規約を有効と認めた事案に、**東京高判平成29.1.25**がある（原審である**東京地判平成28.5.30**は、「2倍を超える額と定める部分については、区分所有法30条3項、民法90条に違反している」と判断したが、控訴審はこれを否定した。）。

　　他方、**東京地判平成27.12.17**は、事業用居室について管理費を通常の倍額とする規定を区分所有法30条3項に反するものとして無効と判断している。

第28条（全体管理費）

　全体管理費は、敷地、全体共用部分及び附属施設の次の各号に掲げる通常の管理に要する経費に充当する。

一　管理員人件費

二　公租公課

三　共用設備の保守維持費及び運転費

四　備品費、通信費その他の事務費

五　全体共用部分及び附属施設に係る火災保険料、地震保険料その他の損害保険料

六　経常的な補修費

七　清掃費、消毒費及びごみ処理費

八　委託業務費

九　専門的知識を有する者の活用に要する費用

十　管理組合の運営に要する費用

十一　その他第36条に定める業務に要する費用（第29条から第31条までに規定する経費を除く。）

第29条（住宅一部管理費及び店舗一部管理費）

　住宅一部管理費は住宅一部共用部分の、店舗一部管理費は店舗一部共用部分の、それぞれ次の各号に掲げる通常の管理に要する経費に充当する。

一　管理員人件費

二　公租公課

三　共用設備の保守維持費及び運転費

四　備品費、通信費その他の事務費

五　一部共用部分に係る火災保険料、地震保険料その他の損害保険料

六　経常的な補修費

七　清掃費、消毒費及びごみ処理費

八　委託業務費

九　専門的知識を有する者の活用に要する費用

十　その他第36条に定める業務に要する費用（住宅一部共用部分又は店舗一部共用部分のみに係るものに限る。次条及び第31条に規定する経費を除く。）

第30条（全体修繕積立金）

　管理組合は、各区分所有者が納入する全体修繕積立金を積み立てるものとし、積み立てた全体修繕積立金は、次の各号に掲げる特別の管理に要する経費に充当する場合に限って取り崩すことができる。

一　一定年数の経過ごとに計画的に行う修繕

二　不測の事故その他特別の事由により必要となる修繕

三　敷地、全体共用部分及び附属施設の変更

四　建物の建替え及びマンション敷地売却（以下「建替え等」という。）に係る合意形成に必要となる事項の調査

五　その他敷地、全体共用部分及び附属施設の管理に関し、区分所有者全体の利益のために特別に必要となる管理

2　前項にかかわらず、区分所有法第62条第１項の建替え決議（以下「建替え決議」という。）又は建替えに関する区分所有者全員の合意の後であっても、マンションの建替え等の円滑化に関する法律（以下本項において「円滑化法」という。）第９条のマンション建替組合の設立の認可又は円滑化法第45条のマンション建替事業の認可までの間において、建物の建替えに係る計画又は設計等に必要がある場合には、その経費に充当するため、管理組合は、全体修繕積立金から管理組合の消滅時に建替え不参加者に帰属する全体修繕積立金相当額を除いた金

額を限度として、全体修繕積立金を取り崩すことができる。

3　第１項にかかわらず、円滑化法第108条第１項のマンション敷地売却決議（以下「マンション敷地売却決議」という。）の後であっても、円滑化法第120条のマンション敷地売却組合の設立の認可までの間において、マンション敷地売却に係る計画等に必要がある場合には、その経費に充当するため、管理組合は、全体修繕積立金から管理組合の消滅時にマンション敷地売却不参加者に帰属する全体修繕積立金相当額を除いた金額を限度として、全体修繕積立金を取り崩すことができる。

4　管理組合は、第１項各号の経費に充てるため借入れをしたときは、全体修繕積立金をもってその償還に充てることができる。

第31条（住宅一部修繕積立金及び店舗一部修繕積立金）

　管理組合は、住戸部分の各区分所有者が納入する住宅一部修繕積立金及び店舗部分の各区分所有者が納入する店舗一部修繕積立金を、それぞれ積み立てるものとする。

2　住宅一部修繕積立金は住宅一部共用部分の、店舗一部修繕積立金は店舗一部共用部分の、それぞれ次の各号に掲げる特別の管理に要する経費に充当する場合に限って取り崩すことができる。

一　一定年数の経過ごとに計画的に行う修繕

二　不測の事故その他特別の事由により必要となる修繕

三　一部共用部分の変更

四　その他一部共用部分の管理に関し、当該一部共用部分を共用すべき区分所有者全体の利益のために特別に必要となる管理

3　管理組合は、前項各号の経費に充てるため借入れをしたときは、それぞれ住宅一部修繕積立金又は店舗一部修繕積立金をもってその償還に充てることができる。

第32条（区分経理）

　管理組合は、次の各号に掲げる費用ごとにそれぞれ区分して経理しなければならない。
一　全体管理費
二　住宅一部管理費
三　店舗一部管理費
四　全体修繕積立金
五　住宅一部修繕積立金
六　店舗一部修繕積立金

第33条（使用料）

　駐車場使用料その他の敷地及び共用部分等に係る使用料（以下「使用料」という。）は、それらの管理に要する費用に充てるほか、全体修繕積立金として積み立てる。

　32条では、費用の収支を明確にするため、同条各号の6つそれぞれの費用ごとに区分して経理する旨を規定しています。全体管理組合の経費は、全体管理費、住宅一部管理費、店舗一部管理費、全体修繕積立金、住宅一部修繕積立金、店舗一部修繕積立金の6つに区分経理することになります。

　33条では、駐車場使用料その他の敷地および共用部分等に係る使用料は、それらの管理に要する費用に充てるほか、全体修繕積立金として積み立てるものとしています。住宅や店舗のための駐車場であっても、住宅一部修繕積立金や店舗一部修繕積立金とするのではなく、全体のために積み立てるものとしていることに、留意が必要です。

標準管理規約（複合用途型）	標準管理規約（単棟型）
34条	30条を参照
35条	31条を参照

第36条（業務）

　管理組合は、建物並びにその敷地及び附属施設の管理のため、次の各号に掲げる業務を行う。

（第一号～第九号は、単棟型第32条第一号～第九号を参照）

　十　全体修繕積立金、住宅一部修繕積立金及び店舗一部修繕積立金の
　　　運用

（第十一号～第十五号は、単棟型第32条第十一号～第十五号を参照）

標準管理規約（複合用途型）	標準管理規約（単棟型）
37条	33条を参照
38条	34条を参照
39条	35条を参照
40条	36条を参照
40条の2	36条の2を参照
41条	37条を参照
41条の2	37条の2を参照
42条	38条を参照
43条	39条を参照
44条	40条を参照
45条	41条を参照
46条	42条を参照
47条	43条を参照
48条	44条を参照
49条	45条を参照
50条	46条を参照

第51条（総会の会議及び議事）

（第 1 項～第 7 項は、単棟型第47条第 1 項～第 7 項を参照）

8　第 3 項第一号において、一部共用部分に関する事項で組合員全員の利害に関係しないものについての規約の変更は、当該一部共用部分を共用すべき組合員の 4 分の 1 を超える者又はその議決権の 4 分の 1 を超える議決権を有する者が反対したときは、することができない。

（第 9 項～第11項は、単棟型第47条第 8 項～第10項を参照）

第52条（議決事項）

次の各号に掲げる事項については、総会の決議を経なければならない。

（第一号～第九号は、単棟型第48条第一号～第九号を参照）

十　第30条第 1 項及び第31条第 2 項に定める特別の管理の実施並びにそれに充てるための資金の借入れ並びに全体修繕積立金、住宅一部修繕積立金及び店舗一部修繕積立金の取崩し

（第十一号～第十四号は、単棟型第48条第十一号～第十四号を参照）

十五　第30条第 2 項及び第 3 項に定める建替え等の係る計画又は設計等の経費のための全体修繕積立金の取崩し

（第十六号、第十七号は、単棟型第48条第十六号、第十七号を参照）

標準管理規約（複合用途型）	標準管理規約（単棟型）
53条	49条を参照
54条	50条を参照
55条	51条を参照
56条	52条を参照
57条	53条を参照
58条	54条を参照
59条	55条を参照

第60条（住宅部会及び店舗部会）

　管理組合に、住戸部分の区分所有者で構成する住宅部会及び店舗部分の区分所有者で構成する店舗部会を置く。

2　住宅部会及び店舗部会の組織及び運営については、別に部会運営細則に定めるものとする。

住宅部会と店舗部会　複合用途型マンションの場合、住宅部分と店舗部分とでは、用途が異なりますので、管理対象という側面からみると、どちらか一方の一部共用部分だけの利害に関係し、他方の一部共用部分には利害が関係しない事項が少なくありません。そのような事項は、住宅部分と店舗部分それぞれの区分所有者だけで協議することとしたほうが効率的であり、適切な結論を導くことができます。

　そこで、本条は、管理組合の中に住戸部分の区分所有者で構成する住宅部会と店舗部分の区分所有者で構成する店舗部会を置くことを規定しました。

　もっとも、マンションの一元的管理を前提とする以上、管理の方法は、区分所有者全員で組織される総会において決定されます。住宅・店舗のそれぞれの管理費等の額の決定やその予算の作成、執行も管理組合全体で行われます。

　住宅部会・店舗部会は、管理組合としての意思を決定する機関ではなく、住宅部分、店舗部分のそれぞれの一部共用部分の管理等について、実際上協議する組織であり（コメント60条関係①）、機関として決定を下す役割を持つわけではありません。したがって、各部会の意見が必ずしも反映されないこともあり得るわけです。

　総会と住宅部会・店舗部会とのこのような関係を考慮するならば、住宅部分・店舗部分のおのおのから選出された管理組合の役員が、各部会の役員を兼ねるようにし、各部会の意見が理事会に反映されるような仕組みが、有効であると考えられます（コメント同②）＊。

　管理組合内に店舗等部会と住宅部会が設置され、管理組合の理事長のほか、それぞれの部会長が置かれている管理組合において、部会長が代表者として訴訟を行うことができるかどうかが争われたケースがありました。『管理組合が当事者として訴訟を行う場合には、理事長が代表者となるべきであり、店舗等部会部会長には管理組合を代表する権限が与えられていないことは明らかである』とされています（**大阪地判平成20.11.28**）。

標準管理規約（複合用途型）	標準管理規約（単棟型）
61条	56条を参照

＊　**東京地判令和元.6.28**は、理事会が総会に役員（理事）の選任議案を上程するにあたり、店舗部会が推薦した者を理事候補者としなかったことは慣習に反するなどとして総会決議の無効が主張された事案であるが、裁判所は、規約上総会への提出議案は理事会の決議事項としていることなどから「誰を理事候補者として総会に議案を提出するかについては、理事会において決定されるべき事柄である」として無効を否定した。

第62条（管理組合の収入及び支出）

　管理組合の会計における収入は、第25条に定める全体管理費等、第26条に定める一部管理費等及び第33条に定める使用料によるものとし、その支出は第28条から第31条及び第33条に定めるところにより諸費用に充当する。

標準管理規約（複合用途型）	標準管理規約（単棟型）
63条	58条を参照
64条	59条を参照

第65条（管理費等の徴収）

　管理組合は、第25条に定める全体管理費等、第26条に定める一部管理費等及び第33条に定める使用料について、組合員が各自開設する預金口座から自動振替の方法により第67条に定める口座に受け入れることとし、当月分は別に定める徴収日までに一括して徴収する。ただし、臨時に要する費用として特別に徴収する場合には、別に定めるところによる。

　（第2項〜第6項は、単棟型第60条第2項〜第6項を参照）

第66条（管理費等の過不足）

　収支決算の結果、全体管理費、住宅一部管理費又は店舗一部管理費に余剰を生じた場合には、その余剰は翌年度におけるそれぞれの費用に充当する。

2　管理費等に不足を生じた場合には、管理組合は組合員に対して第25条第2項及び第26条第2項に定める管理費等の負担割合に応じて、その都度必要な金額の負担を求めることができる。

標準管理規約（複合用途型）	標準管理規約（単棟型）
67条	62条を参照
68条	63条を参照
69条	64条を参照

第70条（消滅時の財産の清算）

　管理組合が消滅する場合、その残余財産について、住宅一部共用部分に係るものは、第10条に定める住宅一部共用部分の共有持分割合に応じて住戸部分の各区分所有者に、店舗一部共用部分に係るものは、第10条に定める店舗一部共用部分の共有持分割合に応じて店舗部分の各区分所有者に、それ以外に係るものは、第10条に定める全体共用部分の共有持分割合に応じて各区分所有者に帰属するものとする。

標準管理規約（複合用途型）	標準管理規約（単棟型）
71条	66条を参照
72条	67条を参照
73条	68条を参照
74条	69条を参照
75条	70条を参照
76条	71条を参照
77条	72条を参照

資料編

- 標準管理規約
- 裁判例索引
- 用語索引
- 参考文献

別添1〜4

標準管理規約　別添１

外部専門家の活用のパターン

① 理事・監事外部専門家型又は理事長外部専門家型

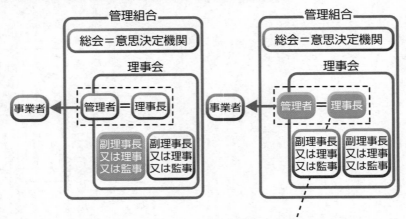

※理事長を外部専門家とすることも可能

注：塗りつぶしが外部の専門家

【考え方】
・従来どおり理事会を設け、理事会役員に外部専門家を入れるパターン。
・外部専門家が理事長（＝管理者）となることも想定される。
・外部専門家を含む役員の選任を含め、最終的な意思決定機関は総会であり、その役割は
　重要。

【想定されるケース（マンションの特性）】
・運営面の不全の改善
・計画的な大規模修繕等の適切な実施、耐震改修・建替え等の耐震対策等専門的知見が必
　要な場合を想定
※限定的な専門性が求められるケースも多くある。

【論点・課題と標準管理規約における規定等の整備】
・外部役員の選任・解任
　→第35条第２項・第４項、コメント第35条関係①⑤
・役員の欠格要件

388

→第36条の2、コメント第36条の2関係
・外部役員の業務執行のチェック体制の構築（理事会によるチェックの補完）
　→理事会の権限として理事の職務執行の監督等の位置付け（第51条第2項、コメント第51条関係）
　→理事長の職務執行の状況の理事会への定期報告義務（第38条第4項、コメント第38条関係②）
　→理事による理事会の招集請求・招集（第52条第3項、コメント第52条関係）
　→監事の理事等に対する調査権（第41条第2項、コメント第41条関係①）
　→組合に著しい損害を及ぼすおそれのある事実の理事から監事への報告義務（第40条第2項、コメント第40条関係）
　→監事による理事会の招集請求・招集（第41条第6・7項、コメント第41条関係③）
　→監事の理事会への出席・意見陳述義務（第41条第4項、コメント第41条関係②）
　→監事による理事会への理事の不正行為等の方向義務（第41条第5項、コメント第41条関係③）
　→監事による総会提出議案の調査・報告義務（コメント第41条関係①）
・役員の取引の健全性の確保（利益相反取引の排除等）
　→利益相反取引となる事実の開示と理事会からの承認（第37条の2、コメント第37条の2関係）
　→利害関係のある議決への当該理事の不参加（第53条第3項）
　→監事等による管理組合の代表代行（第38条第6項、コメント第38条関係③）
・多額の金銭事故や財産毀損の防止、補償の担保と補償能力の充実
　→コメント第37条関係①
・派遣された役員が欠けた場合の補欠ルールの明確化（継続性の確保）
　→コメント第36条関係④

【参考】①の全パターン
注：塗りつぶしが外部の専門家

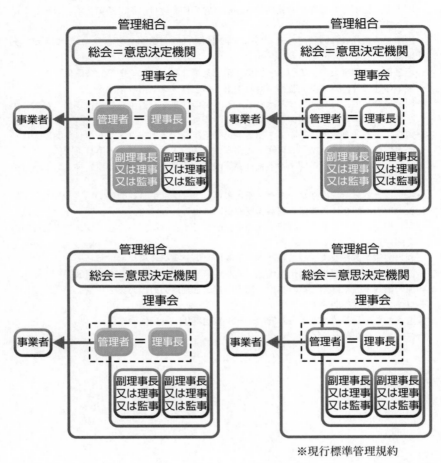

※現行標準管理規約

② 外部管理者理事会監督型

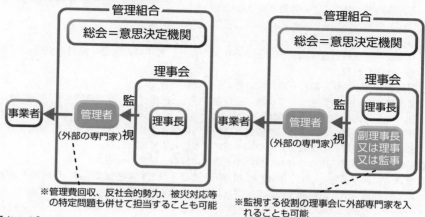

※管理費回収、反社会的勢力、被災対応等
　の特定問題も併せて担当することも可能

※監視する役割の理事会に外部専門家を入
　れることも可能

【考え方】
・外部専門家を区分所有法上の管理者として選任し、理事会は監事的立場となり外部管理
　者を監視するパターン。
・監視する立場の理事会の役員に、さらに別の外部専門家を選任することも考えられる。
・外部管理者の選任を含め、最終的な意思決定機関は総会であり、その役割は重要。

【想定されるケース（マンションの特性）】
・高い専門性と透明性、区分所有者の利益の保護や最大化のニーズの高いマンション（大
　規模な新築マンションなどを中心に想定）
※総会は意思決定機関、管理者は知見豊富な執行者、理事会は監視機関、と分担や責任の
　明確化が期待できる。
※さらに、専門性が高く、時間的な拘束が強く心理的な負担も大きい管理費回収訴訟、反
　社会的勢力、被災対応等の特定問題も担当することも想定。

【論点・課題】
・外部管理者＝区分所有法上の管理者とする
・外部管理者の選任・解任
・外部管理者の欠格要件〔外部・内部共通〕
・外部管理者のチェック体制の充実（理事会によるチェックの補完）
・外部管理者の取引の健全性の確保（利益相反取引の排除等）〔外部・内部共通〕
・多額の金銭事故、財産毀損の防止〔外部・内部共通〕
・補償の担保と補償能力の充実〔外部・内部共通〕
・専門家の属性
・専門家の能力評価・育成方法

〈個人の専門家が管理者に就任する場合に以下を追加〉
・外部管理者の補欠ルールの明確化（継続性の確保）

【規約の整備等の考え方】
①理事長＝区分所有法上の管理者とする規定の撤廃。理事長の業務・権限と管理者の業務・権限の整理。
②外部管理者の選任・解任を総会決議とする旨規定。
③外部管理者の欠格要件として、銀行との取引停止、破産（者）等、資格・登録の取消し処分等からの一定期間内を規定
④派遣元団体等による報告徴収や監査（適任者への交替も含む）又は外部監査（別の専門家の一時派遣等）の義務付けについて規定することも考えられる。
⑤管理組合と外部管理者の利益が相反する取引の監事、総会への報告・承認
⑥管理者の誠実義務として、財産の毀損の防止及びそのために必要な措置（保険加入、保険限度額の充実、財産的基礎の充実等）に努めるべき旨を規定
⑦一定期間の継続意思の確認について規定することも考えられる（新規参入を妨げないよう、意思の確認とする）。
⑧引継者を予め定めることができる旨を規定（欠けた時点での適任者の選任も可とする）
⑨環境整備として、自治体の公益法人・自治体委託 NPO からの低廉な専門家派遣の推進

③ 外部管理者総会監督型

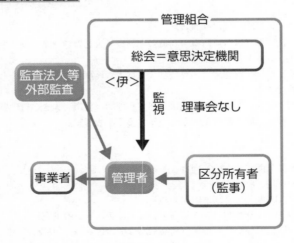

【考え方】
・外部専門家を区分所有法上の管理者として選任し、理事会は設けないパターン。
・区分所有者からは監事を選任して監視するとともに、全区分所有者で構成する総会が監視するものであり、総会の役割は重要。

・さらに、監査法人等の外部監査を義務付ける。

【想定されるケース（マンションの特性)】
・高い専門性と透明性、区分所有者の利益の保護や最大化のニーズが高いが、規模の小さいマンション
・理事長のなり手がいない例外的なケース
　※支援的性格が強いケース

【論点・課題】
・外部管理者＝区分所有法上の管理者とする
・理事会（理事）の廃止
・外部管理者の選任・解任
・外部管理者の欠格要件〔外部・内部共通〕
・外部管理者のチェック体制の構築（理事会に代わる監査機能の確保）
・外部管理者の取引の健全性の確保（利益相反取引の排除等）〔外部・内部共通〕
・多額の金銭事故、財産毀損の防止〔外部・内部共通〕
・補償の担保と補償能力の充実〔外部・内部共通〕
・専門家の属性
・専門家の能力・育成方法
・資力のない管理不全マンションへの対策
〈個人の専門家が管理者に就任する場合に以下を追加〉
・外部管理者の補欠ルールの明確化（継続性の確保）

【規約の整備等の考え方】
①理事長＝区分所有法上の管理者とする規定の撤廃。理事長・理事会に係る業務・権限を管理者の業務・権限に移行。
②外部管理者の選任・解任を総会決議とする旨規定。
③外部管理者の欠格要件として、銀行との取引停止、破産（者）等、資格・登録の取消し処分等からの一定期間内を規定
④派遣元団体等による報告徴収や監査（適任者への交替も含む）又は外部監査（別の専門家の一時派遣等）の義務付けについて規定することも考えられる。
⑤管理組合と外部管理者の利益が相反する取引の監事、総会への報告・承認
⑥管理者の誠実義務として、財産の毀損の防止及びそのために必要な措置（保険加入、保険限度額の充実、財産的基礎の充実等）に努めるべき旨を規定
⑦一定期間の継続意思の確認について規定することも考えられる（新規参入を妨げないよう、意思の確認とする）。
⑧引継者を予め定めることができる旨を規定（欠けた時点での適任者の選任も可とする）
⑨環境整備として、自治体の公益法人・自治体委託ＮＰＯからの低廉な専門家派遣の推進

資料編　区分所有者が行う工事に対する制限の考え方

　本「考え方」は、区分所有者が実施する専有部分の修繕等や共用部分の窓ガラス等の改良工事の制限に関する一般的なルールを示したものであるが、階下等の住戸に伝わる騒音・振動、窓の変更が外観に与える影響などはマンションによって異なることから、各マンションの設備水準や劣化状況等の実情に応じたルールを定めることが望ましい。

　ここでは、修繕等の工事のうち、建物全体や他住戸に長期的に負の影響を及ぼす可能性のある修繕等については、理事会（理事長）に承認申請をすることとし、下表において、部位ごとに、工事の実施主体と制限の考え方、制限の目的、制限すべき負の影響（事象）、

部位		工事の実施主体と制限の考え方	制限の目的	制限すべき負の影響（事象）
専有部分	管・配線	・区分所有者が管理し、必要に応じて工事する。 ・区分所有者が実施する工事について、他の住戸、共用部分に影響がある場合の取り扱いを定める。	給排水管の維持、円滑な給排水、騒音の防止	漏水、騒音（他住戸に影響）
	設備		火災に対する安全等のための端末の稼働の確保	火災の拡大（建物全体に影響） 避難の遅れ（他住戸に影響）
			騒音を伴う設備設置の制限 （既存設備の状況により必要な場合に限り制限する）	騒音（他住戸に影響）

理事会承認を要する工事、承認の条件として、一般的に想定されるものを示している。

　その他の軽微な修繕等については理事会承認は不要としているが、下表右欄に示すように、工事業者の出入りや騒音・振動が発生する工事で管理組合として事前に把握が必要なものについては、事前届出の対象としている。

　一方で、「区分所有者は、建物の保存に有害な行為その他建物の管理又は使用に関し区分所有者の共同の利益に反する行為をしてはならない」（区分所有法§6①）とされていることから、必要に応じて、こうした禁止行為を具体的に記載することも想定している。

　　例）　ディスポーザーの設置工事（ディスポーザー処理槽が設置されていない場合）
　　　　　バルコニー・専用庭への増築工事（バルコニーとしての専用使用の範囲を逸脱するため）
　　　　　建物の主要構造部に影響を及ぼす穿孔・切欠等の工事

理事会承認の必要な工事		届け出が必要な工事	届け出も不要の工事
理事会承認を要する工事	承認の条件		
給排水管を改修する工事（給排水管の改修を伴う浴室の改修等を含む）	・高圧洗浄用の掃除口があること、排水管の屈曲部等が高圧洗浄可能なものであることを確認する ・排水勾配が確保されていることを確認する ・給排水管に防音対策が講じられていることを確認する ・給排水管と共用縦管の接続位置を変更する場合には、共用縦管への加工について確認する。		
住宅情報盤、感知器、スプリンクラーの改修工事	・設置する端末機器、配線を確認する		
ジェットバス、夜間電力を利用した給湯器を設置する工事	・設置する機器、防振・防音対策を確認する		
ディスポーザー破砕機を交換する工事	・設置する機器、防振・防音対策を確認する ※処理槽の状況によっては設置自体を禁止する		

			共用設備の利用の確保 （既存設備の状況により必要な場合に限り制限する　注1）	停電（他住戸に影響）
				ガス圧低下（他住戸に影響）
				一部区分所有者による共用設備の不公平な利用
	天井、壁、床		主要構造部の構造安全性の確保	躯体損傷（建物全体に影響）
	床		階下への騒音の防止　注2	騒音（他住戸に影響）
共用部分 （専用使用権あり）	窓	・管理組合が管理するが、区分所有者が専用使用する。 ・区分所有者の責任と負担で実施することが合理的な工事について、取り扱いを定める。	外観の統一、防犯・防音の確保 （区分所有者の意識を踏まえて必要な場合に限り制限する）	美観、防犯・防音性能の低下（建物全体に影響）
	玄関			
	面格子・ルーバー			
	バルコニー		バルコニーとしての適正な利用	避難等の障害（他住戸に影響） 防水機能の破壊（他住戸に影響） 躯体損傷

電気を利用する設備の工事（電気契約量を○A以上に増加させるものに限る）	・電気の契約量を確認する ※既存設備の状況によっては管理組合が幹線等を改修	○工事業者が出入りする工事については、工事時間、工事内容と業者名を管理組合に届出 → 業者の出入りを管理する → 工事による予想しがたい影響（例：給水工事によるウオーターハンマー現象）が生じた場合、どの住戸の工事が原因であったかを確認できるようにする ○騒音・振動が発生する工事については、他の区分所有者がわかるよう工事期間と工事内容を掲示
ガスを利用する設備の工事（○号以上の給湯器を設置するものに限る）	・ガスの使用量を確認する ※既存設備の状況によっては管理組合がガス管等を改修	
電話回線を利用する工事（新たに回線を利用するものに限る）	・空き回線の状況を確認する ※既存設備の状況によっては管理組合が配線盤等を改修	
大規模なリフォーム工事	・はつり等により躯体に悪影響を与えないことを確認する。 ※スラブ上の均しモルタルのはつり等、躯体コンクリートの工事を伴わないものは承認することが考えられる。 ※躯体工事を伴うものは「共用部分（専用使用権なし）躯体、梁、柱、スラブ」の欄を参照。	
床材を張替える工事	新築時と同等以上の遮音性能を確認する	
共用部分である窓の工事で現在と異なる部材を用いるもの	・色彩、形状、位置、防犯・防音性の低下の可能性を確認する	
玄関（扉・枠）の工事で現在と異なる部材を用いるもの	・色彩、形状、位置、防犯性の低下の可能性を確認する	
面格子・ルーバーの工事で現在と異なる部材を用いるもの	・色彩、形状、位置、防犯性の低下の可能性を確認する	
バルコニーに物品を固定する工事であらかじめ定められた場所への設置※でないもの 　※エアコン室外機	・避難上の支障等がないかを確認する ・防水層、排水に悪影響がないかを確認する ・躯体にボルト等を打ち込まないか確認する	

他の区分所有者への直接・間接の影響がない工事（例：専有部分の電球の取替え、水道のパッキンの取替え、シャワーヘッドの取替え、温水洗浄便座の取替え）

共用部分 （専用使用権なし）	躯体、梁、柱、スラブ壁	・管理組合が管理する。 ・区分所有者が行う専有部分の工事が影響する場合の取扱いを定める。	主要構造部の構造安全性の確保　注3	躯体損傷（建物全体に影響）
その他			法令順守　注4	

注1　電気、ガス、水道、電話は、共用設備（管・配線等）の仕様により使用できる量に
害、共用回線利用の不公平等の問題が起こる可能性がある。
　　このため、マンションの共用設備の能力に応じて、専有部分で行われる共用設備のた
め、この場合、既存設備の状況を踏まえてあらかじめ各戸の利用限度を算出して承認基
に近づいた場合の共用設備の改修についても、理事会で議論することが望ましい。
　　なお、インターネットについては、マンションに任意加入方式のインターネット回
しで回線を利用することができるが、インターネット回線が引かれていないマンショ
備（ルーター、配線等）を設置工事を実施する（区分所有者が工事をするのではない）。

注2　標準規約コメントにもあるとおり、特にフローリング工事の場合には、構造、工事
ては、専門家の協力を得たうえで、例えば、以下のような事項を定めておくことも考
・新築時フローリングのマンションの場合：使用されるフローリングの遮音等級が新築
であることを確認する
・新築時カーペット敷きの高経年マンションで、スラブが薄く、遮音性能が低いフロー
ローリング等の承認条件（遮音等級○L○○以上等）を示す

注3　躯体損傷をどこまで許容するかは、マンションの設計強度や施工状況、劣化状況等
の状況によっては、例えば、以下のような事項を定めておくことも考えられる。
・高層マンションで住戸間の界壁が乾式工法の場合：界壁への穿孔工事は原則禁止（必
・比較的築浅で必要なスリーブが設置されているマンションの場合：スリーブの増設を
・高経年マンションで、設備グレードアップのニーズが高い場合：スリーブ増設の条件
を確認する

注4　申請者及び工事業者が関係法令を順守することは当然であり、各法令への対応状況
いては、承認の際に申請者に注意喚起を行うことが望ましい。
・玄関扉等を変更する際の防火性能の確保
・防火区画1m以内の被覆処理　など

躯体コンクリートへの穿孔又はアンカーボルト等の金物の打込みを伴う工事	・穿孔や金物の打ち込みにより躯体に悪影響を与えないこと		

制限があり、これを超えて利用しようとすると、停電、ガス圧の低下、水圧の低下等の障

利用の増加に影響する工事について承認対象とすることが考えられる。

準（承認申請不要基準）を定めておくこと、各戸の契約量の合計が共用設備の能力の限界

線が引かれており、区分所有者が加入を望んだときには、プロバイダに申し込めば工事な

ンで新たに引く場合には、管理組合がインターネット回線業者に申し込み、共用部分に設

の仕様、材料等により影響が異なるため、専門家の確認が必要である。物件の状況によっ

えられる。

時と同等以上であり、施工方法が当該フローリング材のカタログに示されたとおりの工事

リング床では遮音性能上問題が発生する可能性があるとして管理組合が決定した場合：フ

によって主要構造部への影響の度合いが異なることから、慎重な判断が必要である。物件

要となる耐火性能を満たさなくなる可能性が極めて高いため）

禁止する

として、構造計算にかかわらない部位であって、レーダー等による配筋確認の上行うこと

を理事会が確認し承認することは現実的ではないが、安全性に関わる以下のような点につ

資料編　滞納管理費等回収のための管理組合による措置に係るフローチャート

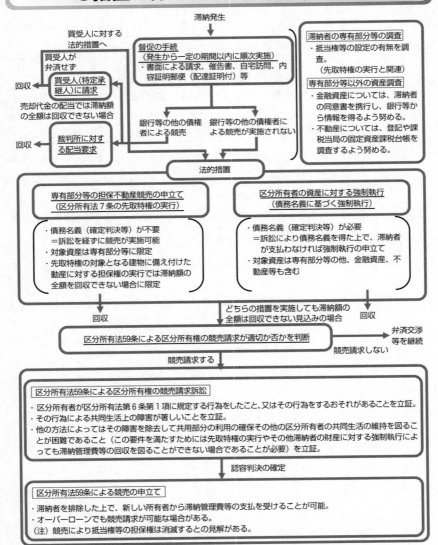

標準管理規約　別添3の解説

資料編 滞納管理費等回収のための管理組合による措置に係るフローチャート（解説）

　フローチャートにおける各手順の概要は、つぎのとおりである。

（1）督促

　管理組合は、滞納者に対して、滞納管理費等の支払の督促とともに、今後も滞納が継続する場合には、その状況に応じてさらなる措置を執ることになる旨を事前に警告する。

〈督促の手順の例〉

　　1ヶ月目　　電話、書面（未納のお知らせ文）による連絡

　　2ヶ月目　　電話、書面（請求書）による確認

　　3ヶ月目　　電話、書面（催告書）

　　　　　　　（過去の実績によれば、失念していたなど一時的な要因で滞納した者は、3か月以内に滞納を解消する）

　　　　　　　（管理費の滞納者のほとんどは、ローン等の支払も滞納していることが多いため、6か月以内に銀行が債権回収のために競売等に動き出すことが多い注。）

　　4ヶ月目　　電話、書面、自宅訪問

　　5ヶ月目　　電話、書面（内容証明郵便（配達記録付）で督促）

　注　銀行等の他の債権者による競売が実施された場合は、裁判所に対して配当要求を行い、滞納管理費等を回収する。売却代金の配当では滞納管理費等の全額を回収できない場合は、特定承継人（買受人）から回収する。特定承継人が弁済しない場合は、特定承継人の資産について、先取特権の実行や債務名義に基づく強制執行を実施する。（（3）、（4）参照）

（2）滞納者の保有財産の調査

　滞納者の専有部分等について、抵当権等の設定の有無を調査するとともに、専有部分等以外の資産について、現住所と最低限その直前に居住していた市区町村内と勤務先の市区町村内の調査を行う。

　金融資産については、金融機関が顧客情報の流出を懸念して本人の同意を求める可能性が考えられるため、区分所有者間の同意を事前にとって銀行等から情報開示を得ることが考えられる。

　また、課税当局（地方自治体）の固定資産課税台帳については、本人の同意書を携えて調査する。

登記情報については、地番や家屋番号等が分かれば情報の取得が可能であるので、それまでの調査結果に基づき取得した地番や家屋番号等を基に各登記所で確認の閲覧調査を行う。

（3）区分所有法第7条の先取特権の実行

　滞納管理費等に係る債権は、区分所有法第7条の先取特権の被担保債権となっているため、債務名義（確定判決等）を取得せずとも、先取特権の実行としての担保不動産競売を申し立てることにより、他の一般債権者に優先して弁済を受けることができる。

　しかしながら、先取特権は、「区分所有権（共用部分に関する権利及び敷地利用権を含む。）及び建物に備え付けた動産」（同法第7条）についてのみ実行可能であり、しかも、区分所有法第7条の先取特権は公租公課及び抵当権等の登記された担保権に劣後する。また、先取特権の対象となる建物に備え付けた動産に対する担保権の実行では滞納額の全額を回収できない場合に限って、区分所有権に対して先取特権を実行できる。

　したがって、先取特権の実行による滞納管理費等の回収は、抵当権が担保する融資残額などを控除しても、当該マンションの売却代金から滞納管理費等の回収が見込まれる場合には実効性のあるものとなる。

　なお、上記のように先取特権に優先する抵当権等が存在するなどし、買受可能価額がそれらの優先債権等の見込額に満たない場合、担保不動産競売手続は民事執行法第188条の準用する第63条により取り消される（いわゆる無剰余取消し）。

（4）区分所有者の資産に対する強制執行

　上記（3）の先取特権の実行による専有部分等の担保不動産競売では滞納管理費等の回収が困難であったとしても、滞納者の預金その他の保有財産の存在が判明した場合には、これに対する強制執行により滞納管理費等の回収を図ることが考えられる。強制執行の場合は、先取特権の実行の場合と異なり、まず確定判決等の債務名義を取得することが必要である。しかし、管理組合は、債務名義を取得しただけで直ちに滞納管理費等を回収できるわけではなく、裁判所に対し、滞納者の財産に対する強制執行（不動産執行、動産執行、債権執行など）を申し立てる必要がある。債務名義に基づく強制執行については、当該財産の差押えが禁止されているなど一定の場合を除き、上記（3）の先取特権のような対象資産の限定はない。

　また、強制執行は、滞納者の保有財産がどこにあるか十分調査してから行うべきである。一定の推測で絞り込みを行い、存在すると思われる財産を特定して強制執行を申し立てることは可能であるが、手続費用などに比して十分に回収できない等の問題があるからである[補足]。

> 補足　存在すると思われる複数の金融機関の預金等について同時に強制執行を申し立てる場合
>
> 　保有財産である預金等が存在することが完全に判明していなくとも、預金等が存在すると推測される複数の金融機関を第三債務者として、預金等を差押債権とする強制執行を申し立てることは可能であるが、この場合には、数個の差押債権の合計額が請求債権

額を超えないようにしなければならない[※]。その結果、預金等の一部しか回収できないこととなる可能性もある。このため、強制執行の申立てをする前に、保有財産の調査（金融機関に対する情報開示の請求等）を行うべきである。

　このことは、一の金融機関を第三債務者とした場合であっても、複数の取扱店舗の預金等を差押債権とする強制執行を申し立てる場合も同様である。

※　民事執行法第146条第2項は、いわゆる超過差押えを禁止しており、差し押さえるべき債権の価額が差押債権者の債権額及び執行費用の額（請求債権額）を超えるときは、さらに他の債権を差し押さえてはならない。例えば、請求債権額が100万円しかないのに、5行に対して100万円ずつ差し押さえるとなると、500万円について差押えがされることとなり、超過差押えの禁止に抵触するため、それぞれ20万円ずつに割り付ける（割り付ける金額は必ずしも均等である必要はない）といった手当てが必要となる。

　保有不動産の差押えの場合、上記先取特権の実行と同様、不動産競売手続につき無剰余取消しがされることがあることに留意しなければならない。

（5）区分所有法第59条による区分所有権の競売請求

　区分所有法第7条の先取特権の実行と区分所有者の保有財産の強制執行によっても滞納管理費等の全額を回収できなかった場合や回収できないことが確実な場合などには、管理組合は、区分所有法第59条による競売請求の可否について検討することとなる。

　区分所有法第59条による不動産競売においては、滞納管理費等の債権に優先する債権があって民事執行法第63条1項の剰余を生ずる見込みがない場合であっても、競売手続を実施することができるとした裁判例があり（東京高決平成16年5月20日（判タ1210号170頁））、区分所有者がいわゆるオーバーローン状態でも競売手続を実施することができる可能性がある。この場合には、区分所有法第8条により特定承継人である競落人に滞納管理費等の支払を求めることができるため、滞納者を区分所有関係から排除した上で、新しい所有者から滞納管理費等の支払を受けることが可能となる。ただし、買受可能価額が競売の手続費用を下回るような場合には、無剰余取消しとなる可能性があることも考慮する必要がある。

　区分所有法第59条による競売請求は、「他の方法によっては…区分所有者の共同生活の維持を図ることが困難であるとき」（同条第1項）という要件を満たす場合に認められる。この要件については、これまでの裁判例によると、管理費等の長期かつ多額の滞納が区分所有法第6条の共同利益違反行為に該当すると認定した上で、預金債権の強制執行が不奏功に終わったことや、区分所有法第7条による先取特権又は裁判所の判決に基づいて居室及びその敷地権の競売を申し立てたとしても、抵当権等優先する債権が資産価値以上に設定されており、資産を処分しても弁済を受けられない状態であることを理由として取消しとなる可能性が高いこと等から、区分所有法第59条による競売以外の方法では区分所有者の共同生活の維持を図ることが困難であると認定したものがある（東京地判平成17年5月13日（判タ1218号311頁）、東京地判平成19年11月14日（判タ1288号286頁））。

以上を踏まえると、区分所有法第59条による競売請求が認められるための要件や手順は以下のとおりである。

　区分所有法第59条による競売請求の実体的要件は次の３つに整理することができる（区分所有法第59条第１項）。
① 「区分所有者が区分所有法第６条第１項に規定する行為をしたこと、又はその行為をするおそれがあること。」（共同利益背反行為）
② 「当該行為による区分所有者の共同生活上の障害が著しいこと。」
③ 「他の方法によっては、その障害を除去して共用部分の利用の確保その他の区分所有者の共同生活の維持を図ることが困難であること。」

　管理費等の支払義務は、区分所有建物等の管理に関する最も基本的な義務の一つであることから、その著しい滞納は、①にいう第６条第１項に規定するいわゆる「共同利益背反行為」に該当すると解される。

　②にいう「区分所有者の共同生活上の障害が著しい」状態については、滞納期間、滞納額、未払いに対する過去の交渉経緯等、諸般の事情を考慮して最終的には裁判所において判断される。区分所有法第59条による競売請求を管理組合が検討・意思決定すべき時期としては、○○ヶ月以上滞納した場合には、それ以上督促しても当人から管理費等が支払われることが期待できないという実績があり、管理費等の滞納の結果、建物の適切な管理若しくは計画的な大規模修繕の先送り又は修繕項目の削減につながって、住環境の悪化、躯体劣化、又は設備への支障が生じ、区分所有者の共同生活に著しい障害を与えるほどの資金不足に陥ったときである。こうした事情のほか、個々のマンションの著しい障害の実態を適切に立証することによって②に該当すると判断される可能性が高くなると考えられる。

　③にいう「他の方法によっては、その障害を除去して共用部分の利用の確保その他の区分所有者の共同生活の維持を図ることが困難であること」については、先取特権の実行やその他滞納者の財産に対する強制執行によっても滞納管理費等の回収を図ることができない場合であることを要し、その前提として、可能な限り滞納者の保有財産の調査を行うべきである。なお、区分所有法第59条による競売請求をするに当たって、区分所有法第57条第１項の差止め請求や同法第58条の専有部分の使用禁止の請求を経なければならないものではないと考えられる。

　区分所有権等の競売請求を認容する旨の判決の確定後、不動産競売の申立てを行うこととなるが、競売により抵当権等の担保権は消滅するとの見解がある。また、売却基準価額の算定に当たっては、通常、滞納管理費等の存在を考慮した減価がされる。

　競売によって区分所有権が売却された後は、区分所有法第８条により、買受人（特定承継人）は滞納管理費等につき弁済する義務を負う。仮に、買受人が承継した滞納管理費等の弁済を拒否した場合には、区分所有法第７条の先取特権の実行等により、その回収を図ることが可能である。

補足解説 1. 滞納者の保有資産の調査

上記（2）の滞納者の保有資産の調査について、以下のとおり補足する。

（1）金融資産の調査

金融資産については、滞納者本人から情報提供の協力が得られない場合には、銀行等に預金等の有無の情報開示を求めることが考えられるが、金融機関は顧客情報の流出を懸念して本人の同意を求める可能性が考えられる。開示を求める範囲としては、現住所と最低限その直前に居住していた市区町村内の銀行等や勤務先の市区町村内の銀行等が考えられる注。

注　銀行等の本店による一括照会を請求する。

（2）不動産の調査

一方、不動産については、滞納者本人から情報提供の協力が得られない場合には、課税当局が保有する情報から検索することと登記情報から検索することが考えられる。

このうち、課税当局の固定資産課税台帳による調査も保有不動産を確認する手段として考えられる。地方自治体は、地方税法上の守秘義務に抵触することを懸念するものの、固定資産課税台帳は、本人の同意を書面で確認できれば代理人が閲覧したり、記載事項の証明書の交付を受けることができる。調査する範囲としては、滞納者の現住所と最低限その直前に居住していた市区町村とすることが費用対効果の観点から適切である

また、登記情報については、地番や家屋番号等が分かれば情報の取得をすることが可能であるので、それまでの調査結果に基づき取得した地番や家屋番号等を基に各登記所で確認の閲覧調査を行う。

なお、登記情報は、どの登記所においても全国の登記情報を閲覧することができ、登記情報提供サービス（http://www1.touki.or.jp/）を利用してインターネット上で確認することも可能である。

補足解説2. 他の保有資産が判明した場合の債務名義の取得手続

　他の保有財産の存在が判明し、債務名義を取得するために訴えを提起する場合、訴額が60万円以下であれば、「少額訴訟」*という、比較的簡便な手続の利用が可能。

　※少額訴訟の手続
　　・当該訴えについて管轄のある簡易裁判所において裁判が行われ、原則として初回期日に審理を終え、判決が出される（ただし、場合により、通常訴訟に移行することもある。）。
　　・証拠書類や証人は、審理の日にその場で取り調べることができるものに限る。

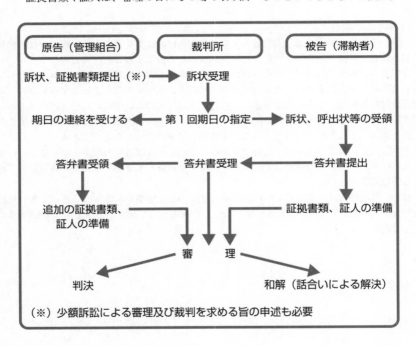

標準管理規約 別添4

資料編 管理情報提供様式に記載のある項目例

1 マンション名称等
　①物件名称
　②総戸数
　③物件所在地
　④対象住戸の住戸番号

2 管理計画認定の有無、認定取得日

3 管理体制関係
　①管理組合名称
　②管理組合役員数（理事総数、監事総数）
　③管理組合役員の選任方法（立候補、輪番制、その他の別）
　④通常総会の開催月と決算月
　⑤理事会の年間の開催回数
　⑥管理規約原本の発効年月と変更年月
　⑦共用部分に付保している損害保険の種類
　　（火災保険（マンション総合保険）、地震保険など）
　⑧使用細則等の規程の有無と名称
　　（駐車場使用細則、自転車置場使用細則、ペット飼育細則、リフォーム細則など）

4 共用部分関係
（1）基本事項
　①建築年次（竣工年月）
　②共用部分に関する規約等の定め
　　・共用部分の範囲（規定している規約条項、別表名）
　　・共用部分の持分（規定している規約条項、別表名）
　③専用使用に関する規約等の定め（規定している規約条項、使用細則条項、別表名）

（2）駐車場
　①駐車場区画数
　　・敷地内台数（内訳：平面自走式台数、機械式台数）
　　・敷地外台数（内訳：平面自走式台数、立体自走式台数、機械式台数）
　②駐車場使用資格（賃借人の使用可否、規定している規約条項、使用細則条項）

③車種制限（規定している規約条項、使用細則条項、別表名）
④空き区画の有無
⑤空き区画の待機者数
⑥空き区画補充方法（抽選、先着順、その他の別）
⑦駐車場使用料

（3）自転車置場・バイク置き場・ミニバイク置場
　　①区画数（自転車置場、バイク置場、ミニバイク置場毎）
　　②空き区画の有無（自転車置場、バイク置場、ミニバイク置場毎）
　　③使用料の有無とその使用料（自転車置場、バイク置場、ミニバイク置場毎）

5　売却依頼主負担管理費等関係（①〜⑬の項目毎に金額を記載（滞納額がある場合は滞
　　納額も併せて記載））
　　①管理費
　　②修繕積立金
　　③修繕一時金
　　④駐車場使用料
　　⑤自転車置場使用料
　　⑥バイク置場使用料
　　⑦ミニバイク置場使用料
　　⑧専用庭使用料
　　⑨ルーフバルコニー使用料
　　⑩トランクルーム使用料
　　⑪組合費
　　⑫戸別水道使用料・冷暖房料・給湯料
　　⑬その他
　　⑭遅延損害金の有無とその額
　　⑮管理費等支払方法（翌月分（又は当月分）を当月〇〇日に支払い）
　　⑯管理費等支払手続き（口座振替（〇〇銀行〇〇支店）、自動送金（〇〇銀行〇〇支
　　　　　　店）、振込、集金代行会社委託の別）

6　管理組合収支関係
（1）収支及び予算の状況（①〜⑩の項目について直近の収支報告（確定額）を記載し、
　　①〜③及び⑥〜⑧については当年度の収支予算（予算額）も併せて記載）
　　①管理費会計収入総額
　　②管理費会計支出総額
　　③管理費会計繰越額
　　④管理費会計資産総額
　　⑤管理費会計負債総額

⑥修繕積立金会計収入総額
⑦修繕積立金会計支出総額
⑧修繕積立金会計繰越額
⑨修繕積立金会計資産総額
⑩修繕積立金会計負債総額

（2）管理費等滞納及び借入の状況
　　①管理費滞納額
　　②修繕積立金滞納額
　　③借入金残高

（3）管理費等の変更予定等（①〜⑬について変更予定有（　　年　月から）、変更予定無、
　　検討中の別を記載）
　　①管理費
　　②修繕積立金
　　③修繕一時金
　　④駐車場使用料
　　⑤自転車置場使用料
　　⑥バイク置場使用料
　　⑦ミニバイク置場使用料
　　⑧専用庭使用料
　　⑨ルーフバルコニー使用料
　　⑩トランクルーム使用料
　　⑪組合費
　　⑫戸別水道使用料・冷暖房料・給湯料
　　⑬その他

（4）修繕積立金に関する規約等の定め（規定している規約条項、別表名）

（5）特定の区分所有者に対する管理費等の減免措置の有無（規定している規約条項、別
　　表名）

7　専有部分使用規制関係
　　①専有部分用途の「住宅専用（住宅宿泊事業は可）」、「住宅専用（住宅宿泊事業は不
　　可）」、「住宅以外も可」の別（規定している規約条項）
　　②専有部分使用規制関係
　　　・ペットの飼育制限の有無（規定している使用細則条項）
　　　・専有部分内工事の制限の有無（規定している使用細則条項）
　　　・楽器等音に関する制限の有無（規定している使用細則条項）

8 大規模修繕計画関係
　①長期修繕計画の有無（有（　　　年　月作成（見直し））、無、検討中の別）
　②共用部分等の修繕実施状況（実施時期（年月））
　③大規模修繕工事実施予定の有無（有（　　　年　月予定、工事概要）、無、検討中の別）

9 アスベスト使用調査の内容
　①調査結果の記録の有無
　②調査実施日
　③調査機関名
　④調査内容
　⑤調査結果

10 耐震診断の内容
　①耐震診断の有無
　②耐震診断の内容

11 建替え等関係
　①建替え推進決議の有無（有（　　　年　月決議、無、検討中の別））
　②要除却認定の有無（有（　　　年　月認定、無、申請中（　　　年　月申請）、検討中
　　の別））
　③建替え決議、マンション敷地売却決議の有無（有（　　　年　月決議、無、検討中の
　　別））

12 管理形態
　①マンション管理業者名
　②業登録番号
　③主たる事務所の所在地
　④委託（受託）形態（全部、一部の別）

13 管理事務所関係
　①管理員勤務日
　②管理員勤務時間
　③管理事務所の電話番号
　④本物件担当事業所名
　⑤本物件担当事業所電話番号
　⑥本物件担当者氏名

14 備考
　共用部分における重大事故・事件があればその内容、ゴミ出しに関する情報など。

410

裁判例索引

裁判所	年月日	出典 ID	本書掲載頁
大判	昭和 2．5．19	大刑集 6 巻190頁	160
最判	昭和39.10.15	民集18巻 8 号1671頁	28
最判	昭和44．2．27	裁時517号 2 頁	307
東京高判	昭和47．5．30	判時667号10頁	38
最判	昭和48.10.11	判時723号44頁	308
最判	昭和50．4．10	集民114号469頁	38
東京地判	昭和53．1．26	判時911号138頁	226
東京地判	昭和53．2．1	判時911号134号	56
大阪地判	昭和54．9．28	判時960号82頁	113
最判	昭和56．1．30	集民132号71頁	68
大阪地判	昭和57.10.22	判時1068号85頁	117
東京地判	昭和58．5．30	判時1094号57頁	122
横浜地裁 川崎支部判	昭和59．6．27	判タ530号272頁	58
東京高判	昭和59.11.29	判時1139号44頁	122
横浜地判	昭和60．9．26	判タ584号52頁	35、308
横浜地判	昭和61．1．29	判時1178号53頁	300
札幌地判	昭和61．2．18	判時1180号 3 頁	296
大阪地判	昭和61．7．18	判時1222号90頁	226
大阪高判	昭和61.11.28	判時1242号55頁	61
東京地判	昭和62．4．10	判タ661号180頁	188
福岡地判	昭和62．5．19	判タ651号221頁	296
大阪地判	昭和62．6．23	判時1258号102頁	126
福岡地判	昭和62．7．14	判タ646号141頁	300
最判	昭和62．7．17	集民151号583頁	299
名古屋地判	昭和62．7．27	判時1251号122頁	296
大阪高判	昭和62.11.10	判タ670号140頁	57
京都地判	昭和63．6．16	判時1295号110頁	62
東京地判	昭和63.11.28	判タ702号255頁	50、188、369
東京高判	平成元．3．20	サポートネット No.062	188
大阪地判	平成元．5．31	判時1351号90頁	206
東京地判	平成 2．1．30	判時1370号83頁	38

裁判所	年月日	出典 ID	本書掲載頁
東京地判	平成 2．7．24	判時1382号83頁	121
東京地決	平成 2．10.26	判時1393号102頁	117
最判	平成 2．11.26	裁時1039号210頁	259
東京地判	平成 3．2．26	判タ768号155頁	35
東京地判	平成 3．3．8	判時1402号55頁	57
大阪高判	平成 3．3．28	判タ759号229頁	68
東京地判	平成 3．5．29	判時1406号33頁	138
東京地判	平成 3．12.26	判タ789号179号	57、62
東京地決	平成 4．1．30	判時1415号113頁	300
東京地判	平成 4．3．13	判時1454号114頁	369
東京地判	平成 4．3．16	判時1453号142頁	307
東京地判	平成 4．5．6	判タ801号175頁	45
東京地判	平成 4．7．16	判タ815号221頁	170
東京地判	平成 4．7．29	判タ801号236頁	105
東京地判	平成 4．9．22	判時1468号111頁	35
京都地判	平成 4．10.22	判時1455号130頁	296
東京地判	平成 5．2．26	判タ851号240頁	122
東京地判	平成 5．3．30	判時1461号72頁	122
東京地裁 八王子支部判	平成 5．7．9	判時1480号86頁	49、299
浦和地判	平成 5．11.19	判時1495号120頁	83
東京地判	平成 6．3．29	判時1521号80頁	25
東京地判	平成 6．3．31	判時1519号101頁	86
福岡地裁 小倉支部判	平成 6．4．5	判タ878号203頁	50
東京高判	平成 6．8．4	東高時報45巻１〜12号31頁	86
福岡地裁 小倉支部判	平成 6．8．4	サポートネット No.116	305
横浜地判	平成 6．9．9	判時1527号124頁	51、293
東京高判	平成 7．2．28	判時1529号73頁	35
東京高判	平成 7．6．14	判タ895号139頁	307
福岡地判	平成 7．8．31	サポートネット No.127	62
東京地判	平成 7．10.5	判タ912号251頁	175
東京地判	平成 7．11.21	判時1571号88頁	299
東京高判	平成 7．12.18	判タ929号199頁	192
東京地判	平成 8．7．5	判時1585号43頁	87
千葉地判	平成 8．9．4	判時1601号139頁	137
神戸地判	平成 9．3．26	判タ947号273頁	35

裁判所	年月日	出典 ID	本書掲載頁
京都地判	平成13.10.16	2001WLJPCA10169006	202
東京地判	平成13.10.29	2001WLJPCA10290006	175
東京高判	平成13.11.21	2001WLJPCA11219001	169
横浜地判	平成13.12.28	LLI【ID 番号】05650675	169
東京高判	平成14. 1.23	2002WLJPCA01230010	297
東京地判	平成14. 2.27	2002WLJPCA02270021	71、308
大阪高判	平成14. 5.16	判タ1109号253頁	295
東京地判	平成14. 6.24	判時1809号98頁	118、120
札幌地判	平成14. 6.25	2002WLJPCA06259003	121
東京高判	平成14. 8.28	判時1812号90頁	286
東京高判	平成14. 9.30	判時1806号45頁	39
東京地判	平成14.11.11	2002WLJPCA11110006	86、293
東京地判	平成14.12. 3	2002WLJPCA12030004	70
東京地判	平成15. 1.30	金商1171号41頁	175
東京地判	平成15. 5.21	判時1840号26頁	152
東京地判	平成15. 6.10	2003WLJPCA06100006	87
横浜地判	平成15. 9.19	サポートネット No.208	71
東京高判	平成15.12. 4	判時1860号66頁	370
那覇地判	平成16. 3.25	判タ1160号265頁	83
最判	平成16. 4.23	裁時1362号 5 頁	123
東京高決	平成16. 5.20	判タ1210号170頁	297
東京地判	平成16. 8.31	2004WLJPCA08310012	156
東京地判	平成16.11.25	判時1892号39頁	143
東京地判	平成17. 3.29	LLI【ID 番号】06031355	58
東京地判	平成17. 3.30	金商1224号51頁	125
最判	平成17. 4.26	裁時1387号 2 頁	131
東京地判	平成17. 5.13	判タ1218号311頁	296
東京地判	平成17. 6.23	判タ1205号207頁	292
東京地判	平成17. 7.11	LLI【ID 番号】06032904	191
東京地判	平成17. 9.13	判時1937号112頁	296、298
東京地判	平成17. 9.15	LLI【ID 番号】06033407	170
東京地判	平成17.10.12	LLI【ID 番号】06033770	296
東京地判	平成17.10.17A	LLI【ID 番号】06033814	57
東京地判	平成17.10.17B	LLI【ID 番号】06033816	124
東京地判	平成17.11. 4	2005WLJPCA11048001	258
東京地判	平成17.12.14	判タ1249号179頁	89
東京地判	平成18. 1.30	2006WLJPCA01300003	188

裁判所	年月日	出典 ID	本書掲載頁
東京地判	平成18. 2 .22	2006WLJPCA02220003	88
東京地判	平成18. 3 .19	2006WLJPCA03199001	286
東京地判	平成18. 3 .30	判時1949号55頁	51、293
福岡高判	平成18. 6 .27	判時1233号255頁	201
東京地判	平成18. 6 .27	判時1961号65頁	297
東京地判	平成18. 7 .12	2006WLJPCA07120003	151、296
東京地判	平成18. 7 .25	LLI【ID 番号】06132921	58
東京地判	平成18. 8 .31	判タ1256号342頁	58、62
東京高判	平成18.11. 1	2006WLJPCA11016004	297
東京地判	平成19. 1 .30	2007WLJPCA01308008	86、293
東京地判	平成19. 2 . 1	判タ1257号321頁	188
東京地判	平成19. 3 .19	LLI【ID 番号】06231243	287
東京地判	平成19. 4 .17	2007WLJPCA04178014	305
東京地判	平成19. 7 .26A	2007WLJPCA07268033	35
東京地判	平成19. 7 .26B	2007WLJPCA07268017	156
東京地判	平成19. 7 .31	2007WLJPCA07318011	307
東京簡判	平成19. 8 . 7	裁判所ウェブサイト	131
東京地判	平成19. 9 .25	2007WLJPCA09258001	283
東京地判	平成19.10. 4	2007WLJPCA10048002	293、307
東京地判	平成19.10. 9	2007WLJPCA10098002	88、293、308
東京地判	平成19.11.14	判タ1288号286頁	296
東京高判	平成19.11.28	判タ1268号322頁	63
東京簡判	平成19.12.10	LLI【ID 番号】06260018	36
東京地判	平成20. 1 .11	2008WLJPCA01118003	56、62
東京地判	平成20. 1 .17	2008WLJPCA01178005	226
東京地判	平成20. 1 .18	2008WLJPCA01188028	117、279
東京地判	平成20. 2 .27	2008WLJPCA02278008	45
東京簡判	平成20. 3 .25	2008WLJPCA03259007	305
東京地判	平成20. 4 . 8	2008WLJPCA04088002	169
東京地判	平成20. 4 .11	2008WLJPCA04118001	71、241
東京地判	平成20. 4 .16	2008WLJPCA04168011	28
大阪高判	平成20. 4 .16	判タ1267号289頁	125
東京地判	平成20. 4 .24	LLI【ID 番号】06331180	228
東京地判	平成20. 4 .25	2008WLJPCA04258010	62、305、306
東京地判	平成20. 5 . 8	2008WLJPCA05088001	296
札幌地判	平成20. 5 .30	金商1300号28頁	73

裁判所	年月日	出典ID	本書掲載頁
東京地判	平成20．6．20	2008WLJPCA06208006	297
大阪高判	平成20．6．24	2008WLJPCA06248001	138
東京地判	平成20．6．30	2008WLJPCA06308001	292
東京地判	平成20．7．4 A	2008WLJPCA07048004	57
東京地判	平成20．7．4 B	2008WLJPCA07048007	238
東京地判	平成20．7．23	2008WLJPCA07238002	286
東京地判	平成20．8．29A	2008WLJPCA08298002	222
東京地判	平成20．8．29B	2008WLJPCA08298004	296
東京地判	平成20．9．24A	2008WLJPCA09248008	57
東京地判	平成20．9．24B	2008WLJPCA09248006	289
東京地判	平成20．9．30	2008WLJPCA09308028	25
東京地判	平成20．10．23	2008WLJPCA10238001	57、58
東京地判	平成20．10．27	2008WLJPCA10278011	124
東京地判	平成20．11．12	2008WLJPCA11128007	45
仙台地判	平成20．11．25	LLI【ID 番号】06350591	296
東京地判	平成20．11．27	2008WLJPCA11278043	126
大阪地判	平成20．11．28	判タ1297号296頁	383
東京地判	平成20．12．19	2008WLJPCA12198028	188
東京地判	平成20．12．25A	2008WLJPCA12258005	57
東京地判	平成20．12．25B	2008WLJPCA12258010	120
東京地判	平成21．1．28	2009WLJPCA01288031	104
東京地判	平成21．1．29	2009WLJPCA01298004	38、62
東京地判	平成21．1．30	2009WLJPCA01308027	39
東京地判	平成21．2．13	2009WLJPCA02138005	297
東京地判	平成21．2．16	2009WLJPCA02168006	226
東京地判	平成21．2．24	2009WLJPCA02248001	113、226
東京地判	平成21．2．25	2009WLJPCA02258013	236
札幌高判	平成21．2．27	判タ1304号201頁	73
大阪地判	平成21．3．12	判タ1326号275頁	126
東京地判	平成21．3．16	2009WLJPCA03168004	369
東京地判	平成21．3．18	2009WLJPCA03188007	297
東京地判	平成21．3．23A	LLI【ID 番号】06430143	286
東京地判	平成21．3．23B	2009WLJPCA03238015	305
東京地判	平成21．3．31	2009WLJPCA03318032	45
東京地判	平成21．5．13A	LLI【ID 番号】06430294	68
東京地判	平成21．5．13B	2009WLJPCA05138011	258
東京地判	平成21．5．13C	2009WLJPCA05138006	297

裁判所	年月日	出典 ID	本書掲載頁
東京地判	平成21. 5 .21	2009WLJPCA05218006	152
東京地判	平成21. 5 .22	2009WLJPCA05228013	305
東京地判	平成21. 5 .28	2009WLJPCA05288010	39
東京地判	平成21. 7 . 2	2009WLJPCA07028008	124
東京地判	平成21. 7 .15	2009WLJPCA07158006	297
大阪地判	平成21. 7 .24	判タ1328号120頁	126
東京地判	平成21. 8 . 5	2009WLJPCA08058003	152
東京高判	平成21. 8 . 6	判タ1314号211頁	34
東京地判	平成21. 8 .26	2009WLJPCA08268006	71
東京地判	平成21. 9 . 7 A	2009WLJPCA09078006	28
東京地判	平成21. 9 . 7 B	2009WLJPCA09078007	41
東京地判	平成21. 9 .15	判タ1319号172頁	369
東京高判	平成21. 9 .24	判時2061号31頁	50
東京地判	平成21. 9 .24	2009WLJPCA09248010	226
東京地判	平成21. 9 .29	2009WLJPCA09298012	188
東京地判	平成21.10.28	2009WLJPCA10288016	71
東京地判	平成21.11. 4	2009WLJPCA11048006	124
東京地判	平成21.12. 4	2009WLJPCA12048006	117
東京地判	平成21.12.14	2009WLJPCA12148009	228
東京地判	平成21.12.16	2009WLJPCA12168028	308
東京地判	平成21.12.21	2009WLJPCA12218024	308
東京地判	平成21.12.28	2009WLJPCA12288001	50、308、370
東京地判	平成22. 1 .15	2010WLJPCA01158013	226
最判	平成22. 1 .26	裁時1500号15頁	122
東京地判	平成22. 1 .26	2010WLJPCA01268004	297
東京地判	平成22. 2 . 3	2010WLJPCA02038006	197
東京地判	平成22. 2 . 5	2010WLJPCA02058002	28
東京地判	平成22. 2 .10	2010WLJPCA02108013	297
東京地判	平成22. 2 .12	2010WLJPCA02128005	103
東京地判	平成22. 2 .22	2010WLJPCA02228014	56
東京地判	平成22. 3 . 3 A	2010WLJPCA03038001	123
東京地判	平成22. 3 . 3 B	2010WLJPCA03038016	206
東京地判	平成22. 3 . 4	2010WLJPCA03048003	256
東京地判	平成22. 3 .25	2010WLJPCA03258003	370
東京地判	平成22. 4 .27A	2010WLJPCA04278016	56
東京地判	平成22. 4 .27B	2010WLJPCA04278004	297

裁判所	年月日	出典 ID	本書掲載頁
東京地裁 立川支部判	平成22.5.13	2010WLJPCA05136003	303
東京地判	平成22.5.21	2010WLJPCA05218001	297
東京地判	平成22.6.8	2010WLJPCA06088002	56、292
東京地判	平成22.6.23	2010WLJPCA06238008	118
東京高決	平成22.6.25	金法1912号107頁	117
大分地判	平成22.6.30	LLI【ID番号】06550458	201
東京地判	平成22.8.5	2010WLJPCA08058002	28
東京地判	平成22.8.27	2010WLJPCA08278029	257
名古屋地判	平成22.8.27	LLI【ID番号】06550550	305
東京地判	平成22.9.9	2010WLJPCA09098007	70
東京地判	平成22.9.16	2010WLJPCA09168014	118
東京地判	平成22.9.30	2010WLJPCA09308024	58
東京地判	平成22.10.21	2010WLJPCA10218002	297
東京地判	平成22.10.27	2010WLJPCA10278019	302
東京地判	平成22.10.28	2010WLJPCA10288007	58
東京地判	平成22.11.17	判時2107号127頁	297
横浜地判	平成22.11.29	判タ1379号132頁	297、298
東京地判	平成22.12.10	2010WLJPCA12108009	58
東京地判	平成23.1.21	2011WLJPCA01218002	133
東京地判	平成23.1.25	2011WLJPCA01258025	295
東京地判	平成23.2.21	2011WLJPCA02218003	51
東京地判	平成23.2.22	2011WLJPCA02228020	45
東京高判	平成23.2.24	判タ1343号235頁	56
東京地判	平成23.3.3	2011WLJPCA03038004	286、287
東京地判	平成23.3.22	LLI【ID番号】06630156	44、45
福岡地判	平成23.3.24	2011WLJPCA03246001	302
東京地判	平成23.3.25	2011WLJPCA03258036	104
東京地判	平成23.3.31	2011WLJPCA03318009	51
東京地判	平成23.4.7	2011WLJPCA04078006	119
東京簡判	平成23.4.25	判例集未搭載	276
東京地判	平成23.5.9	2011WLJPCA05098003	71
東京地判	平成23.6.30	判時2128号52頁	120
東京地判	平成23.7.6	2011WLJPCA07068003	201、211、238
東京地判	平成23.7.11	2011WLJPCA07118002	58
東京地判	平成23.8.25	2011WLJPCA08258006	58
東京高判	平成23.11.24	判タ1375号215頁	50、51

裁判所	年月日	出典ID	本書掲載頁
東京地判	平成23.11.28	2011WLJPCA11288002	71
東京地判	平成24. 1 .25	2012WLJPCA01258007	62、293
福岡地判	平成24. 2 . 9	LLI【ID番号】06750073	296、298
東京地判	平成24. 3 . 2	2012WLJPCA03028008	297
東京地判	平成24. 3 .28	判時2157号50頁	250、251
東京地判	平成24. 4 . 9	2012WLJPCA04098005	58
東京地判	平成24. 4 .27	2012WLJPCA04278020	305
東京地判	平成24. 5 .29	2012WLJPCA05298008	305、306
東京地判	平成24. 6 . 8	2012WLJPCA06088005	143
東京地判	平成24. 7 . 3	2012WLJPCA07038005	305
東京地判	平成24. 7 .25	2012WLJPCA07258004	370
東京地判	平成24. 8 .29	2012WLJPCA08298009	33
東京地判	平成24. 9 . 5	LLI【ID番号】06730591	297
東京地判	平成24. 9 .18	2012WLJPCA09188003	297
東京地判	平成24. 9 .21	2012WLJPCA09218007	39
東京地判	平成24.10.12	2012WLJPCA10128003	45
東京地判	平成24.10.17	2012WLJPCA10178002	45
宮崎地判	平成24.11.12	判タ1386号344頁	303
東京地判	平成24.11.14	2012WLJPCA11148011	105
広島地判	平成24.11.14	判時2178号46頁	117
東京地判	平成24.11.16	2012WLJPCA11168015	122
東京地判	平成24.12.14A	2012WLJPCA12148021	62、295、296、298
東京地判	平成24.12.14B	2012WLJPCA12148019	117
東京地判	平成24.12.26	2012WLJPCA12268029	125
東京地判	平成25. 1 .23	判タ1408号375頁	298
東京地判	平成25. 1 .31	2013WLJPCA01318016	145
名古屋高判	平成25. 2 .22	判時2188号62頁	126
東京地判	平成25. 3 . 5	2013WLJPCA03058001	56
東京地判	平成25. 3 .13	LLI【ID番号】06830304	50
東京地判	平成25. 4 .10	2013WLJPCA04108005	124
東京地判	平成25. 4 .15	2013WLJPCA04158005	125、171
東京地判	平成25. 4 .24	2013WLJPCA04248025	202
東京地判	平成25. 5 . 8	2013WLJPCA05088001	297
東京地判	平成25. 5 .17	2013WLJPCA05178009	305
東京地判	平成25. 6 .13	LLI【ID番号】06830500	50
東京地判	平成25. 6 .14	LLI【ID番号】06830502	116、123
東京地判	平成25. 6 .25	2013WLJPCA06258012	117

裁判所	年月日	出典 ID	本書掲載頁
東京地判	平成25.7.4	2013WLJPCA07048001	58
東京地判	平成25.7.17	2013WLJPCA07178004	51
東京地判	平成25.8.22	判時2217号52頁	57
東京地判	平成25.8.29	2013WLJPCA08298017	117
東京地判	平成25.9.5	2013WLJPCA09058007	219
東京地判	平成25.9.6	2013WLJPCA09068014	38
東京地判	平成25.9.19	2013WLJPCA09198002	51、293
東京地判	平成25.10.15	2013WLJPCA10158005	297
東京地決	平成25.10.24	TKC25502764	50
東京地判	平成25.11.13	2013WLJPCA11138001	117
東京地判	平成25.11.26	2013WLJPCA11268012	280
東京地判	平成25.11.28	2013WLJPCA11288006	61
東京地判	平成25.12.4	2013WLJPCA12048005	82
東京地判	平成25.12.16	2013WLJPCA12168006	119
東京地判	平成25.12.27	2013WLJPCA12278002	67
東京地判	平成26.1.16	2014WLJPCA01168005	62、301、308
東京地判	平成26.1.23	2014WLJPCA01238004	56、301
東京地判	平成26.2.13	2014WLJPCA02138009	188、210
東京地判	平成26.3.6	2014WLJPCA03068002	302
東京地判	平成26.3.25	2014WLJPCA03258009	297
東京地判	平成26.3.27	2014WLJPCA03278005	297
東京地判	平成26.4.8	2014WLJPCA04088004	280
東京地判	平成26.4.14	2014WLJPCA04148014	57、58
東京高判	平成26.4.16	金商1445号58頁	305、306
東京地判	平成26.4.22	2014WLJPCA04228002	297
東京地判	平成26.4.24	2014WLJPCA04228008	117
東京地判	平成26.5.13	2014WLJPCA05138002	188
東京地判	平成26.5.27	2014WLJPCA05278011	125
東京地判	平成26.7.7	2014WLJPCA07078002	297
東京地判	平成26.7.10	2014WLJPCA07108003	222、241
東京地判	平成26.7.15	2014WLJPCA07158009	297
東京地判	平成26.7.16	2014WLJPCA07168005	278
東京地判	平成26.8.29	2014WLJPCA08298013	113、293
東京地判	平成26.9.9	LLI【判例番号】L06930584	188
東京地判	平成26.9.18	2014WLJPCA09188001	244、286、287
東京地判	平成26.9.22	2014WLJPCA09228006	308
東京高判	平成26.10.1	LLI【判例番号】L06920598	82、254

裁判所	年月日	出典 ID	本書掲載頁
福岡簡判	平成26.10. 9	2014WLJPCA10096002	131
東京地判	平成26.10.27	2014WLJPCA10278001	297
東京地判	平成26.10.28	判時2254号42頁	41
東京地判	平成26.11. 5	2014WLJPCA11058003	293
東京地判	平成26.11.27	2014WLJPCA11278029	188
東京地判	平成26.11.28	2014WLJPCA11288029	124
東京地判	平成26.12. 9	2014WLJPCA12098008	105
東京地判	平成27. 1.29	LLI【判例番号】L07030123	151
東京地判	平成27. 2.16	LLI【判例番号】L07030365	107
東京地判	平成27. 3. 4	2015WLJPCA03048002	369
東京地判	平成27. 3.17	2015WLJPCA03178003	104
東京地判	平成27. 2.20	2015WLJPCA02208004	297
東京地判	平成27. 3.20	2015WLJPCA03208007	176
東京地判	平成27. 3.25	2015WLJPCA03258006	103
東京地判	平成27. 3.26	2015WLJPCA03268011	113
福岡簡判	平成27. 5.19	2015WLJPCA05196001	241
東京地判	平成27. 6.25	2015WLJPCA06258003	28
東京地判	平成27. 7. 8	2015WLJPCA07088004	175、297
東京地判	平成27. 7.17	判時2279号57頁	100
東京地判	平成27. 8. 3	2015WLJPCA08038004	297、305
東京地判	平成27. 8.21	2015WLJPCA08218002	120
東京地判	平成27. 9.18	2015WLJPCA09188003	50
最判	平成27. 9.18	裁判所ウェブサイト	138
東京地判	平成27.12.17	判時2307号105頁	375
福岡地裁 小倉支部判	平成28. 1.18	2016WLJPCA01186001	134
東京地判	平成28. 1.19	2016WLJPCA01196002	202
東京地判	平成28. 1.28	2016WLJPCA01286015	71
東京地判	平成28. 3.18	2016WLJPCA03188005	293
東京地判	平成28. 3.23	2016WLJPCA03238008	293
東京地判	平成28. 4.15	2016WLJPCA04158008	176
東京地判	平成28. 4.21	2016WLJPCA04218006	31
東京地判	平成28. 5.30	2016WLJPCA05308002	375
東京地判	平成28. 7. 4	2016WLJPCA07048002	308
東京高判	平成28. 7.20	2016WLJPCA07206030	149
東京地判	平成28. 8.31	2016WLJPCA08318003	149
東京地判	平成28. 9.15	判時2347号93頁	71

裁判所	年月日	出典 ID	本書掲載頁
東京地判	平成28.9.26	2016WLJPCA09268011	306
東京地判	平成28.9.29	判時2342号47頁	34
福岡地判	平成28.10.13	判例集未搭載	86、293、305
東京地判	平成28.11.28	2016WLJPCA11288002	62
東京地判	平成28.11.29	2016WLJPCA11298037	25
大阪高判	平成28.12.9	判タ1439号103頁	288
東京地判	平成28.12.13	2016WLJPCA12138011	231
東京高判	平成28.12.26	D1-Law28250273	197
東京地判	平成29.1.13	2017WLJPCA01136008	307
東京地判	平成29.1.17	2017WLJPCA01178003	100
最判	平成29.1.19	2017WLJPCA01196014	149
東京高判	平成29.1.25	2017WLJPCA01256018	375
東京地判	平成29.1.27	2017WLJPCA01278013	238
東京地判	平成29.2.22	2017WLJPCA02228006	293
東京地判	平成29.3.13	2017WLJPCA03138004	197
東京高判	平成29.3.15	2017WLJPCA03156012	103
東京地判	平成29.3.27	2017WLJPCA03278016	117
大阪高判	平成29.3.28	2017WLJPCA03286014	375
東京地判	平成29.5.9	2017WLJPCA05098004	263
横浜地裁 川崎支部判	平成29.5.31	2017WLJPCA05316015	171
東京高判	平成29.7.5	2017WLJPCA07056002	370
東京高判	平成29.8.30	D1-Law28253528	156
最決	平成29.9.14	D1-Law28260827	103
東京地判	平成29.10.26	判タ1450号196頁	289
東京高判	平成29.12.6	2017WLJPCA12066007	122
最判	平成29.12.18	判時2371号40頁	157
東京高判	平成29.12.20	D1-Law28260357	293
東京地判	平成30.2.28	2018WLJPCA02288014	175
東京地判	平成30.3.2	2018WLJPCA03028003	298
東京地判	平成30.3.8	2018WLJPCA03088018	29
東京地判	平成30.3.13	判タ1467号225頁	310
東京地判	平成30.3.27	2018WLJPCA03278005	18
東京地判	平成30.3.29	2018WLJPCA03298033	85
東京地判	平成30.4.17A	2018WLJPCA04178014	306、307
東京地判	平成30.4.17B	2018WLJPCA04178007	307

裁判所	年月日	出典ID	本書掲載頁
東京地判	平成30. 4 .26	D1-Law29048628	38
東京高判	平成30. 5 .23	D1-Law28262418	38
東京地判	平成30. 7 .12	2918WLJPCA07128014	306
東京地判	平成30. 7 .31	2018WLJPCA07318009	156
東京地判	平成30. 8 . 9	2018WLJPCA08096003	51
東京高決	平成30. 8 .21	2018WLJPCA08236005	180
東京地判	平成30. 9 . 5	2018WLJPCA09056003	54
東京高判	平成30. 9 .12	D1-Law28264464	281
大阪地判	平成30. 9 .19	裁判所ウェブサイト	292
東京地判	平成30. 9 .26	2018WLJPCA09268014	70
東京地判	平成30. 9 .28	2018WLJPCA09286023	159
東京地判	平成30.10.29	2018WLJPCA10298003	213
東京地判	平成30.12. 7	2018WLJPCA12078006	306
前橋地裁高崎支部判	平成30.12.21	2018WLJPCA12216008	310
東京地判	平成31. 2 .26	2019WLJPCA02268014	51
東京地判	平成31. 2 .27	2019WLJPCA02278032	281
最判	平成31. 3 . 5	判時2424号69頁	298
東京地判	平成31. 3 .22	2019WLJPCA03228006	279
大阪地判	平成31. 4 : 9	判例時報2482号31頁	252
東京地判	平成31. 4 .24	2019WLJPCA04248012	305
東京地判	令和元. 5 .16	2019WLJPCA05168001	58
東京地判	令和元. 5 .17	2019WLJPCA05178016	51、305
東京地判	令和元. 6 .28	2019WLJPCA06288008	383
東京地判	令和元. 7 .18	2019WLJPCA07188019	305
東京地判	令和元. 7 .22	2019WLJPCA07228003	225
東京高判	令和元. 8 .21	2019WLJPCA08216010	51
東京地判	令和元. 8 .27	2019WLJPCA08278007	197
東京地判	令和元. 9 .24	2019WLJPCA09248004	117
大阪高判	令和元.10. 3	判時2482号25頁	251
東京地判	令和元.10. 8	2019WLJPCA10088015	213
東京地判	令和元.10.18	2019WLJPCA10188023	156
東京地判	令和 2 . 1 .15	2020WLJPCA01158015	71
東京地判	令和 2 . 1 .16	2020WLJPCA01168016	212
東京地判	令和 2 . 1 .30	2020WLJPCA01308015	119
東京地判	令和 2 . 3 .24	2020WLJPCA03248011	306

裁判所	年月日	出典 ID	本書掲載頁
東京地判	令和 2 . 3 . 26	2020WLJPCA03268008	161
名古屋高判	令和 2 . 3 . 27	2020WLJPCA03276017	286
東京地判	令和 2 . 6 . 2	2020WLJPCA06028005	85、225
東京地判	令和 2 . 6 . 24	2020WLJPCA06248004	307
東京地判	令和 2 . 7 . 6	2020WLJPCA07068003	197
東京地判	令和 2 . 8 . 31	2020WLJPCA08318006	257
東京地判	令和 2 . 12 . 16	2020WLJPCA12168013	306

●用語索引

『コンメンタールマンション区分所有法（第3版）』稲本洋之助・鎌野邦樹著（平成27年3月、日本評論社）

『コンメンタールマンション標準管理規約』稲本洋之助・鎌野邦樹編著（平成24年2月、日本評論社）

『改訂新版マンション管理組合総会運営ハンドブック』高層住宅法研究会編著（平成17年3月、大成出版社）

『（新版）マンション標準管理規約の解説』国土交通省住宅局住宅総合整備課マンション管理対策室監修、民間住宅行政研究会編著（平成17年9月、大成出版社）

『基本法コンメンタール（第3版）マンション法』水本浩・遠藤浩・丸山英気編著（平成18年10月、日本評論社）

『不動産取引判例百選（第3版）（別冊ジュリスト No.192）』（平成20年7月、有斐閣）

『新しいマンション標準管理委託契約書の手引き』管理委託契約書研究会編著（平成22年6月、大成出版社）

『マンション管理組合の総会運営の実務』渡辺晋著（平成30年5月、大成出版社）

◇著者略歴

渡辺　晋 （わたなべ・すすむ）

1956年、東京都生まれ

80年、一橋大学法学部を卒業

同年、三菱地所㈱に入社

85年、三菱地所住宅販売㈱に出向

89年、司法試験に合格

90年、三菱地所㈱を退社

92年、弁護士登録（第一東京弁護士会所属）

現在、山下・渡辺法律事務所に所属

元・最高裁判所司法研修所民事弁護教官

元・司法試験考査委員

現・マンション管理士試験委員

〔著　書〕

『区分所有法の解説（7訂版）』（共著、令和3年8月、住宅新報出版刊）

『賃貸住宅管理業法の解説』（令和3年6月、住宅新報出版刊）

『借地借家法の解説（4訂版）』（令和3年4月、住宅新報出版刊）

『民法の解説』（令和3年3月、住宅新報出版刊）

『土地賃貸借』（共著、令和2年9月、大成出版社刊）

『改訂版・建物賃貸借』（令和元年8月、大成出版社刊）

『新訂版・不動産取引における契約不適合責任と説明義務』（平成30年1月、大成
　　出版社刊）

『わかりやすい住宅瑕疵担保履行法の解説』（平成20年9月、大成出版社刊）

『これ以上やさしく書けない不動産の証券化（2訂版）』（平成19年7月、PHP研究
　　所刊）

『最新ビルマネジメントの法律実務』（平成18年3月、ぎょうせい刊）　など

久保田　理広 （くぼた・まさひろ）

1982年生まれ
2008年、東京大学法科大学院を修了
2010年、弁護士登録（第一東京弁護士会所属）
現在、山下・渡辺法律事務所に所属
賃貸不動産経営管理士試験委員
ビル経営管理士試験作問委員

〔資　格〕
不動産証券化協会認定マスター、マンション管理士　他

〔著　書〕
『区分所有法の解説（7訂版）』（共著、令和3年8月、住宅新報出版刊）
『Q&A 不動産の権利調整をめぐる実務』（共著、令和2年11月、新日本法規出版刊）

●本書へのお問合せ

　本書の記述に関するお問合せは、**文書にて**下記連絡先にお寄せください。また、お問合せの受付け後、回答をお送りするまでにはお時間をいただく場合がありますので、あらかじめご了承ください。

　なお、当編集部におきましては記述内容をこえる**お問合せや法律・実務相談等は、一切受け付けておりません。**

［郵送先］　〒171-0014　東京都豊島区池袋２-38-１　日建学院ビル３階
　　　　　　㈱住宅新報出版
［ＦＡＸ］　03-6674-6918

> 電話によるお問合せは、受け付けておりません。

本文イラスト／大野　まみ
　装　丁／㈱ローヤル企画

最新不動産の法律シリーズ

マンション標準管理規約の解説【４訂版】

平成21年１月13日　初版発行
令和４年２月23日　４訂版（改題版）発行

著　　者	渡辺　晋・久保田　理広	
発 行 者	馬場　栄一	
発 行 所	㈱住宅新報出版	
	〒171-0014 東京都豊島区池袋２-38-１（日建学院ビル３階）	
	電話03-6388-0052	
印 刷 所	亜細亜印刷㈱	